세상에
조연은
없다

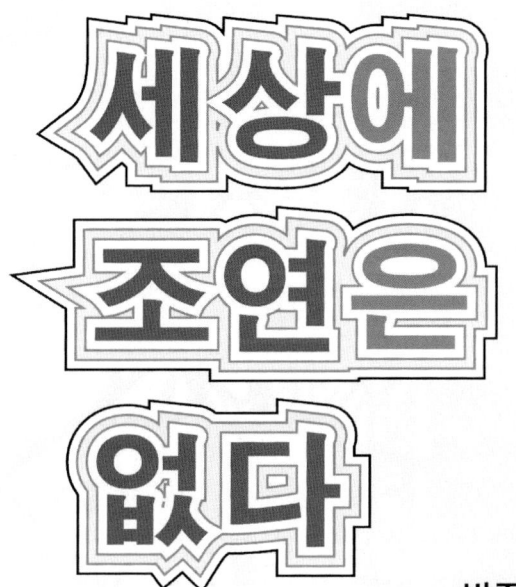

세상에 조연은 없다

박종기 · 조현애 · 채은하 공저

한국학술정보㈜

서문

　세 사람이 연구실에서 차를 마셨다. 우연하게도 우리 세 사람은 각각 구약학, 신약학과 영문학을 공부하는 사람들이었다. 우리는 책 속에 등장하는 수많은 다른 사람들의 인생에 늘 시선을 두고 그들의 성격과 가치관과 신앙과 행, 불행과 같은 다양한 삶의 질을 논하며 살아가고 있음을 함께 이야기했다. 우리는 길게는 수천 년 동안, 짧게는 우리 시대의 책 속의 인물들과 씨름하면서 무엇인가 우리와의 관련성을 끊임없이 찾아내려고 애써 왔다. 그들은 우리로 하여금 존경, 사랑, 질투, 분노, 동정 등을 비롯한 다양한 감정들을 분출하게 하고 때로는 미지의 세계로 우리를 이끌어 가기도 한다. 그들은 이 세상을 떠난 지 수천 년이 지났어도 책 속에 남아 독자들에게 지금도 그들 자신의 삶을 보여 주고 있다. 우리는 의기투합했다. 자신의 전공 영역에서 인물들을 뽑아 세상에 다시 한 번 공개해 보자고! 그러나 큰 인물이나 돋보이는 인물은 가급적이면 자제하고 조연급이나 엑스트라로 살았던 인물들을 선택해서 그들을 이 시대의 인물로 내보내 보자는 의견을 모았다.

　우리가 주연급 인물들을 배제하고 조연급 인물들을 선택하기로 합의한 것은 엄격히 말하면 세상에는 실제로 조연이나 엑스트라는 없다는 생각 때문이었다. 독자들은 소설이나 드라마 속에서 대체로 주연에게만 관심을 집중시키고 있지만 사실 조연이나 엑스트라 역시 자신의 삶을 최선을 다해 살아가는 사람들이다. 누구도 조연이나 엑스트라로 살아가지 않는다. 단지 작가나 독자들에 의해 조연이나 엑스트라로 보일 뿐이다. 모두들 생명이 있는 한 주연으로 살아간다. 다른 사람들이 그렇게 분류할 뿐이다. 이런 의미에서 세상에 조연이나 엑스트라는 없다! 이 세상에는 행복한 사람 혹은 불행한 사람이 있다. 슬프게 사는 사람이 있거나 기쁘고 밝게 사는 사람이 있다. 존경할 만한 사람이 있는가 하면 그렇지 못한 사람이 있다. 이렇게 다양한 사람들이 살아간다. 하지만 이들 가운데 누구도 조연이나 엑스트라로 살아가지 않고 나름대로 제 몫을 다 하면서 살아갈 뿐이다. 물론 사람들의 눈에 따라 그들에 대한 평가는 다를 수 있다. 우리 세 사람 모두 처음에 의도했던 생각에 따라 각자의 분량을 쓰고 난 이후에도 이런 생각은 변하지 않았다. 오히려 집필을 마친 우리는 더 분명하게 외칠 수 있게 되었다. 세상에 조연은 없다! 우리의 이러한 확신은 이 책의 제목이 되었다.

우리 각자의 삶은 모두 작품이다. 어쩌면 매일 반복되는 일상이 지극히 평범해 보이지만 인생 전체를 펼쳐 보면 지루하지 않은 파노라마로 가득 차 있다. 남들이 기억해 주는지의 여부는 대부분의 사람들의 경우 큰 의미를 지니지 못한다. 어쩌면 그것은 본인 자신이 상관해야 할 몫이 아니라 다른 사람의 몫이다. 물론 다른 사람의 눈을 의식하며 그들의 평가까지 염두에 두면서 살아야 하는 것이 우리들의 삶의 일부이기는 하지만 우리는 그저 살 뿐 그다음의 평가는 우리 손을 떠나 있다. 우리나라는 드라마 왕국이라 할 만큼 매일 아침과 저녁에 연속 드라마가 방영된다. 주인공이나 몇몇의 특별한 조연들만이 주로 기억되고 있지만 평범한 조연들과 엑스트라들의 삶을 들여다보면 우리 자신과 더 가깝고 더 동질성이 있어 보인다. 주인공을 위해 조연이나 엑스트라가 존재하는 것 같지만 함께 묶어 놓지 않고 펼쳐 놓으면 주연과 조연의 경계란 없다. 더욱이 신앙의 세계에서 모든 인간은 하나님 앞에서 조연일 뿐이다. 그러나 그 조연은 하나님과 더불어 자신의 삶을 사는 진짜 주연이다.

이 책의 관심 범위는 신구약 성경과 영문학 작품이다. 이 책 속에는 하나님과 그가 펼치는 신앙의 세계와 그곳에서 사는 인간들이 있다. 그러하기에 실제로 존재하는 주연은 하나님이고 그 밖의 모든 등장인물은 조연들이다. 하지만 저자나 독자들은 신구약 성경과 영문학 작품의 등장인물들에 대하여 주연과 조연과 엑스트라로 구분하고 있는데 이것은 저자나 독자의 관심의 비중에 따라 구분되고 있을 뿐이다. 하지만 신앙의 관점에서 말하면 하나님 앞에서 우리 모두 주인공이요 동시에 조연이요 엑스트라이다. 다시 말하면 주연과 조연과 엑스트라의 구분은 없는 것이다. 우리 모두 하나님 앞에서 단독자로서만 살아야 하기 때문이다.

이 책은 크게 3부로 나누어져 있다. 제1부는 구약성경에 등장하는 롯의 부인, 하갈, 리브가, 엘리와 그의 아들들, 다윗의 친구 요나단, 아버지 다윗 왕의 정권을 탐낸 압살롬, 악성 피부병 환자, 장애인 제사장, 므비보셋 그리고 전도자 시대에 살았던 무명의 사람들을 다룰 것이다. 제2부는 신약성경의 인물들 가운데 요셉, 세례 요한, 삭개오, 마르다와 마리아, 막달라 마리아, 스데반을 다룰 것이다. 그리고 제3부에서는 영문학 작품에 등장하는 인물들로서 『오이디푸스 왕』의 코러스, 『리어왕』의 켄트 백작과 어릿광대 바보, 『주홍 글씨』의 퍼얼과 『아바나의 우리 요원』에 등장하는 의사 해슬버쳐, 『제인 에어』의 버사와 『추락』의 루시를 살펴보고자 한다. 이 책은 세상에 조연이 없다는 분명한 메시지를 갖고 있지만 여기에 선별된 인물들은 사실 독자의 입장에서 보면 주연에 가려진 조연들 내지는 주변인들이다. 그러나 조금만 시각을 바꾸면 이들은 조연이나 엑스트라가 아니라 주연으로 살았던 사람들이다. 왜냐하면 세상의 사람들은 누구나 주연으로 살기 때문이다.

　이 책이 세상에 나올 수 있도록 우리 세 사람의 생각을 가시화하여 주고 연구비를 지원해 준 한일장신대 종합연구원과 출판해 준 한국학술정보(주)의 직원들 그리고 우리를 위해 기도와 격려를 아끼지 않는 가족 모두에게 깊은 감사를 드린다. 무엇보다 이 세상에서 주연과 조연의 모습으로 우리에게 한없는 사랑과 배려를 아끼지 않는 주변의 친구들과 학생들에게 깊은 감사를 드린다. 이들은 성경과 영문학 작품에 나타난 조연이나 엑스트라의 삶에 관심을 갖게 하는, 우리 옆에서 우리들에게 삶의 지혜를 제공해 주는 진짜 주연들이다.

2008년 7월 한일의 교정에서

박종기, 조현애, 채은하

차례

제1부 구약성경의 조연들

제2부 신약성경의 조연들

제3부 영문학에 나타난 조연들

구약성경의 조연들

채은하

들어가는 말

주연은 어느 시대에나 존재했다. 고대에는 영웅으로, 현대에는 스타(star)로 부각되는 주연들, 역사와 성서와 문학의 주인공들은 모든 관심을 한 몸에 받으며 대중과 독자의 사랑과 부러움을 받으며 막대한 영향을 끼쳤다. 구약성경 역시 굵직한 주인공들로 가득하다. 성경이 하나님의 속성과 활동을 알려 주는 종교 경전이지만 다양한 인물들의 사는 이야기들을 빼놓을 수 없다. 유대 민족의 조상인 아브라함, 이스라엘의 초석을 세운 모세, 정복 전쟁의 공로자 여호수아와 이스라엘 왕국의 초대왕 사울, 이스라엘 통일 왕국을 세운 다윗 왕과 솔로몬 왕, 왕 앞에서도 자신의 뜻을 굽히지 않고 하나님의 뜻을 당당히 외쳤던 예언자들 특히 엘리야와 이사야와 예레미야, 뿐만 아니라 세상의 남자들조차 두렵고 떨리게 했던 여사사 드보라, 폐망한 조국을 다시 세우기 위해 권력의 자리를 마다하고, 폐허의 고향으로 발을 돌려 몸소 돌을 깨고 다듬고 성전을 재건했던 스룹바벨과 느헤미야 등이 있다. 이들은 구약성경의 영웅들로서 각 시대의 주인공으로 살았던 사람들이다. 이들은 구약성경에서 믿음, 용기, 정의, 헌신, 사랑과 애국심 그리고 탁월한 지도력 등을 보여 주는 이스라엘 민족의 모범적인 인물임에 틀림없다. 때문에 성경이 읽히는 곳마다 이들의 소개와 연구는 온갖 찬사로 가득하다.

허나 현대 사회는 다양하고 개성적인 가치를 추구하는 시대정신에 목말라 하는 평범한 사람들, 조연이나 엑스트라들도 중요하게 여기고 있다. 이것은 현대 사회에서만이 아니라 성경이나 여러 문학 작품 속에서 종종 영웅이나 주인공에 의해 가려지거나 덜 주목받는 주변 인물들에서 그 예를 찾을 수 있다. 그들은 주인공이거나 대단한 업적을 남긴 사람이 아니거나 저자들에 의해 평가절하되고 있기에 눈에 띄지 않고 잊히거나 묻혀 버린다. 그들은 역사의 진술 속에서 소극적으로 등장하고 작은 목소리를 내다가 슬며시 사라지기도 한다. 그러나 분명한 것은 그들은 성경과 문학 속에서 언제나 숨 쉬고 면면히 자신의 소리를 끊임없이 내어 왔다. 이들은 영웅적 행동이나 스타로서의 매력을 갖추지 못했지만 조연 혹은 엑스트라로서 인간의 역사를 혹은 많은 인간들의 삶을 메워 온 사람들이다. 그러므로 이들의 삶과 신앙과 가치를 조명해 보는 일은 현대의 스타들에 열광하는 주류에 대한 또 다른 흐름의 모습을 제공하고, 현대적 삶에 있어서 다양한 가치와 시대적 패러다임을 모색하는 일이다. 그들의 삶은 우리의 삶에 더 가깝고 그런 사람들이 오히려 이 세상에 더 많이 살고 있다. 다시 말하면 우리와 동일시할 수 있는 요소들이 그들에게서 많이 발견되고 있다는 점이다. 그런 점에서 구약성경은 인간 군상들의 모음집이다. 온갖 종류의 평범한 사람들이 긍정적이든 부정적이든 등장한다. 용사들, 평범한 어머니, 비서급 인물들, 추종자들, 약삭빠른 자, 야망에 찬 여인, 불운아, 기회주의자 때로는 씨받이 등의 삶 속에서 발견되는 덕과 신앙과 의리 혹은 실패와 악의 요인들은 우리 삶에 다른 형태의 교훈을 주고 있다. 그러기에 이들은 조연이나 엑스트라로 불릴지라도 우리의 삶에서 결코 소홀히 여길 수 없는 사람들이다.

이런 취지와 의도에 따라 이 책의 제1부에서는 구약성경에 등장하는 조연급 인물들을 발굴하고 그들의 삶을 조명해 보고자 한다. 여기에서 다룰 인물들은 다음과 같다. 롯의 부인, 하갈, 리브가, 엘리와 그의 아들들, 다윗의 친구 요나단, 아버지 다윗 왕의 정권을 탐낸 압살롬, 악성 피부병 환자와 장애인 제사장과 므비보셋 그리고 전도자 시대에 살았던 무명의 사람들이다. 이들이 본서에서 선택된 기준은 구약성경에서 우선 주연으로 등장하지 않는 인물들로서 그들의 인생에서 크고 작은 실수로 인해 어려움을 겪었던 약자 내지는 실패자로 그려진 사람들이 있다. 또는 사회-종교적 편견이나 인습 때문에 자신의 삶을 제대로 펼칠 수 없었던 사람들이 있다. 이들 중에는 무명의 사람으로 남아 있지만 성공한 인생을 살기 위해 부단히 애썼던 사람들이거나 실패한 인생으로 간주된 사람들이 있다. 이들은 오래전에 기록된 구약성경의 인물들이지만 이 시대의 현대인들과 크게 다르지 않은 사람들이다. 이런 기준에 부합된 사람들이 이들 외에도 더 많이 발굴될 수 있으나 그 작업은 지면 관계상 차후의 계획으로 넘기기로 한다. 이제 구약성경에 등장하는 이들에 관한 기록을 통해 이들의 삶 속으로 들어가 보기로 한다.

롯의 아내(Lot's Wife)의 변명

롯의 아내[1)]

안나 아흐마토바(스탠리 쿠니츠, 맥스 헤이워드 공역)

그리하여 그 죄 없는 남자는 빛을 발하는 천사의
거대한 자취를 좇아 검은 산을 넘었다.
그러는 동안에도 한 음성이 끊임없이 이 여인을 괴롭혔다.
"아직 너무 늦은 건 아냐. 지금 돌아보면 볼 수 있어."

네가 태어난 고향 소돔의 붉은 성채들이며,
네가 한때 노래 불렀던 광장, 물레질하던 헛간,
이제 내다보는 사람 없을 그 높다란 집의 창문들
자식을 낳아 준 네 부부의 침상이 있는 그 집을.

---

1) 이 시의 영어번역본문은 다음과 같다: Anna Akhmatova[Translated by
Stanley Kunitz and Max Hayward]
And the just man trailed God's shining agent,
over a black mountain, in his giant track,
while a restless voice kept harrying his woman:
"It's not too late, you can still look back"
at the red towers of your native Sodom,

한 차례 힐끗 돌아본 순간, 무슨 소리도 내기 전에
날카로운 고통이 바늘처럼 여인의 두 눈을 찌른다. ……
여인의 몸뚱이는 하얗게 바스러져 투명한 소금 기둥이 되고
서둘러 걷던 여인의 두 다리는 땅에 뿌리박혀 버렸다.

누가 이 여인을 슬퍼해 줄 것인가? 이 여인은
우리의 관심을 끌기에 너무 하찮은 존재 같지 않은가?
하지만 내 마음은 이 여인을 결코 나무랄 수 없다.
돌아보기를 택했다는 이유로 죽음을 당한 이 여인을.

"한 차례 힐끗 돌아본 순간……여인의 두 다리는 땅에 뿌리 박혀 버렸다……." 소금 기둥이 된 롯의 부인의 이야기이다. 이름도 없이 단지 '롯의 부인'이라는 익명으로 수천 년 되뇌어지는 한 여인, 그의 출신도 국적도 성격도 일상의 삶도 알 수 없는 아주 오랜 과거의 이 여인은 지금도 강단과 사람들 사이에서 미련하고 박복한 여인으

---

the square where once you sang, the spinning —shed,
at the empty windows set in the tall house
where sons and daughters blessed your marriage —bed.

A single glance: a sudden dart of pain
stitching her eyes before she made a sound……
Her body flaked into transparent salt,
and her swift legs rooted to the ground.

Who will grieve for this woman? Does she not seem
too insignificant for our concern?
Yet in my heart I never will deny her,
who suffered death because she chose to turn.

로 회자되고 있다. 그녀의 소금 기둥 이야기가 많은 사람들의 교훈과 훈계를 주기 때문이다. 그녀는 이렇게 평가되고 있다. "롯의 아내는 곧 다가올 멸망의 도시 소돔성을 뒤돌아보지 말라는 하나님의 명령을 무시하고 과거 누렸던 물질과 욕망에 대한 미련 때문에 뒤를 돌아보다가 저주를 받아 소금 기둥이 되었다."[2]

예수님도 "롯의 처를 기억하라."(눅 17:32)고 경고한 적이 있다. 한 사람은 데려감을, 다른 한 사람은 버려둠을 당하는 때가 오기에 버림을 받은 롯의 처를 기억하라는 단호한 명령을 예수님도 던지셨다. 인간의 부정적 욕망의 대명사로 그려지는 롯의 아내, 그의 죄목이 구체적으로 무엇인지 밝혀지지 않았으면서도 그녀는 지금까지 무수한 사람들의 돌팔매질에 매일 죽고 있다. 앞으로도 언제까지 그런 죽음을 당할지 모른다.

〈롯의 가족이 특별대우를 받다〉

롯의 아내에 대한 정보는 참으로 부족하다. 그녀는 아브라함의 조카 롯의 부인이라는 것 외에 거의 알려진 것이 없다. 단지 아브라함을 기억하시는 하나님 덕분에 롯과 그의 부인과 가족들은 소돔과 고모라의 저주를 피할 명분을 얻게 되었던 것이다. 롯은 아브라함의 친조카로서 아브라함보다 먼저 죽은 형제 하란의 피붙이로서 조부인 데라가 우르에서 하란까지 데려왔고 데라가 죽은 이후에는 아브라함이 롯의 보호자가 되어 그를 가나안까지 데려왔다. 아브라함 역시 가나안이라는 타향에서 혈족이라곤 롯 한 사람뿐이었다. 롯이 어디

---

2) 이건, "소금 기둥된 롯의 아내", 『활천』(1996년 7월호), 9.

에서 어떤 계기로 그녀와 결혼했는지에 대해서 성경은 침묵하고 있다. 롯의 결혼은 성서 기록자의 관심을 끌 만큼 중요 사건이 아니기 때문일 것이다. 단지 롯의 아내가 소돔과 고모라가 멸망할 때 함께 희생되었다는 데에 초점이 맞추어지고 있을 뿐이다. 롯은 그의 아내를 소돔과 고모라에서 정착하게 되었을 때 만나 결혼하지 않았을까 생각된다. 왜냐하면 아브라함과 롯이 함께 동거할 때 롯의 다른 가족에 대해서는 전혀 듣지 못했기 때문이다. 그렇다면 롯의 아내는 소돔과 고모라 출신의 여성이었을 것이다. 그리고 그녀는 소돔과 고모라의 도시만큼이나 그 당시로서는 도시화되고 현대화되고 세련된 여성이지 않았을까?

롯이 아브라함과 함께 소돔과 고모라라는 도시와 관련을 맺게 된 것은 생존을 위한 정착에서 비롯된다. 이 두 사람은 가나안에 도착할 때까지 늘 동행하는 사이였지만 그들이 거주지를 서로 달리해야할 때는 그들의 소유 증대로 인한 공간 확보의 필요성 때문이었다. 아마도 좁은 지역에서 가축을 양육해야 하는 아브라함과 롯의 확대된 가족들과 일꾼들은 목초지 확보 때문에 다투게 되었고 이것은 결국 아브라함과 롯의 사이를 어렵게 했던 것 같다. 결과적으로 아브라함과 롯은 서로 분가하기로 결정하고 아브라함은 땅의 선택권을 롯에게 먼저 주었고 그 결과 롯은 소돔을, 아브라함은 마므레의 땅을 차지하게 되었다. 하지만 이들의 별거는 롯의 안전을 불안하게 하였다. 싯딤 벌판을 지배한 왕들이 소돔과 고모라를 침략하게 되었을 때 롯을 인질로 데려가고 재산까지 빼앗았다(창 14:8-12). 이 소식을 들은 아브라함은 그의 사병 318명을 데리고 단까지 내려가 롯과, 가족과 재산을 되찾을 수 있었다(창 14:13-16). 이렇게 롯은 독립해서 살아도 아브라함의 철저한 보호 아래 살았다.

우리가 롯의 아내에 대하여 듣는 것은 롯이 소돔과 고모라 성에서 정착한 후 어느 정도 시간이 지난 후의 일이다. 롯은 이제 소돔에 잘 정착했는지 가정도 이루고 두 딸을 얻었다는 이야기를 듣는다. 롯과 그의 가족의 이야기에서 빠뜨릴 수 없는 흥미로운 이야기는 그들이 살던 도시, 소돔에 관한 에피소드이다. 어쩌면 그 도시는 자연스러운 인간의 거주지가 아니라 처음부터 삐꺼덕거렸던 도시 문명의 부산물이었던 것 같다. 왜냐하면 죄악의 도시가 멸망하고 오직 의인만이 구출된다는 이야기는 성서에서 자주 등장하기 때문이다(바벨탑이 있었던 소알, 노아가 살던 도시, 요나서에 등장하는 니느웨). 그 가운데 요르단 평원에 있었다는 한 전설적인 도시, 소돔과 고모라는 신의 분노로 멸망된 대표적인 도시로서 가장 극적인 소재를 제공해 주고 있다.[3] 소돔과 고모라는 비기독교인 사이에서도 잘 알려진 고대 도시이다. 그 도시는 죄악 특히 동성애가 심해서 유황불로 폐허가 되었다는 전설이 전해지고 있다.[4] 어쩌면 밋밋할 수도 있는 폐허 이야기에 흥미와 맛을 더한 부분이 바로 소금 기둥이 된 롯의 아내에 관한 것이다. 하나님도 의인을 악인과 함께 멸하실 것인가는 아브라함의 도전을 받았던 소돔과 고모라의 멸망 사건보다 소금 기둥이 된 롯의 아내가 성서기록자와 해석자의 관심을 더 끌고 있다.

소돔과 고모라를 향한 하나님의 분노는 온 도시를 한순간에 자취도 없이 사라지게 할 만큼 컸다. 하지만 그곳에 사는 롯과 그의 가족들은 예외적인 특혜를 받고 천사들의 보호 아래 도피할 수 있는 행운을

---

3) 성서와 함께, 『보시니 참 좋았다』(서울: 성서와 함께, 1988), 223.
4) 소돔과 고모라의 멸망은 종종 로마의 도시 폼페이와 비교되고 있다.

얻었다. 하나님은 그 도시에 천사들을 급파하여 롯의 가족들을 그 도시로부터 빠져나갈 수 있도록 도우셨다. 한순간도 지체할 수 없을 만큼 다급하게 뒤를 돌아볼 여유도 없이 롯의 가족들은 그 도시를 도망치고 있었다. 그들은 뒤를 돌아보지 말라는 말을 듣고 있다. 하나님의 두 천사들은 롯과 그의 가족들에게 왜 뒤를 돌아보지 말라고 하였을까? 그런데 그들 가운데 왜 롯의 아내만이 유독 뒤를 돌아보았을까? 구약성경에서 이 언급이 매우 간략하지만 이 상황으로 돌아가 롯의 아내에게 가 보자.

〈운명의 시간이 다가오다〉

하나님께서는 소돔과 고모라에서 들려오는 아우성, 살인의 외침, 폭력을 당하는 이들의 울부짖음과 처벌5)을 요구하는 하소연을 듣고 과연 그곳이 그러한지 내려가서 확인하겠다고 말씀하신다(창 18:20 -21). 소돔과 고모라가 총체적인 죄악의 도시로서 온갖 악행으로 가득하고, 그것 때문에 고통받는 무리들의 울부짖음은 그 도시에 죽음의 그림자를 점점 짙게 드리웠다. 그 부르짖음의 소리마저 죄악에 묻힐 찰나에 하나님께서는 그곳에 거주하는 롯과 그의 가족들에게 두 천사들을 보내셨다. 롯은 그들의 신분을 알아보았고 이들을 극진히 대접하였다. 롯은 그들에게 하룻밤을 자기네 집에서 머물도록 간청하며 빵과 발 씻을 물 등 모든 편의를 제공하고 환대해 주었다. 하지만 롯은 이웃들의 방해로 그의 친절은 수포로 돌아가고 결국 두

---

5) 도시의 죄악상(창 19:4−11)은 기브아인들의 만행(삿 19:15−25)과 유사하다. 소돔의 죄악상은 예언서에 잘 나타나 있다(사 3:9; 렘 23:14; 겔 16:49).

천사들은 그곳에서 편안한 하룻밤도 보내지 못했다. 때문에 이들은 롯의 가족들에게 어서 소돔과 고모라를 떠날 것을 재촉하며 함께 갈 가족들을 불러 모았다. 하지만 정작 소돔을 떠나겠다는 사람은 롯과 부인과 그들의 두 딸뿐이었다. 예비 사위들을 독려하였지만 이들은 소돔의 멸망 소식을 비웃으며 끝내 이들과 헤어진다. 이들은 위기감도 없었고 자신의 원가족들을 생각했기 때문인지 함께 동행하지 않았다. 출발을 서두르는 천사들 때문에 단지 롯의 가족들만 천사들의 손에 이끌려 간신히 소돔을 벗어나게 된다. 천사들은 소돔의 멸망이 곧 임박했음을 알기에 롯의 가족들에게 경고를 한다. "어서 피하여 목숨을 건지시오. 뒤를 돌아보거나 들에 머무르거나 하지 말고 저 산으로 도피하시오. 그렇게 하지 않으면 죽고 말 것이오." 상황의 다급함을 깨달은 롯은 가까운 소알성에 일단 피신하자고 한다. 그들이 천사의 손에 이끌려 소알성에 이르렀을 때 소돔과 고모라는 벌써 유황불로 불바다를 이루고 있었다. 그 도시뿐만 아니라 도시 사람들과 그 땅에 난 온갖 식물들도 타 죽고 있었다.

여기에서 우리의 시선을 멈추게 하는 사람이 롯의 아내이다. 그녀는 자신이 떠나 온 도시를 뒤돌아보았고 그러자 그만 소금 기둥이 돼 버렸던 것이다. 이 언급이 롯의 아내에 관한 전체 설명이지만 이 사건은 소돔과 고모라의 중심 사건이 되었다. 롯의 아내, 살기 위해 소돔과 고모라를 급히 떠났으나 소돔 밖에서 소금 기둥이 되어 죽은 불운한 여인! 소금 기둥이 되어 가족과 헤어지고 남편과 두 딸만을 떠나보내야 했던 여인!

〈롯의 아내를 상상하다〉

이즈음 우리는 궁금하다. 롯의 아내는 왜 뒤를 돌아보아 소금 기둥이 되었을까? 대부분 이 사건은 롯의 아내가 죄악의 도시 소돔에 대한 미련 때문에 천사의 경고를 순간적으로 잊어버리고 그 벌로 소금 기둥이 되었다고 귀결 짓고 있다. 미드라쉬에 따르면 그녀의 이름은 이릿(Irit, 혹은 Idit)[6]이고 그들은 실제로 네 딸들이 있었는데, 그 가운데 둘만이 소돔을 도피했기에 그녀가 뒤를 돌아본 것은 소돔에 남은 두 딸들을 걱정했기 때문이라는 것이다. 그런데 성경을 자세히 들여다보면 롯의 가족들에게 뒤를 돌아보지 말라고 경고한 일과 소금 기둥과의 관계는 적어 보인다. 천사들이 뒤를 돌아보지 말라고 한 것은 소돔을 떠나는 일이 조금이라도 지체되는 것을 막기 위한 것이지 그 결과가 소금 기둥이 된다고 경고한 것이 아니다. 어쨌든 그녀는 도피하는 중에 소금 기둥이 되어 죽고 말았다. 그녀는 왜 뒤돌아보았을까? 그녀는 대체 무엇을 보고 싶었을까? 순전히 우발적 실수일까? 아니면 많은 해석자들이 말하듯이 미처 챙기지 못한 재산이나 함께 떠나오지 못한 다른 가족이나 이웃들에 대한 욕심 내지는 염려 때문이었을까? 성경은 그 궁금증을 모두 우리의 몫으로 떠넘기고 있다.

21세기 이즈음, 우리는 롯의 아내를 그렇게만 이해하고 싶지 않다. 성경은 그렇게 말하고 있지 않기 때문이다. 지금이라도 그녀의 마음을 들여다보고 그녀의 자리에 서고 싶다. 곰곰이 생각해 보면 소돔은 그녀의 사연과 추억이 너무도 많이 담긴 곳이었다. 롯의 아내에게 있어서 소돔은 자신을 품어 준 고향이며 자신의 부모 형제들

---

6) R. Goldstein, "Looking Back at Lot's Wife", *Commentary* 94(1992), 38.

이 살고 있는 터전이었다. 그녀는 자신의 가족들을 위해 음식을 만들고 딸들을 낳으며 그들을 양육하고 이웃과 더불어 살았던 아낙네였다. 두 딸들을 시집보낼 생각에 즐거워하고 다른 한편으로 섭섭해하는 그런 평범한 여인이었다. 평생 자신이 성장했던 삶의 자리였던 소돔이 그녀에게는 온 세상이었다. 남편 롯이 있고 딸들이 있고 그 딸들을 사랑하는 예비 사위들이 있고 미래를 꿈꾸게 하는 소돔, 비록 그 도시가 온갖 악행이 만연된 죄악의 땅이라지만 그녀에게는 추억과 소망이 담긴 영원한 고향이요 삶의 터전이었다. 부모와 친구와 이웃과의 정이 묻어 있는 소돔이었다. 그들을 염려하는 삼촌 아브라함이 그 땅의 소금이 되고자 했건만 그것은 역부족이었고 롯과 그의 부인의 몫도 아니었다. 그렇기에 그녀는 불속으로 사라질 소돔을 벗어나야 하지만 그 도시를 차마 마음에서 지울 수 없었을 것이다. 그녀는 순간적인 실수가 아니라면 자신이 몸담았던 소돔과 그 추억을 그저 한 번만 바라볼 양으로 돌아섰을 것인데 그만 소금 기둥으로 남고 만 것이다. 그곳과의 끈을 차마 놓지 못했을지 모른다. 어쩌면 차라리 소금 기둥으로라도 소돔을 지키고 싶었을지 모른다. 그녀의 행동은 욕심이나 미련 때문에 뒤를 돌아본 것이 아니라 우리 모든 인간의 한계를 보여 준 것이라[7] 볼 수는 없을까? 그렇게 그녀는 소금 기둥 속에 자신의 모든 인생을 담은 소돔의 불운한 어머니가 되었다. 아이러니하게도 그 당시 소돔을 무사히 벗어났던 롯은 잘 기억되지 않는다. 그러나 소금 기둥이 된 롯의 아내는 그곳에 녹아서 지금도 세상에서 말꼬리를 제공해 주고 있다. 롯의 처를 기억하라고!

---

7) 천사무엘, "Gap-filling the Story of Lot's Wife(Gen 19:1-29)", 『구약논단』 5(1998), 213.

❖ 참고문헌

성서와 함께 편집부.『보시니 참 좋았다』. 서울: 성서와 함께, 1988.

이건. "소금 기둥 된 롯의 아내",『활천』(1996년 7월호). 9－10.

천사무엘. "Gap－filling the Story of Lot's Wife(Gen 19:1－29)",『구
　　　약논단』5(1998). 203－213.

Goldstein, R. "Looking Back at Lot's Wife", *Commentary* 94(1992). 37
　　　－41.

하갈(Hagar)의 홀로서기

전통적으로 성경 해석자들은 하갈은 무례하고 반항적이고 교만했다고 해석하면서 하갈을 못된 여자로 묘사해 왔다.[8](갈 4:21-31) 하지만 창세기 본문이 전해 주는 하갈의 이야기는 이와 다르다. 하갈, 그는 외국에서 사 온 노예로서 모든 자유와 자율권을 박탈당한 불우한 여인이었다. 그는 사라의 몸종이었을 뿐만 아니라 필요에 따라 그 집안(아브라함과 사라)의 씨받이로 발탁되어 자식을 낳아 줄 의무까지 강요받았다. 인간의 존엄성을 철저히 억압당한 채 살아야 했던 하갈, 이집트 노예였던 그는 여주인을 위해 아들까지 낳아 주었다. 그녀의 인생이 어떻게 풀려 나가는지 창세기를 자세히 읽어 보자.

〈하갈이 도주하다〉

하갈이 성경의 인물로서 정면에 드러난 것은 그의 여주인 사라가 아이를 낳지 못했기 때문이었다. 고대에 자식이 없다는 것은 특히

---

8) 갈 4:21-31은 하갈을 유대 율법을 지키기를 원하는 기독교인으로 간주하고 있다. 바울은 아브라함이 그랬던 것처럼 독자들이 이스마엘과 하갈을 추방할 것을 촉구하고 있다.

여성에게 저주요 재앙이었다. 자손의 생산과 가족의 번성을 위한 대리모 제도는 주전 3000–1000년 고대 근동의 한 관습이었다.[9] 사라는 비록 아브라함을 통한 자손을 약속받지만 자신의 몸에서 자식을 얻을 수 있다는 믿음에까지 이르지 못했다. 그래서 그녀는 당시의 관습대로 자신의 의무를 다하기 위해 몸종 하갈을 통해 자식 얻기를 제안한다. 하갈이 이집트 여성으로서 사라의 몸종이었다는 사실은 그가 매우 비천한 출신이었음을 말해 준다. 때문에 그녀는 늘 종속되고 피동적인 삶을 살 수밖에 없었다. 하갈이 어떻게 사라의 몸종이 되었는지 그 경위를 알 수 없지만 어쩌면 그녀는 하란에서 아브라함이 얻은 사람들 중의 한 사람이지 않을까 상상해 본다(창 12:5).

그런 그녀에게 신분의 상승을 꾀할 기회가 찾아왔다. 그것은 여주인 사라가 자식을 얻기 위해 하갈을 그녀의 남편, 아브라함의 아내(12:3)로 준 것이다. 하지만 그 자리는 쉽게 확보되는 자리가 아니었다. 하갈이 주인의 부인이 되고 아이를 임신했다는 것을 안 순간 하갈은 주인인 사라를 업신여긴다. 인간의 변덕스럽고 연약한 모습이다. 그러자 사라는 아브라함의 허락 아래 자신을 얕보는 하갈을 학대하기 시작한다. 건방진 하갈을 묵과할 사라가 아니었다. 사라가 하갈에게 행한 '학대'(아나, ענה)는 이스라엘 백성이 이집트에서 400년 동안 받은 억압과 같은 단어를 사용하는 것을 보면 사라의 학대가 어떠했으리라 짐작할 수 있다. 미드라쉬(Gen. R. 15:6)에 따르면 사라는 하갈에게 아브라함과 동침하는 것을 금하고 그녀의 뺨을 때리고 가혹한 노동을 시켰다고 한다.[10] 사라의 학대가 얼마나 심했던지

---

9) G. Wenham, *Genesis* 16–50(Waco: Word, 1994), 7.
10) P. T. Reis, "Hagar Requited", *JSOT* 87(2000), 88.

하갈은 견디지 못하고 사라를 피해 사막으로 도망한다. 그렇게 떠나면 자신은 물론 태중의 아이의 생명도 담보할 수 없었을 텐데 하갈은 인적도 드문 사막으로 무작정 떠난다.

〈하갈이 하나님을 만나다〉

너무 힘이 들어서 하갈이 술(Shur)로 가는 길옆의 샘 근처에서 잠시 쉬고 있을 때 천사가 그를 찾아와 두 가지 질문을 던진다. "하갈아 네가 어디에 왔느냐? 너는 어디로 가느냐?" 하지만 하갈은 한 가지 사실만 알 뿐이다. "나는 나의 주인 사라로부터 도망하나이다." (창 16:8). 하지만 그녀는 자신이 어디로 가는지, 어디로 가야 할지 모른다. 계획도 없다. 그녀는 자신의 과거는 알지만 미래를 알지 못한다. 그는 단지 사라의 구박으로부터 벗어나고 싶을 뿐이다. 그러자 천사는 하갈에게 그의 여주인 사라에게 돌아갈 것을 권하고 있다. 아마도 그것만이 하갈과 그의 아이를 가장 확실하게 보호해 주는 길이었던 것 같다. 적어도 태어날 아이의 아버지 아브라함은 옆에 있어야 하지 않았겠는가?

이어서 천사는 하갈이 아들을 낳을 것이라는 희소식을 전해 준다. 그 아들의 이름은 '하나님이 들으심'이라는 의미를 지닌 '이스마엘'으로서 그 아이가 하나님의 약속된 아들임을 보증해 준다. 그 이름의 의미를 볼 때 하갈의 미래는 어둡지 않을 것임을 짐작할 수 있다. 그는 주인들이 만났던 그 하나님을 자신의 체험에 비추어 '엘로이(나를 보시는 하나님)'라고 부른다. 또한 하갈은 자신 옆에 있던 샘물에 대해 '브엘라해로이(나를 지켜보시는 살아계시는 하나님)'라는 이름을 짓는다. 이 샘에 이런 이름을 지은 것을 보면 하갈이 목이 말라 애타게 물을 찾았을 때 샘물을 발견했을 것이고 결국 이 오아시스로 인해 그녀는 사막에서 죽음의 위기를 넘길 수 있었을 것이다. 이 경험은 하갈이 하나님의 존재와 그에 대한 신앙을 갖게 되는 결정적인 계기가 된다. 하갈은 사라를 피해 무작정 도주는 했지만 아무도 자신을 돌보아 줄 수 없는 사막에서 하나님을 만나게 되었고 하나님의 귀한 약속을 얻게 되었던 것이다. 이제 하갈은 사막이든 사라가 있는 곳이든 더 이상 두려울 것이 없었다. 하갈은 사막에서 만난 하나님과의 만남과 자신을 향한 하나님의 돌봄을 통해 세상을 새롭게 바라보게 된 것이다. 그래서 그녀는 하나님을 자신을 지키시는 분으로 이름 짓고, 그 옆에 있던 샘조차 자신을 지켜보아 주시는 하나님의 샘물로 고백한다. 이것으로써 그녀는 세상의 모든 것에서 하나님의 임재하심을 발견하는 믿음의 여성으로 다시 태어나게 되었던 것이다.

구약성경을 보면 하나님의 이름은 하나님 스스로 혹은 그의 계시를 직접 경험한 사람에 의해서만 불리었다(대표적인 예: 모세). 그러나 하갈은 이보다 한발 앞서 감히 하나님의 이름을 부르고 있다. 하나님은 하갈을 노예가 아닌 그의 약속을 받을 하나님의 사람으로 보시고, 그녀의 부르짖는 소리를 들으시고 그녀의 이름을 직접 불러 주시고 결국 한 민족의 어미가 되게 하신다. 하나님의 천사가 그녀의 아들 이스마엘이 큰 민족으로 자라게 될 약속된 아들임을 재확인시켜 준다. 아브라함은 이스마엘이 13세가 되었을 때 그에게 할례를 행함으로써 그도 아브라함의 혈통이요 하나님 약속의 아들임을 공표한다(창 17:23 - 26). 나중에 하갈과 그녀의 아들 이스마엘은 사막에 남아서 한 민족의 어엿한 조상이 된다. 그는 실제로 어머니의 고향 이집트에서 아내를 얻고 장수하면서(137세) 12지파의 조상이 된다 (창 25:12-18). 이 당시 자녀의 출생은 모든 약속이 성취되는 징표 이며 특히 아들은 여성에게 있어서 생존의 열쇠였다. 하나님은 하갈 의 고통 소리를 들으셨다. 이렇게 하갈은 하나님의 사자가 방문한 첫 번째 여성이 된다. 또한 그녀는 이스라엘 족장들 가운데 아들을 처음으로 낳은 만국의 어머니이기도 했다. 사라와 아브라함은 하갈 을 계속해서 여종이라고 부르지만 하나님께서는 그녀의 이름을 친히 불러 주신다. 하갈은 여성이지만 이스라엘의 다른 남성 족장들이 받 은 것과 똑같은 약속을 받은 축복의 사람이 되었던 것이다(창 16:10, 15:5, 17:5-6, 22:16, 26:4, 28:14).

〈하갈의 갈 길은 아직 멀다〉

하지만 하갈의 고난은 여기서 끝나지 않는다. 아브라함과 사라의 아들 이삭이 태어나기 전까지 하갈은 이스마엘의 성장을 지켜보면서 비교적 안락하고 편안한 생활을 했을 것이다. 하갈의 그런 행복은 영원할 것 같았다. 허나 이삭이 태어나기까지 약 17년 동안 하갈이 이스마엘 외에 더 이상 다른 자녀가 없는 것을 보면 이스마엘의 출 생 이후에 사라가 아브라함과 하갈의 부부 관계를 의도적으로 금지 하지 않았을까 상상해 본다. 이것 역시 하갈에게는 몹시 힘든 상황 이었을 것이다.[11] 하갈은 사라의 본래 의도대로 일시적인 씨받이에 불과했던 것이다. 그럴 즈음 사라가 아들을 낳자 하갈은 생존조차

---

11) P. T. Reis, 위의 책, 80.

위태로워진다. 사라가 하갈의 아들을 통해 남편의 유산을 받으려 했으나 자신의 친아들이 생기자 지금까지 키웠던 이스마엘과 그의 모친 하갈은 아무것도 아니었다.[12] 하갈과 이스마엘이 사라로부터 받은 수모는 얼마나 컸을까? 그것을 지켜보는 하갈의 마음은 무엇으로 위로받을 수 있었을까? 아마도 자신의 혈육 이스마엘이 아브라함의 아들이라는 한 가닥 희망뿐 아니었을까? 하갈이 아브라함의 아내라는 사실은 단지 명목뿐이었던 것 같다.

이제 사라와 하갈 사이의 갈등 관계가 완전히 동강 나는 사건이 발생하게 되는데, 그것은 이삭이 젖을 뗄 무렵 아브라함이 베풀어 준 잔치 자리에서였다. 성경은 이삭을 위한 잔치 자리에서 이스마엘이 이삭을 '놀리고 있었다.'(창 21:2)고 기록한다. 잔치 자리였던 만큼 모든 사람들이 이스마엘을 지켜보고 있었을 것이다. 여기에서 '놀리고 있었다.'고 사용된 단어는 이삭이라는 이름과 같은 히브리어 어원을 지닌 차학(צחק)의 분사형이다. 이삭이라는 이름이 웃는다는 뜻을 지녔다면 이스마엘이 이삭(히브리식 발음은 이츠학)을 향해 보여 주었던 행동은 비웃는 일이었다. 이 두 단어 사이의 언어유희가 엿보인다. 이스마엘이 이삭을 '놀렸던' 행동에 대하여 해밀턴(V. Hamilton)은 이스마엘이 이삭과 같은 사회적 신분을 가진 사람처럼 행동했다는 것을 의미한다고 해석하고 있다.[13] 혹은 이 이야기의 배경이 잔치 자리이니만큼 이스마엘의 비행, 즉 지나친 술주정으로 인

---

12) 이들의 경쟁 관계는 야곱의 네 아내와 열두 아들 사이에서 일어난 갈등과 질투에서도 볼 수 있다. 예를 들면 요셉은 빌하와 실바의 자녀들의 허물을 부친인 야곱에게 일러바치곤 했다(창 37:2).

13) V. Hamilton, *The Book of Genesis: Chap. 18 −50*(Grand Rapids: Eerdmans, 1995), 79.

한 어리석은 행동이 아닐까 추측하기도 한다.[14]

어쨌든 이스마엘이 무슨 행동을 했든지 그는 아브라함의 자식이었어도 이삭이 살아 있는 한 사라에게 있어서 그는 한갓 자기 몸종의 자식일 뿐이었다. 다시 말하면 아브라함의 혈통을 이어받았다고 하지만 사라는 마음만 먹으면 이스마엘 역시 자기 종으로 부릴 수 있는 종에 불과했다. 고대의 가족사에서 자주 대할 수 있는 광경이다. 야곱과 에서의 관계도 그러했다. 야곱이 에서의 축복을 빼앗아 간 것을 안 직후 에서는 울부짖었다. "내 아버지여 내게 축복하소서 내게도 그리하소서!"(창 27:34). 이스마엘이 느꼈던 심정은 에서의 것보다 훨씬 더하지 않았을까? 이삭이 소년으로 성장해 가면서 사라는 이스마엘을 거추장스럽게 느끼고 구박한다. 사라는 아브라함에게 이 모자를 내쫓을 것을 당당하게 요구하고 아브라함은 사라의 말을 따른다. 심지어 하나님마저 사라의 요구에 동조하신다. 아브라함도 하나님도 무자비하게 보이는데, 우리는 나중에 가서야 하갈과 이스마엘을 향한 하나님의 다른 계획이 준비되어 있었음을 알게 된다. 하갈은 한때나마 남편이었던 아브라함의 집을 아들과 함께 영원히 떠나야 한다. 그들은 돌아올 집이 없는 나그네가 되어 브엘세바에서 방황하게 된다. 하갈은 원래 사라의 '몸종'(창 16:1, 2, 3, 5, 6, 25:12)이었으나 아브라함의 '아내'라는 신분 상승을 잠시 누렸을 뿐이다(창 16:3, 5−6, 8). 하지만 이삭이 태어난 이후 아브라함 가문에 아들이 더 이상 필요 없다고 느껴졌을 때 사라는 하갈을 종속의 의미가 더 강조된 '노예'(창 21:10, 12−13)라고 부른다.[15] 하갈은 주인의 아들인 이스마엘

---

14) P. T. Reis, 앞의 책, 95−96. 노아와 롯 역시 술에 취해 문제가 발생하게 되었다(창 9:21−25, 19:32−35).

을 낳았지만 안주인의 변덕으로 이제 더 낮은 신분으로 전락하고 말았다.[16]

드디어 하갈과 그의 아들 이스마엘은 하나님과 아브라함의 허락 아래 버림을 받고 사막으로 내몰린다. 사막에 내리쬐는 뜨거운 햇볕과 황량함, 밤의 추위와 외로움으로 하갈과 이스마엘은 두렵고 무섭다. 아브라함이 준비해 준 식량과 물마저 떨어지자 하갈과 이스마엘의 고통은 극대화되고 그들의 생존은 위태롭게 된다. 하갈은 긴 여행과 배고픔에 지친 아들을 '덤불 한구석'에 뉘였다고 하는데, 이것은 아마도 절망 상태에서 죽어 가는 자식을 그늘에라도 두어 편하게 해 주고 싶어서였을 것이다. 그리고 정작 하갈 자신은 아들의 죽어 가는 모습을 보지 않으려는지 멀리 떨어져 앉는다. 하갈은 죽음의 엄습을 느끼며 울부짖고 있다. 아이도 따라서 운다. 그때 하나님은 하갈에게 응답하시고 다시 하나님의 천사를 그녀에게 보낸다. 하갈은 괴로워하지도 말고 두려워하지도 말라는 주의 음성을 듣고 오아시스까지 발견하게 된다. 하갈에게 한 차원 높은 신앙의 세계가 막막한 현실 앞에서 활짝 열리는 순간이다.

〈하갈, 믿음과 희망의 근거가 되다〉

하갈, 그녀는 한때 아브라함과 사라의 몸종이었지만 결국 버려지

---

15) I. Nowell, *Women in the OT*(Minnesota: The Liturgical Press, 1997), 19.
16) 이삭과 그 외의 아들과의 차별이 분명히 존재했다. 창세기 25:5−6을 보면 아브라함은 그가 죽기 전에 이삭에게는 모든 재산을 남겨 두었으나 다른 아들들에게는 한 몫씩만 주었다고 한다. 또한 이삭과 다른 아들들은 서로 떨어져 살도록 했다.

고 소외되고 쉽게 잊힐 수 있는 연약한 모든 사람들의 원형이다. 그녀는 자신의 힘으로 인생을 살 수 없는 모든 사람들을 대변한다. 천하고 힘없고 때로는 교만하기도 한 빈손의 하갈이지만 그녀가 고통스러워하고 부르짖을 때 하나님께서는 그를 찾아 주시고 위로하시고 평생 종으로 살아야 할 주인의 집에서 해방시켜 하갈과 이스마엘만의 온전한 자리를 마련해 주신다. 하나님께서는 하갈로 하여금 그의 긍휼하심과 인도하심을 극적으로 경험하게 하셨다. 그녀는 하나님의 음성을 들은 최초의 여성이었고, 하나님의 약속을 직접 받은 여성이었으며 하나님의 이름을 '엘로이'라고 부른 여족장이 되었던 것이다. 참으로 여종 하갈은 가난하고 보잘것없는 사람이었지만 신앙 세계에서 믿음의 증거자로 우뚝 선다. 집에서 쫓겨나고 사막과 같은 절박한 상황에서 피곤하고 곤고한 인생살이에 처한 모든 사람들에게 하갈은 믿음과 희망을 심어 주고 있다.

하갈은 사막에서 하나님의 천사를 두 번이나 만났고(창 16:7, 21:16) 하나님의 나타나심과 약속을 경험한 첫 번째 여성이 되었다. 그녀는 하나님의 구원과 축복을 가장 비참한 상황에서 몸소 경험한다. 그러한 체험을 통해서 하나님께서는 신비롭고 놀라운 방법으로 역사하신다는 것을 하갈은 알게 된다. 이스라엘의 신앙 역사에서 '사막'은 극적인 신앙 경험을 제공해 주는 곳이다. 사람들은 사막에서 자신과 공동체의 문제를 고민하며 하나님께 그 해결책을 구했다. 모세는 사막에서 하나님을 만나 임무를 부여받았다. 이집트의 압제에서 벗어나도록 하나님께서 이스라엘 민족을 인도하신 곳도 사막이다. 예수 그리스도는 유대 사막에서 시험을 받으시면서 자신의 공생애의 삶을 확고히 한다. 이처럼 사막은 시련과 투쟁을 겪는 곳이고 동시에 하나님을 발견하고 그분의 살아 계심과 섭리를 깨닫는 곳이다. 하나님은 버림받은 사람을 내치시지 않고 그로 하여금 사막이든 죽음의 골짜기이든 하나님의 기적적인 구원을 경험하게 하신다.

하갈은 사라의 여종이나 아브라함에게 아들을 낳아 준 그의 아내로만 남지 않는다. 하갈은 자신의 무력과 구원의 필요성을 가장 절실히 느꼈던 여인이었다. 하나님을 만난 후 하갈은 전혀 다른 사람으로 변한다. 그 이집트 여종은 고통과 짓밟힌 사람들의 희망의 근거가 되고 있다. 그녀는 자신의 힘으로 인생을 살 수 없는 모든 사람들을 대변한다. 그리고 아브라함이 많은 민족들의 믿음의 아버지가 된 것처럼 하갈도 그런 어머니가 되었다! 그녀는 믿음의 역사에서 특출한 인물이 된 것이다. 하나님께서 하갈의 이름을 손수 불러 주고 자손을 주시겠다는 하나님의 약속을 받은 유일한 여성이었으며 하나님의 이름을 '엘로이'라고 부른 최초의 계시자가 되었던 것이다.17) 그녀는 하나님과 더불어 새로운 인간으로 다시 태어나 아브라함이 하나님께로부터 받은 것과 같은 축복(창 12:1-3)을 받는 약속의 여인이 된다. 1) 많은 자손을 그녀에게 주겠다(한 민족의 조상). 2) 하나님께서 그녀를 만나시고 대화를 나누셨다. 3) 그녀는 하나님의 이름을 '엘로이'라고 부른다. 4) 하나님께서 하갈과 이스마엘과 함께하셨다. 5) 하갈의 아들 이스마엘 역시 광야에서 활 쏘는 자가 되고 한 민족의 조상이 되었다. 하갈의 하나님이 멋지지 않은가? 하나님은 아브라함과 사라의 자손 이삭을 통해서뿐만 아니라 하갈과 이스마엘,18) 나아가 세상의 모든 연약한 사람들을 통해서 역사하신

---

17) B. Waltke & C. Fredricks, *Genesis: A Commentary*(Grand Rapids, Mich.: Zondervan, 2001), 254.

다. 때문에 하갈은 삶의 아픔과 절망을 극복하려는 모든 인간의 영원한 모델이다.[19]

❖ 참고문헌

Hamilton, V. *The Book of Genesis: Chap. 18 −50.* Grand Rapids: Eerdmans, 1995.

Nowell, I. *Women in the OT.* Minnesota: The Liturgical Press. 1997.

Reis, R. T. "Hagar Requited", *JSOT* 87(2000). 75 − 109.

Waltke, B. & Fredricks, C. *Genesis: A Commentary.* Grand Rapids, Mich.: Zondervan, 2001.

Wenham, G. *Genesis 16 −50.* Waco: Word. 1994.

Zucker, D. "Conflicting Conclusions: The Hatred of Isaac and Ishmael", *Judaism* 39(1990). 37 − 46.

---

18) 고대인들도 하갈과 이스마엘의 불운을 안타까워해서인지 랍비 문헌에 따르면 사라가 죽고 아브라함이 재혼했을 때 그는 하갈을 정식 아내로 맞았다고 한다. D. Zucker, "Conflicting Conclusions: The Hatred of Isaac and Ishmael", *Judaism* 39(1990), 45.

19) P. T. Reis, 앞의 책, 109.

치맛바람의 원조 리브가(Rebekah)

이스라엘의 역사에서 아브라함과 이삭과 야곱의 족장 계보는 있지만 실제로 이삭에 대한 성경의 언급은 그다지 많지 않다. 오히려 이삭의 부인 리브가가 비록 족장의 신분은 아니더라도 남편 이삭보다 더 많은 양의 에피소드를 흥미롭게 제공해 주고 있다. 그래서 유연희는 "아브라함과 이삭과 야곱의 하나님"이라는 표현 대신 "아브라함과 리브가와 야곱의 하나님"이라는 새롭고 도전적인 표현을 할 만큼 이삭보다는 그의 아내 리브가에게 족장의 권한을 부여하고 있다.[20] 리브가, 비록 족장의 지위를 얻지 못했지만 이삭의 부인이요 에서와 야곱의 모친, 그러나 야곱의 어미로 더 기억되는 그녀의 인생을 따라가 보자.

〈리브가가 이삭의 부인이 되다〉

아브라함의 아들 이삭이 마흔 살이 되도록 혼인하지 못하고 있을 때 부친인 아브라함이 자신의 종을 고향으로 보내어 친히 외아들 이

---

20) 유연희, "아브라함과 리브가와 야곱의 하나님", 『신학사상』 120(2003), 100.

삭의 아내를 물색하도록 하였다. 성경 저자가 독자들에게 이 과정을 그 누구의 배우자 선택보다 길고 자세하게 묘사한 것은 이삭의 부인 리브가는 여성의 신분이라도 이스라엘 역사에서 특별한 의미를 지니고 있음을 전하려는 숨은 의도가 있기 때문일 것이다. 주인 아들의 신붓감을 구하기 위한 일임에도 아브라함의 종이 기도로 준비하고 긴 여정을 홀로 떠나는 것을 보면 아브라함과 이삭을 향한 이 종의 충심과 애정을 쉽게 짐작할 수 있다. 다행히 아브라함의 종은 리브가의 고향 하란에서 이삭의 아내가 될 리브가를 마치 사전에 내정된 사람처럼 너무도 쉽게 찾아낸다. 이삭이 하나님의 약속의 아들인 것처럼 그의 부인 리브가도 하나님의 지정으로 이삭의 부인이 되었음을 드러내는 장면이다.21) 더욱이 리브가는 아브라함의 남동생 브두엘의 딸로서 아브라함의 조카딸이었다. 그렇다면 이삭과 리브가는 사촌 남매지간이다.

성경의 묘사에 따르면 그녀는 친절하고 아름답고 거침이 없다. 아브라함의 종이 그녀를 처음 만났을 때 물을 달라고 하자 리브가는 자신의 어깨에 있던 물항아리를 급히 내려 그와 약대에게 물을 먹인다. 또한 아브라함의 종이 그녀에게 뉘 집 딸이냐 묻자 그녀는 "밀가가 나홀에게 낳은 브두엘의 딸이라."(창 24:46-47)고 당당히 밝힌다. 그 종은 리브가야말로 주인집 아들의 아내로 적격자임을 알아차리고 그녀에게 장식품을 선물로 준다. 그러자 리브가는 한발 앞서 주도적으로 그 종과 짐승들을 자신의 집에 머물 수 있도록 집안의 어른들에게 이 사실을 알린다. 리브가의 행동을 눈여겨본 아브라함의 종은 주인

---

21) 김호경, 『여자, 성서 밖으로 나오다』(서울: 대한기독교서회, 2006), 170-171.

집안의 미래가 이 어린 여인으로 말미암아 얼마나 획기적으로 바뀌게 될 것인지 단번에 알아차렸을 것이다. 리브가는 어린 처녀이지만 낯선 뭇 남성에게도 거침이 없다. 그녀는 여행으로 피곤한 아브라함의 종에게 물을 선뜻 주었을 뿐만 아니라 자진하여 열 마리의 낙타에게 물을 주기 위해 우물을 여러 차례 오고 가는 성의를 보여 주었다(창 24:17-21). 이런 리브가의 모습은 에너지가 넘치고 사려 깊고 적극적인 숙녀로 상상하기에 조금도 부족하지 않다.

리브가의 부친 브두엘과 오빠인 라반이 어린 여동생 리브가에게 이삭을 남편으로 맞이할 것인지를 물었을 때 그녀는 혼인 의사를 분명하게 표시했고 심지어 그녀 자신이 혼인을 급히 서두르는 듯한 인상을 주고 있다. 비록 집안의 남자들이 혼인을 결정하지만 이삭과 리브가의 혼인의 경우 리브가의 의사가 상당 부분 반영되고 있음을 짐작할 수 있다(창 24:58). 이 혼인이 결정된 이후 리브가의 부모는 먼 곳으로 떠나기 전에 리브가를 며칠만 더 혹은 열흘만이라도 더 친정집에 머물다가 떠나갈 것을 요구했으나[22] 그녀는 이삭이 있는 가나안으로 가기 위해 아브라함의 종을 당장 따라나선다(창 24:58). 이렇게 먼 여행을 친부모 형제를 뒤로 하고 혼자 떠나겠다고 결심한 것을 보면 리브가는 결단력 있고 단호하며 용감하기까지 한 것 같다. 그리고 리브가는 집을 떠날 때 오빠들로부터 만민의 어머니가 된다는 축복을 받는 일도 놓치지 않는 주도면밀함을 보여 준다(창 24:60). 여성이 오빠로부터 축복을 받는 일은 당시의 풍습으로는 흔

---

22) 신부가 결혼식 이전에 친정집에 열흘 동안 머무는 것은 전형적인 중동의 습관이다. I. Nowell, *Women in the OT*(Minnesota: The Liturgical Press, 1997), 24.

치 않는 아주 특별한 경우에 해당된다. 또한 그녀가 이삭을 만나게
될 때 멀리서 그녀를 기다리는 이삭을 보고서 당당히 그의 정체를
먼저 묻는다. 리브가의 독립성을 확실히 엿볼 수 있는 대목이다. 그
녀는 이렇게 아브라함의 아들, 이삭의 아내가 되었다.

〈리브가가 드디어 쌍둥이 형제 에서와 야곱을 낳다〉

리브가는 결혼한 지 20년 동안 자식을 낳지 못하는 불임의 고통
을 겪었다.[23] 그렇게 자신만만하던 리브가, 하지만 결혼 생활은 결
코 만만하지 않았다. 그녀는 어찌된 영문인지 20년 동안이나 자식을
생산치 못하였던 것이다. 성경의 수많은 인물들, 이들은 하나님께서
약속하신 자손의 번성을 쉽게 얻지 못한다. 시어머니 사라도 그랬고,
리브가도 또한 그녀의 며느리 라헬도 이렇게 같은 상황에 처하게 되
었다. 고대 시대에 불임은 저주와 같았다(창 16:2). 그런 인고의 세
월을 지나고 이삭의 간절한 기도가 있고서야 리브가는 쌍둥이 형제
에서와 야곱을 갖게 된다. 리브가는 물론 집안 전체가 얼마나 기뻤
을까?

그녀가 두 형제들을 임신했을 때 태아 형제들은 벌써 어머니의
뱃속에서 다투었고 이것으로 리브가는 너무 고통스러워 이 일을 해
결하고자 하나님을 찾은 적이 있었다. 그때 그녀는 하나님으로부터
두 형제들이 뱃속에서부터 싸우는 이유를 듣게 된다. 그녀의 두 아

---

23) 성서는 불임의 여인들을 소개한다. 사라, 리브가, 라헬, 한나와 삼손의
모친. 이 가운데 한나를 제외하고는 아들을 위해 기도하지 않는다. 리
브가의 경우 이삭이 리브가를 대신해 아들의 출산을 위해 기도한다(창
25:21).

이들은 장차 두 민족을 이룰 것이고 동생의 민족이 더 커지고 형이 동생을 섬길 것이기 때문이라는 것이다(창 25:22-23). 그런 까닭이었는지 에서와 야곱은 그녀가 그렇게 기다렸던 자식들인데, 유독 작은 아들 야곱을 더 사랑하였다. 호불호가 분명한 리브가의 성격을 감안해 볼 때 쌍둥이 형제인 에서의 소외와 불만과 상처가 얼마나 컸을지 짐작된다. 야곱은 차분하고 치밀하여 주로 집에서 지냈던 반면 에서는 외향적인 사냥꾼이어서 많은 시간을 들에서 보냈다. 아마도 그런 성격이 보태져서 야곱이 리브가와 더 가깝게 지낼 수 있었고 더 많은 사랑을 받았던 것 같다. 그러나 아버지 이삭은 리브가와 달리 장자 에서에 대한 기대와 사랑을 저버리지 않았다. 이런 리브가의 편애에 대한 불만 때문에 에서는 부모의 뜻을 의도적으로 꺾고 헷 족속의 딸 유딧과 바스맛을 아내로 맞이한 것은 아닌지 모른다. 이것은 리브가의 마음을 더욱더 야곱에게 기울게 하였다. 가정을 꾸린 에서와 아직 결혼하지 않은 야곱, 리브가의 마음이 아직 미혼의 야곱에게 가는 것은 지극히 자연스러운 일이었을 것이다.

〈야곱이 부모를 떠나 도피하다〉

이삭이 나이를 먹고 눈이 어두워지자 자신의 임종의 때가 가까이 왔음을 예감하게 되었다. 이삭은 자신이 운명하기 전 에서에게 장자권과 축복을 주기 위한 준비를 시킨다. 옆에서 이 일을 알게 된 리브가는 신속하게 둘째 아들 야곱을 불러 이 사실을 알리고 마지막 기회를 종용한다. 리브가는 이삭이 죽기 전 남편의 모든 권한과 축복이 차남인 야곱에게 오는 방법을 신속하게 모색한다. 리브가와 야곱은 이전에도 장자권 바꿔치기를 도모하기 위해 서로 말이 오고 갔을 것이다. 리브가는 에서가 마치 자신의 친아들이 아닌 것처럼 행동한다. 그녀는 에서가 사냥을 나간 틈에 모든 일을 신속히 끝낼 것을 계획하면서 이삭의 입맛에 맞게 손수 염소 요리를 준비한다. 리브가는 수십 년 동안 자신의 손맛에 길들여진 이삭이 염소 요리를 맛있게 먹고 난 후 반드시 야곱을 축복할 것이라고 장담한다. 하지만 야곱은 자신의 피부가 에서의 것과 너무 달라 이 모든 계획이 수포로 돌아갈 뿐만 아니라 아버지를 속인 죄로 오히려 저주를 받게 되지 않을까 두려워한다. 하지만 리브가의 지독한 야곱 사랑은 혹시 실패한 후 벌어지게 될 사후의 염려와 저주를 자신이 대신 받겠다(창 27:12-13)고 외칠 만큼 크고 허망하다.

그녀는 염소 고기와 빵을 준비하고 염소털을 야곱의 목에 둘리고 에서의 옷까지 꺼내어 그에게 입혀 에서로 가장시킨 후 야곱을 이삭에게로 보낸다. 이삭은 아무것도 눈치 채지 못한 채 그의 아들 야곱을 축복하게 된다(창 27:1-29). 모든 것은 리브가의 뜻과 계획대로 차질 없이 이루어진다. 결국 리브가의 모사로 아브라함과 이삭의 축복은 야곱에게 돌아가고 만다. 이것은 어머니 리브가의 개입이 없었다면 결코 가능한 일이 아니었다. 이 일로 에서는 야곱에게 한을 품고 그를 죽이려고 한다. 이 일 후에 에서가 어머니 리브가를 어떻게 대했는지 궁금하지만 성경은 우리에게 아무것도 알려 주지 않는다. 단지 에서의 분노와 복수를 눈치 챈 어머니 리브가는 재빨리 야곱을 불러 하란에 있는 자신의 친오빠 라반의 집으로 그를 피신시킬 것을 구상한다. 리브가는 영리하게 사태수습을 하는데, 에서로부터 야곱의 생명을 구하고 그의 아내를 리브가의 고향에서 구할 수 있도록 야곱을 잠시 떠나게 하자는 제안을 이삭에게 내놓는다(창 27:41-45). 그러자 이삭은 야곱의 장거리 여행을 허락함으로써 그의 생명도 구하고 그의 아내(들)도 만날 수 있는 기회를 갖게 한다(창 27:46-28:5, 29:9-14). 리브가 역시 야곱을 라반의 집으로 피신시키면서 하란에 사는 친척들 가운데서 그의 아내를 취할 것을 각별히 부탁한다.

〈리브가는 여전히 당당하다〉

리브가, 하란에서 가나안까지의 먼 길을 이삭을 신랑으로 맞이하려고 단숨에 달려올 정도로 자신만만하고 당당하였다. 낯선 사람과 그의 낙타들에게 물을 자진하여 먹일 만큼 상냥하고 억척스러웠다. 그녀는 자기가 좋아하는 아들 야곱 사랑하기를 에서를 밀쳐낼 만큼 집중하였다. 그녀는 자신이 사랑하는 둘째 아들 야곱이 이삭의 장자권을 물려받을 수 있다면 어떤 위험이 그녀에게 와도 개의치 않았다. 장자권이란 집안의 모든 권한과 유산과 명예를 말한다. 때문에 그녀는 야곱을 위해 남편도 속이고 큰아들을 몰아내는 몰인정한 어머니가 되는 것조차 감수했다. 야곱을 편애하는 리브가가 에서의 아내와 좋은 관계를 가질 수 없음은 당연한 듯하다.

하지만 리브가가 치러야 할 대가는 너무 컸다. 그녀는 야곱과 에서의 형제애를 원수로 만들어 놓고 말았다. 더욱이 사랑하는 아들 야곱을 생면부지의 땅 하란으로 정처 없이 홀로 떠나보내야 했다. 얼마나 사랑하는 아들인가? 리브가는 모정을 삭히고 상속자 야곱의 생명과 장자권을 보장할 뿐만 아니라 형제 살해를 막아 가족의 위기를 우선 해결한다. 리브가는 야곱을 상속자로 만들었을 뿐만 아니라 큰아들 에서도 아껴야 하는 어쩔 수 없는 모성애를 느끼면서 "내가 어찌 하루에 자식 둘을 다 잃겠느냐?"(창 27:45)고 탄식한다. 생전에 그 아들을 다시 볼 수 있으리라는 보장이 없다. 리브가는 이런 식으로 가정의 질서를 파괴한 듯하지만 리브가의 임신을 통해 얻은 예언 (25:23)처럼 그녀는 자신의 운명과 가정의 미래를 적극적으로 창조해 가는 여성이다.24) 하지만 그 과정은 결코 순탄하지 않다. 리브가는 수시로 오고 가는 소식을 통해 야곱의 생존이야 확인할 수 있었겠지만 그녀는 20년이라는 세월을 야곱을 그리워하면서 이삭도 없는데 쓸쓸히 혼자 살아야 했다. 남편 이삭과 맏아들 에서를 집 안에서 매일 마주쳐야 하는 마음은 얼마나 민망했을까? 외삼촌이라고 하지만 타향에서 남의 집 종살이하는 야곱을 리브가는 얼마나 애처로워했을까? 남편 이삭이 죽은 후 에서가 그의 빈자리를 지켰다고 하지만 에서도 그의 아들인데, 그를 보는 리브가의 마음은 결코 편안하지 않았을 것이다. 사랑할 수도 미워할 수도 없는 큰아들 에서, 집착에 가까운 리브가의 야곱 편애는 형제와 부모의 관계마저 끊어 놓고 말았다. 리브가는 정말 다른 방법은 없었을까? 리브가의 죽음에 대하여 우리는 알지 못하지만 야곱이 20년 후 에서에게 돌아왔을 때 그녀에 관해 다른 언급이 없는 것을 보면 그녀는 생전에 야곱을 만나지 못하고 죽었던 것 같다(창 35:27).

리브가는 야곱을 이를테면 후대 이스라엘 국가의 미래를 꿈꾸는 이스라엘이 된 아들을 자기 품 밖으로 내몰더라도 더 큰 것을 소유할 수 있도록 야곱을 편애하였다. 장남 대신 차남을 선택한 모정의

---

24) 김호경, 앞의 책, 176.

위험한 게임이었다. 남편을 속이고 큰아들을 소외시키는 대역모를 꾸미면서까지 야곱을 향한 사랑과 계획을 접지 못했다. 리브가는 왜 그랬을까? 큰아들 에서와 비교할 수 없을 만큼 가족의 미래를 염려 한 대의명분 때문이었을까? 아니면 단순히 편애하는 아낙네의 속 좁 은 이기심이었을까? 아니면 모든 면에서 야곱의 능력이 에서를 능가 했을까? 우리는 모른다. 그녀의 진짜 마음을……. 하지만 결과는 그 녀의 용기와 결단으로 작은 아들 야곱이 이스라엘이 되었다. 한 여 인이 겪었을 갈등과 인내와 용기가 가슴 깊숙이 전해진다.

❖ 참고문헌

김호경. 『여자, 성서 밖으로 나오다』. 서울: 대한기독교서회, 2006.
유연희. "아브라함과 리브가와 야곱의 하나님", 『신학사상』 120(2003). 99 −129.
Nowell, I. *Women in the OT.* Minnesota: The Liturgical Press, 1997.
Zucker, D. "Conflicting Conclusions: The Hatred of Isaac and Ishmael", *Judaism* 39(1990). 37−46.

자식농사에 실패한 엘리(Eli)와
그의 아들들

　성경의 수많은 인물들 가운데 참으로 안쓰럽고 딱한 사람이 있다. 사사 시대의 엘리이다. 이스라엘이 가나안에 정착한 지 약 200~300년이 지난 주전 11세기, 이스라엘은 제사장 엘리의 지도력 아래 건재하고 있었다. 실제로 엘리는 훌륭한 제사장이었으며 민족의 지도자 사무엘을 키워 낸 양육자요 한나의 슬픔을 지켜볼 줄 아는 목회자 같은 지도자였다. 그는 잘했으면 정말 잘만 했으면 자신의 아들들을 왕이나 통치자로 세울 수 있었던 아비가 되어 대대로 왕족 혹은 하나님의 사람으로 명예롭게 기억될 수도 있었던 사람이었다. 그러나 그는 정작 자신의 친아들 홉니와 비느하스 대신 양자처럼 키운 사무엘에게 아들 대신 자신의 제사장과 민족 지도자의 자리를 물려주어야 했고 그 아들들조차 전쟁터에서 비참하게 먼저 보내야 했던 슬픈 아버지였다. 그리고 먼저 죽은 아들 때문에 혼자 남은 며느리들을 무력하게 지켜보아야 했던 시아버지요 그나마 남은 한 아들마저 죽었다는 소식에 기가 막혀 목이 부러져 죽어야 했다. 이렇게 이스라엘의 민족 지도자요 제사장이었던 엘리의 삶은 참으로 애달프다. 그의 말년을 기억해 내는 일은 참으로 고통스럽다.

〈엘리가 한나를 만나다〉

엘리는 실로의 제사장이었다. 실로는 이스라엘 왕국이 건립되기 바로 이전의 중심도시였던 만큼 엘리는 이스라엘 왕국 이전에 적어도 최고의 정치 지도자였다고 할 수 있다. 팔레스타인 전역에 흩어져 사는 이스라엘 사람들은 그가 봉직하는 실로 성전으로 제사를 드리기 위해 모여들었다. 실로는 법궤가 모셔져 있는 종교의 중심지였을 뿐만 아니라 정치, 경제, 군사적으로도 매우 중요한 요지였기 때문이었다. 실로 성전의 총책임자인 엘리는 그곳에 제사를 드리러 오는 사람들을 돕는 제사장이었다. 단순히 제사 행위만이 아니라 제사를 드리는 사람들의 형편까지 살피는 목회자였다.

어느 날, 불임의 아픔을 겪는 한나가 실로 성전에 찾아와 제사를 드리게 되었다. 늘 드리는 제사였지만 이번에는 그녀의 마음이 예전과 달랐다. 한나는 제사를 마친 후에도 자신의 슬픔이 북받쳐 차마 발길을 돌리지 못하고 텅 빈 성전에 혼자 남아 통곡하며 기도하였다. 자식 없는 설움이 얼마나 컸으면……. 현대에도 수많은 가정이 불임으로 인해 아픔을 겪고 있다. 그럴진대 고대 이스라엘 시대의 불임은 여성과 그녀의 가정 모두에게 저주와 같았다. 아들의 존재는 여성의 생존과 직결되어 있었기 때문이었다. 엘리는 혼자 성전에 남아 울부짖는 한나를 유심히 지켜보았다. 물론 엘리는 한나의 슬픔 때문에 술 취한 것으로 오해해서 그를 나무라기도 했지만[25] 엘리는

---

25) 술 취한 것과 기도하는 것을 구별하지 못했다는 것을 시력이 나빴기 때

한 여인의 아픔을 그냥 넘기지 않는 섬세한 목자였다. 엘리가 한나의 사정을 살핀 후 자신의 판단이 그릇된 것을 알았을 때 그는 한나에게 이렇게 말하였다. "평안히 가라 이스라엘의 하나님이 네가 기도하여 구한 것을 허락하시기를 원하노라(삼상 1:17)." 이렇듯 엘리는 한나에게 하나님께서 그의 기도를 들으시고 응답하실 것이라는 확신과 축복26)을 전해 주는 신앙의 사람이었다. 그 말을 듣고 식음을 전폐할 만큼 슬펐던 한나가 식사를 다시 시작했고 그의 얼굴에 근심이 없어졌다고 한 것은 엘리의 인간 됨됨이나 제사장으로서의 그의 신뢰감이 충분했기 때문이었을 것이다. 한참 후의 일이지만 그는 한나의 아들, 어린 사무엘이 성전에서 그를 부르는 소리를 들었을 때 그 소리가 하늘에서 들리는 하나님의 음성임을 알아차리고 그에 대처하는 방법도 알려줄 줄 아는 믿음과 지혜의 사람이었다. 그렇다면 그는 분명 이스라엘 백성들의 인정과 존경을 충분히 받았을 것이다. 상처받은 영혼의 아픔을 들어줄 줄 아는 귀와 위로하는 넉넉한 마음과 한나의 마음을 평안하게 한 엘리의 신앙적 카리스마를 상상할 수 있는 대목이다. 그가 어떻게 실로의 최고 지도자가 되었는지 그 경위는 알 수 없지만 그는 이렇게 하나님의 제사장으로 손색없이 살았고 그의 두 아들들이 엘리만 닮았으면 제사장의 직분을 자자손손 이어 갈 수 있는 명문가 집안이 되었을 것이다.

문(삼상 3:2, 4:15)으로 보아야 할지 아니면 통찰력이 없어서인지 아니면 한나가 술 취한 듯 통곡했는지 알 수 없지만 적어도 자신의 판단이 잘못된 것을 알았을 때 그의 태도를 얼른 바꾸고 한나의 아픔을 받아들였던 것을 보면 그의 관찰 능력이나 배려가 부족한 것은 아닐 것이다.
26) W. Brueggemann, *First and Second Samuel*(Louisville: John Knox Press, 1994), 13.

〈엘리의 아들들은 다르다〉

하지만 엘리의 불행은 그의 두 아들들로부터 시작된다. 당시 제사장 엘리의 정치, 종교적 직제는 그의 후손들에게 세습되었다.[27] 그의 두 아들 홉니와 비느하스는 부친의 제사장직을 계승받았으나 그들은 아버지 엘리와 달랐다. 그들의 비행은 너무 커서 백성들의 원성을 샀다(삼상 2:17). 그들은 제사장의 역할을 수행하고 있었으나 사람들이 하나님께 바치는 예물을 임의로 악용하는 불한당과 같은 제사장이었다. 예전에 이스라엘 백성들은 하나님께 다양한 예물들, 이를테면 십일조의 명목으로 모든 수입의 십분의 일과 모든 생산물의 가장 좋은 첫 열매를 하나님의 성전으로 가져왔다. 물론 이 가운데 일부분은 제사장의 몫이었다. 하지만 이 아들들은 절차를 무시하고 하나님의 예물을 자기의 것으로 착복하였다. 뿐만 아니라 성전[28]에서 하나님의 일을 돕는 여자들[29]의 방을 수시로 드나들며 부적절한 성관계를 맺었다. 이들은 아내를 둔 기름부음을 받은 성직자였지만 이들의 행동은 제사장이라는 지위를 이용하여 여성들을 성적으로 희롱했다. 또한 같은 남성들에게도 못된 짓을 했다. 엘리는 아들들의 이런 행위를 직접 목격하고 주변의 소문도 듣고는 그들을 꾸짖었다.

---

27) 엘리의 집안은 아론의 혈통, 즉 레위 지파였던 아비아달과 관련이 있는 것으로 보인다(왕상 2:26-27; 삼상 2:30). W. Brueggemann, 위의 책, 23.

28) 삼상 2:22에서는 '회막 문'으로 되어 있으나 삼상 1:9와 3:3은 '여호와의 전'으로, 3:15에는 여호와의 집으로 되어 있는 것을 보면 엘리의 아들들이 여인들과 성적인 죄악을 저지른 장소는 제의가 이루어지는 성스러운 곳으로 보인다.

29) 이들은 회막의 문 입구를 깨끗하게 하는 역할을 가진 성전의 일꾼이기에 엘리의 아들들의 죄악은 그만큼 심각하다(출 38:8). H. Hertzberg, *I & II Samuel*(London: SCM, 1964), 36.

엘리는 하나님을 두려워했지만 그의 아들들은 자신의 직권을 마음대로 남용하면서 하나님의 일을 구별해야 하는 시력과 청력을 상실했다. 이들은 자식으로서 부친의 말도 무시했다. 이 일에 대하여 성경 기자는 아들들의 비행을 직접 고발하기보다 엘리가 하나님보다 아들들을 더 소중히 여겼다고 적고 있는데 이것을 보면 아마도 엘리는 잘못된 자식 사랑 때문에 제대로 야단을 치지 못했던 것 같다. 이것을 근거로 엘리의 가정을 상상해 본다. 어쩌면 홉니와 비느하스는 어머니를 일찍 여의였을지 모른다. 그래서 자식 사랑과 연민으로 차마 매를 들지 못한 채 근사하게 자라는 사무엘과 너무 대조적인 아들들을 보면서 일찌감치 사무엘을 자신의 후계자로 염두에 두지 않았을는지 궁금하다. 혹은 아버지 엘리는 모든 부모가 그러하듯 저들이 더 크면, 나이를 먹으면 괜찮을 것이라는 막연한 희망을 자식 교육으로 대신했는지 모른다.

어쨌든 엘리의 뒤를 이어야 할 홉니와 비느하스의 종교와 도덕의 부패, 이것은 이스라엘의 지도력에 심각한 문제가 생겼음을 의미한다. 그때 하나님께서는 한 사람을 엘리에게 보내 이스라엘이 이집트에서 종살이를 할 때부터 엘리의 조상들에게 나타나 그들을 택하여 제사장 직분을 대대손손 유지하도록 특권을 부여해 주었음을 상기시켰다. 그 전통이 수백 년이나 유지되었다. 그런데 그 제사직이 엘리의 자식의 시대에 왔을 무렵 이제 더 이상 엘리의 집안에 머물 수 없게 되었다. 하나님은 엘리에게 "나를 존중히 여기는 자를 내가 존중히 여기고 나를 멸시하는 자를 내가 경멸하리라."(삼상 2:30b)라는 메시지를 들려준다. 그 내용은 그 집안에 늙은이가 하나도 살아남지 못할 것이라는 저주였다. 전통적으로 장수한다는 것은 하나님의 축복의 대표적인 표시였다. 그런데 엘리 가문에서 겨우 한 사람이 살아남겠으나 그마저 시력을 잃게 될 것이고 장수하는 사람조차 없게 될 것이라는 음성을 엘리는 들어야 했던 것이다. 무엇보다 엘리의 집안은 희망이 없게 되리라 한다. 구약성경은 우리에게 많은 믿음의 선조들이 죽었던 나이를 기록하고 있는데 대부분 장수를 누렸다. 그것은 그 인물들이 하나님의 축복을 누렸음을 말해 주는 것이다. 하나님의 그 예언은 당장 이루어져 홉니와 비느하스가 부친보다 먼저 한날에 죽게 된다. 또한 존경받는 엘리 제사장의 세습이 더 이상 엘리 집안에게 머물지 않는다고 한다. 우리가 이미 알고 있듯이 이 제사직은 그가 양아들처럼 키웠던 사무엘에게 맡겨진다. 자신의 집안에서 고아처럼 자란 사무엘에게 주인의 모든 직책과 특권이 넘겨진다는 것이다. 이것을 지켜보는 엘리의 마음이 어떠했을까? 그렇게 하나님의 심판은 단호하였고 엘리를 향한 모든 하나님의 원래 계획은 변경되고 무산되었다.

하나님의 사자가 전해 준 이 심판 소식은 엘리가 살아 있을 때 현실화되었다. 그의 두 아들들은 블레셋과의 전쟁에서 모두 전사하고 만다. 또한 이스라엘을 승리로 이끌어 주었던 법궤마저 블레셋에게 빼앗기고 전쟁에서도 패하게 되었다. 하나님의 법궤가 앞장설지라도 홉니와 비느하스 같은 제사장들의 죄악이 있는 곳에서는 하나님의 능력이 발휘될 수 없었기 때문이다. 그때 엘리는 98세의 노령으로 성전에 앉아 전쟁 소식을 기다리며 '의자'[30])에 앉아 있던 차,

---

30) 폴친은 엘리가 의자가 앉았다는 언급이 사무엘상에서 3회 나타나고 있는데 이것은 단순히 우연이 아니라 엘리에 대한 이스라엘의 왕권을 상징하는 것으로 이해한다. 최소한 히브리 성서에서 '의자'로 사용된 키

전쟁에 참전한 아들들의 전사 소식에 너무 놀라 그만 뒤로 넘어져 목이 부러져 죽게 되었다. 엘리는 무려 사십 년 동안 이스라엘을 평화롭게 이끌었던 사사요 제사장이었지만 그의 말년은 하나님의 심판을 받아 자식을 앞세우고 자신도 집안도 몰락하는 저주를 받게 된다. 그러나 엘리의 불행은 여기에서 그치지 않았다. 불행은 연속으로 온다고 했던가? 시아버지와 남편의 소식을 전해들은 엘리의 둘째 며느리도 갑작스런 진통 끝에 아들을 조산하고는 그만 죽고 만다. 이렇게 엘리의 일가족은 순식간에 몰살을 당한다.31) 그 불행은 이스라엘 전체에까지 확대되어 실로는 처참하게 파괴된다. 후대의 사람들조차 이 당시 실로의 상태를 완전한 폐허로 언급하고 있을 만큼 그 피해는 참으로 심각했다(렘 26:6, 9). 엘리는 그의 가족의 죄악이 제물로도 결코 속죄될 수 없으리라는 선언을 자신이 키운 어린 사무엘로부터 직접 전해 받는다(삼상 3:15). 지금 엘리와 사무엘은 그들을 향한 하나님의 대조적인 계획을 절망과 희망의 교차점에서 바라보고 있다.32)

쎄는 사람이 앉는 물건으로서의 의자 외에 예언자와 같이 특별한 직책이나 자리를 의미하곤 한다(예, 왕하 4:10; 슥 6:13). 엘리가 의자에서 넘어져 목이 꺾여 죽었다는 것은 엘리의 차기 왕권이 실패했음을 의미한다. R. Polzin, *Samuel and the Deuteronomist,* 23, 64; F. Spina, "Eli's Seat: The Transition from Priest to Prophet in 1 Samuel 1−4", *JSOT* 62(1994), 69.

31) 엘리 아들들의 비행으로 시작된 엘리 가족의 몰살은 엘리 집안 대신 사독가의 제사 독점의 합법성을 인정하는 계기가 된다. H. Herzberg, *I & II Samuel,* 38; M. Brettler, "The composition of 1 Samuel 1−2", *JBL* 116(1997), 610−611.

32) W. Brueggemann, *First and Second Samuel*(Louisville: John Knox Press, 1994), 26.

〈엘리의 恨은 너무 크다〉

엘리와 그의 자손들의 이야기는 이스라엘을 40년 동안 탁월하게 통치한 엘리와 그 가족의 한 많은 가족사이자 이스라엘의 초기 역사이다. 이스라엘을 보호하고 통치하며 하나님의 제사를 주관해 왔던 제사장 엘리의 집안, 그러나 역대기 기록자는 이스라엘의 역사 기록에서 그를 한 번도 언급을 하지 않을 만큼 그의 업적이나 공로에 대해 침묵하고 있다. 단지 수천 년이 지난 지금에도 부친으로서 자식 교육을 제대로 하지 못하고 그것 때문에 자신의 제사장직도 제대로 마무리하지 못하고 결국 블레셋에 의한 이스라엘 침략을 목격해야 했던 엘리의 한(恨)이 지금도 우리에게 들려오고 있다. 물론 그는 자신의 아들들 대신 사무엘을 자신의 후계자로 세워 이스라엘의 기초를 다지는 역할을 하지만 정작 자신과 그의 가족은 뼈아픈 시련과 불명예를 겪으면서 자신처럼 살아서는 안 된다고 엘리는 지금까지 울부짖고 있다. 성전에서 울부짖던 한나의 아픔을 치유한 엘리였지만 정작 친자식들의 불의와 불행은 막지 못했다. 엘리와 그의 아들들은 잘만 했으면 이스라엘의 최고 권력자로서 정치와 종교에 막강한 영향력을 행사하며 명예를 지킬 수도 있었는데……. 또한 이스라엘 역사에서 승리자로서 혹은 공로자로서 기억될 수도 있었을 텐데, 모든 촛대는 사무엘에게 옮겨지고 말았다.

수십 년 전 어느 날 엘리가 불임의 고통을 안고 울부짖는 가련한 한 여인을 축복해서 얻은 그 아들 사무엘이 자신의 두 아들들을 대신해서 이스라엘의 제사직을 대신할 줄을 누가 알았으랴! 그는 평생 사사(삼상 4:18)와 제사장으로서 하나님을 섬긴 사람이었지만 그의 말년은 너무도 쓸쓸하고 비참했다. 이런 점에서 현대판 엘리와 그의 교훈은 아직 끝나지 않았다.

❖ 참고문헌

Brettler, M. "The composition of 1 Samuel 1−2", *JBL* 116(1997). 601 −612.

Brueggemann, W. *First and Second Samuel.* Louisville: John Knox Press, 1994.

Hertzberg, H. *I & II Samuel.* London: SCM, 1964.

Polzin, R. *Samuel and the Deuteronomist.* San Francisco: Harper & Row, 1989.

Spina, F. "Eli's Seat: The Transition from Priest to Prophet in 1 Samuel 1−4", *JSOT* 62(1994). 67−75.

비운의 왕세자 요나단(Jonathan)

이스라엘의 초대 왕 사울에게 요나단이라는 왕세자가 있었다. 그는 아버지 못지않은 훌륭한 군인이었기에 사울 왕은 그의 도움으로 전쟁에서 여러 차례 승리를 거둘 수 있었다. 특히 이스라엘이 강적 블레셋 군대를 상대할 때 요나단은 감히 선재 공격을 할 만큼 용맹스러웠다. 때문에 왕궁이 아닌 전쟁터에서 더 많은 시간을 보내야 했던, 사울 왕에게 있어서 자신과 함께 전쟁터를 지키는 아들 요나단은 어떤 무기나 용사보다 든든한 아들이었다.

〈전투에 능한 요나단〉

어느 날 요나단이 사울에게 알리지 않고 자기 부하 한 명과 둘이서 블레셋 사람들이 모여 있는 진영으로 몰래 들어가 게릴라전을 치렀다(삼상 14:1－15). 그가 군대도 없이 무기든 소년 한 사람만 동원해서 블레셋을 선제공격한 것은 전쟁은 결코 군인의 숫자에 있는 것이 아니라 하나님께서 저들의 편에 서야 한다는 신앙에서 출발하였다. 요나단은 하나님만이 전쟁의 승패를 가를 수 있다고 믿었고, 그래서 하나님의 뜻을 구하기도 했다. 이때 이 두 사람은 블레셋의 군인 20명을 죽이게 되었고, 이것으로 블레셋 진영 안팎의 블레셋 군인들은 사기를 잃게 되었다. 그러자 사울 왕을 비롯한 이스라엘 군인은 고무되어 사기가 진전되고 블레셋 군인은 오히려 저희들끼리 서로 죽이는 상황으로 발전되어 이스라엘은 대승할 수 있었다. 이처럼 요나단이 단독 전투를 감행한 것을 보면 그는 타고난 전략가요 탁월한 전투 능력을 지녔던 왕자였음에 틀림없다(삼상 13:1-7, 14:1-23). 이스라엘 국가의 왕정 초기에 국왕이 되고자 하는 사람은 전쟁터에서 그의 능력을 증명해야 했는데,[33] 이런 점에서 요나단은 일단 합격점을 받았다고 봐야 할 것이다. 거기에 그는 사울 왕의 장남이었기에 차기의 왕이 될 만한 왕세자였다. 물론 요나단의 선제공격으로 인해 블레셋 사람들의 엄청난 보복과 증오를 가져오게 한 군사적 지도력의 부족을 지적할 수는 있지만(삼상 13:4-5) 요나단의 전투 능력을 부인할 수는 없다.[34]

요나단의 이런 영웅담도 들을 수 있지만 반대로 청년 요나단 역시 실수할 때도 있었다. 부친 사울과 요나단의 지도력이 제대로 일치하지 않아 낭패를 보았던 것이다. 그것은 이스라엘이 가는 곳마다 승리를 거두게 되었을 때 사울은 이스라엘의 모든 군사들에게 금식을 선포하였다. 이 명령을 듣지 못한 요나단은 우연히 벌집의 꿀을 먹게 되었고, 나중에 부친의 금식령을 들었을 때 군사들의 피곤함을 보고는 사울의 금식령을 풀어서 온 백성이 고기를 피째 먹는 과오를

---

33) 대표적으로 사울과 다윗이 그런 능력을 지녔다: A. Alt, "The Formation of the Israelite State in Palestine", *Essays on OT History and Religion* (tr. by E. Wilson) (Oxford: Blackwell, 1966), 188-189, 193.

34) 김종윤, "요나단에 대한 새로운 평가", 『신학사상』 126(2004), 39-40.

범하게 하였다(삼상 14:24-35). 결국 그는 부친의 뜻을 읽지 못하고 금식 명령을 공개적으로 비난하는 실수를 범함으로써 아버지 손에 죽을 뻔하기도 했다. 또한 하나님께서는 이 일로 침묵하시게 되고 결국 그 일의 원인은 요나단에게 있음이 밝혀지는데(삼상 36:42), 이것 때문에 부친 사울 왕은 요나단에게 "네가 반드시 죽으리라 그렇지 않으면 하나님이 내게 벌을 내리시고 또 내리시기를 원하노라."고 아들에게 분을 토하기도 하였다(삼상 14:44). 하지만 이스라엘 백성들은 요나단이야말로 블레셋의 침략을 막아낸 사람이라고 사울에게 간청하면서 그의 죽음을 막았다. 이렇게 그는 백성들의 전폭적인 인정을 받아 사울 왕의 사형 선고까지 막아낼 수 있었다. 요나단은 죽음까지 내몰릴 수 있는 인간적 실수를 저지르기도 했지만 이것으로 요나단의 능력이나 성품이 부정되거나 저평가되지 않았다. 특히 다윗과의 우정을 지키는 과정에서 그의 인간 됨됨이를 분명히 알 수 있다.

〈다윗과의 우정과 그의 생명을 지키는 요나단〉

요나단은 부친의 적수인 다윗을 제 목숨보다 아낄 만큼 그를 좋아하고 그와의 우정을 지켰다. 이 두 사람의 관계에 대하여 심지어 동성 간의 우정을 넘어선 동지애(male bonding)라고 표현하기조차 한다.35) 클라인즈는 다윗과 요나단의 관계에 대하여 그들은 죽을 때

---

35) 남성들의 동지애는 전쟁과 같은 위험한 상황에서 자주 발견되며 다음과 같은 특징을 지닌다고 한다: 1) 서로에게 신의 지키기; 2) 공통된 목표를 위해 노력하기; 3) 다른 관계들보다 서로의 결속을 더 중요시하기. D. Clines, *Interested Parties: The Ideology of Writers and Readers*

까지 신의를 지켰고 전 생애를 통해 서로에게 헌신적이고 관대했다고 평가한다.[36] 이들의 관계는 처음 만났을 때부터 남달랐다. 요나단이 부친 사울과 다윗이 처음 만났을 때 다윗을 지켜본 후, 그는 다윗과 한마음이 되어 그를 자기 생명보다 아꼈고 그와의 신의를 끝까지 지켰다. 이후 이들의 우정은 지속되었고 요나단은 자신의 무기와 왕자의 군복을 다윗에게 벗어 줄 만큼 그를 끔찍하게 아꼈다(삼상 18:1-4). 이것은 다윗에 대한 요나단의 전폭적인 신뢰와 지지를 의미할 뿐만 아니라 그의 왕권의 권리까지 이양하려는 의도가 엿보이는 부분이다.[37] 요나단은 아버지 사울이 다윗에 대한 질투심과 적개심으로 불타자 사울 앞에서 다윗을 옹호하며 무고한 죄를 흘리지 말 것을 직언하기도 하였다(삼상 19:1-7). 하지만 다윗에 대한 사울의 경계는 극도로 심각해지고 그를 죽이려는 시도까지 있었는데 요나단은 여러 차례 다윗의 탈출을 적극적으로 도와 결국 그의 생명을 구했다. 요나단이 부친 사울이 다윗을 죽이려는 의도를 확실히 알았을 때 이들은 어쩔 수 없이 이별하기로 한다. 그때 다윗과 요나단의 이별에 대하여 사무엘서 저자는 이렇게 기록하고 있다. "다윗이 곧 바위 남쪽에서 일어나서 땅에 엎드려 세 번 절한 후에 서로 입 맞추고 같이 울되 다윗이 심하더니 요나단이 다윗에게 이르되 평안히 가라 우리 두 사람이 여호와의 이름으로 맹세하여 이르기를 여호와

---

of the Hebrew Bible(Sheffield: Sheffield Press, 1995), 223-225; 김종윤, "다윗과 요나단의 관계에 대한 한 연구", 『신학논단』 37(2004), 142-143, 148.

36) D. Clines, 위의 책, 223-224.

37) W. Brueggemann, *First and Second Samuel*(Louisville: John Knox Press, 1990), 136.

께서 영원히 나와 너 사이에 계시고 내 자손과 네 자손 사이에 계시리라."(삼상 20:41-42a) 사울 왕에게 있어서 다윗은 자신의 왕권을 불안하게 하는 경쟁자일 뿐이었다. 그는 다윗을 자기 신하로 삼을 정도로 관대하거나 큰 인물이 아니었다. 그는 왕이었지만 다윗을 시기 질투하고 아들 요나단과의 우정 따윈 안중에도 없었다. 사울 왕은 자신의 뜻을 거스르고 다윗을 옹호하는 아들 요나단이 단지 야속하고 어리석어 보일 뿐이었다. 때문에 요나단은 아버지에게 다윗이 무슨 죽을죄를 지었냐고 따져 묻다가 아버지가 던진 창에 맞을 뻔하기도 하였다(삼상 20:32-33). 이것을 알게 된 요나단은 부정(父情)과 우정 사이에서 번민하게 된다. 아버지를 위해 다윗을 버릴 것인가 아니면 다윗과 맺은 신의를 끝까지 지킬 것인가? 이렇게 다윗에 대한 부친의 노여움이 컸어도 요나단은 식음을 전폐할 만큼 다윗을 아꼈다. 어떤 상황에서도 다윗을 보호하려는 요나단의 결심은 결코 약해지지 않았다. 다윗의 생명만은 다치게 하지 말자! 결국 요나단은 그를 늘 옆에 두고 싶지만 다윗을 보호하기 위해 어쩔 수 없이 다윗을 멀리 떠나보낸다. 이것으로 다윗과 요나단의 관계는 더 돈독하게 발전되었다(삼상 20장).

〈요나단의 고민〉

요나단은 진심으로 비록 자신이 아버지 왕권을 물려받을 상속자이지만 다윗이 왕이 되고 자신은 그 아랫자리에 앉게 되기를 바랐다. 차기 왕이 될 수도 있는 왕세자인 요나단이 쉽게 가질 수 없는 아름답고 용기 있는 우정을 보여 주고 있다. 그의 판단력은 예리하고 면민하다. 아버지의 왕권이 합법적인 상속자인 자신이 아닌 다윗에게 돌아가야 할 것을 알고 있지만 차마 입 밖으로 내뱉지 못한다.

요나단을 향한 다윗의 마음 역시 마찬가지로 요나단을 아끼고 사랑했다. 다윗은 그의 부인인 미갈의 도움으로 사울에게서 도망할 수 있었는데 나중에 다윗은 미갈 대신 요나단의 거처를 은신장소로 삼았고, 이때 요나단은 다윗을 어떠한 상황에서도 보호해 줄 것을 재삼 맹세하였다(삼상 20:12 - 16). 이것에 대해 미갈에 대한 감시가 더 심했기 때문이라고 상상할 수 있지만 다윗은 요나단을 그 누구보다 신뢰하고 믿었기 때문일 것이다. 이 두 사람의 관계에 대한 학자들의 관심이 지대한데 애크로이드(P. Ackroyd)는 이들의 우정의 기능적 성격을 강조하면서 이들은 쌍방 간의 계약적 관계인 만큼 인간의 감정적 요소는 무시해야 한다고 말한다.[38) 맥카터(P. McCarter) 역시 이들의 관계는 고대 근동의 정치적 문서에서 나타난 애정 표현과 유사하므로 정치적 의미로 이해해야 한다[39)고 주장하기도 한다. 심지어 다윗과 요나단의 관계에서 감성적 요소를 배제하고 대신 이들의 정치적이고 기능적인 측면이 강조되어야 한다고 말하기도 한다. 그러나 다윗이 요나단의 운명 소식을 들었을 때 그는 대성통곡을 하면서 사울 왕과 친구 요나단을 위해 조가를 만들어 부른다. 그는 이렇게 울부짖는다. "요나단, 어쩌다가 산 위에서 죽어 있는가? 나의 형 요나

---

38) P. Acroyd, *The First Book of Samuel*(Cambridge: Cambridge University Press, 1971), 147.

39) 맥카터는 다윗과 요나단 사이의 정치적 관계가 얽혀있음에도 불구하고 삼하 1: 26을 보면 이들 사이의 관계는 따뜻한 개인적 관계가 있었다고 본다. P. McCarter, *I Samuel*(New York: Doubleday, 1980), 305, 342; P. McCarter, *II Samuel*(New York: Doubleday, 1984), 77.

단, 형 생각에 나의 마음이 아프오. 형이 나를 그렇게도 아껴 주더니, 나를 끔찍이 아껴 주던 형의 사랑은 여인의 사랑보다도 더 진한 것이었소."(삼하 1:26) 사무엘서 저자의 이런 표현을 볼 때 이들의 관계를 단지 정치적이고 정략적인 관계로만 이해하는 것은 이들의 우정을 너무 가볍게 간과하는 것이라 생각된다. 비록 이들에게서 이스라엘의 최고 권력자 내지는 권력지향적인 요소를 완전히 부인할 수 없겠지만 이들은 그들의 정치-사회적 관계를 넘어선 이들만의 우정과 사랑을 피워 낸 성경의 아름다운 이야기로 기억되어야 할 것이다.

단정할 수는 없지만 요나단이 전쟁터를 평생 전전한 것은 당시의 국가 형편도 있지만 아마도 다윗에 대한 자신의 우정 때문에 정치적인 무대로부터 자신을 감추고 다윗을 부각시키려는 의도가 아니었을지 그의 마음을 헤아려 본다. 요나단은 알고 있는 듯하다. 자신의 마지막 자리는 전쟁터요 죽음의 자리라는 것을……. 그렇지 않다면 그는 자신이 다윗이 차기의 왕이 되는 데 방해물이 될 수 있음을 염려했을지 모른다. 그는 정말 그렇게 되었다. 그는 부친과 자신의 군사들과 함께 전쟁 중에 장렬한 최후를 맞이한다. 그의 마지막도 초라했다. 전쟁터에서 죽은 후 요나단은 부친 사울과 함께 야베스에서 화장되고 그의 재는 에셀 나무에 묻혔을 뿐이다(상상 31:11-13). 요나단은 그렇게 죽어서라도 다윗을 왕이 되게 하고 싶었을지 모른다.40) 그는 차라리 전쟁터에서 영예롭게 죽기를 선택하고 다윗과의 신의와 우정을 끝까지 지켰다. 요나단은 이스라엘에게는 용사요 아버지 사울 왕에게는 죽음의 자리까지 고락을 함께 나눈 효자요 다윗

40) D. Jobling, *1 Samuel*(Collegeville, Minn: The Liturgical Press, 1998), 93, 97-99.

에게는 참친구요 형이요 합법적인 장자로서 다윗에게 왕권을 이어받게 한 일등 공신이었다. 이들의 관계는 정치적, 사회적 가족적인 의미를 넘어선 남성 간의 깊은 우정과 애정을 포함하고 있다고 보아야 할 것이다.[41] 운명은 참으로 얄궂다. 하필 요나단이 다윗을 제거하고픈 사울 왕의 아들이라니!

〈정치세계에서 의리를 지킨 요나단〉

요나단은 사랑하는 친구가 아버지의 표적 인물이었음에도 어떻게 다윗과의 의리를 지키고 그를 철저히 보호할 수 있었을까? 다윗의 승승장구를 보면서 비록 그와의 우정과 맹세가 있었더라도 요나단 자신은 얼마나 번민해야 했을까? 또한 요나단 자신이 사울 왕의 왕세자로서 왕위에 오를 수도 있었는데 가장 절친한 친구 다윗이 그 자리를 차지한다고 했을 때 그의 마음이 어떠했을지 가늠하기가 쉽지 않다. 다윗과 요나단의 우정이 아무리 견고했다고 해도 그 우정이 이들 사이의 위치가 뒤바뀌었다는 것을 현실로 받아들여야 할 때 어떻게 이들의 관계가 여전히 우정과 의리의 관계로 남을 수 있을까? 어쩌면 요나단이 전쟁터에서 죽기를 각오하고 실제로 그곳에서 자신의 뼈를 묻었기 때문에 다윗이 왕위를 자연스럽게 이어받게 되고 이들의 우정도 순수하게 보존될 수 있었지 않았을까? 나중에 다윗 왕은 사울과 요나단을 조상하고 그들의 공로와 죽음을 야살의 책에 기록하고 유다 족속에게 가르치게 함으로써 요나단을 기리고 기

---

41) W. Humphreys, "The Rise and Fall of King Saul: A Study of an Ancient Narrative Stratum in 1 Samuel", *JSOT* 18(1980), 78.

억했다(삼하 1:17). 요나단이 없었으면 다윗의 왕위 계승의 길이 얼마나 더 어려웠을까. 이런 점에서 요나단과 다윗의 이야기는 단지 우정의 시각만이 아니라 하나님께서 새로운 왕권을 허락하기 위한 위험과 비통과 고통과 상처와 희망이 드러나는 것으로 보아야 할 것이다.[42] 그만큼 이들의 친밀한 우정 관계는 쉽게 유지될 수 있는 것이 아니었다.

그렇기에 이 두 사람의 관계는 인간관계가 정치, 경제와 사회적 이해관계로만 유지되는 현대의 시각으로 볼 때 참으로 이해하기 어려울지 모른다. 그들이 부럽다. 그러하기에 다윗 왕은 장애를 가진 요나단의 아들 므비보셋을 평생 보살피면서 그에 대한 미안함과 그리움과 고마움을 마음에 담고 빚진 자로 살았을지 모른다.

❖ 참고문헌

김종윤. "요나단에 대한 새로운 평가", 『신학사상』 126(2004). 25−56.
김종윤. "다윗과 요나단의 관계에 대한 한 연구", 『신학논단』 37(2004).
        137−182.
Acroyd, P. *The First Book of Samuel.* Cambridge: Cambridge University
        Press, 1971.
Alt, A. "The Formation of the Israelite State in Palestine", *Essays on OT
        History and Religion*(tr. by E. Wilson). Oxford: Blackwell, 1966.
Clines, D. *Interested Parties: The Ideology of Writers and Readers of*

---

42) W. Brueggemann, 앞의 책, 153.

the *Hebrew Bible.* Sheffield: Sheffield Press, 1995.

Humphreys, W. "The Rise and Fall of King Saul: A Study of an Ancient Narrative Stratum in 1 Samuel", *JSOT* 18(1980). 74−90.

Jobling, D. *I Samuel.* Collegeville, Minn: The Liturgical Press, 1998.

McCarter, P. *I Samuel.* ABC, New York: Doubleday, 1980.

McCarter, P. *II Samuel.* ABC, New York: Doubleday, 1984.

부친의 목을 조른 압살롬(Absalom)

"내 아들아 압살롬아 내 아들 압살롬아……. 압살롬 내 아들아 내 아들아"(삼하 18:33)고 울부짖는 다윗의 모습이 눈에 선하다. 한 나라의 국왕이자 이스라엘의 가장 이상적인 왕이었던 다윗이었기에 그의 통곡소리는 애틋하다 못해 가슴이 저며 온다.

〈압살롬이 이복형 암논을 죽이다〉

압살롬, 그는 다윗이 헤브론에 있을 때 다윗과 그술 출신의 아람인 공주 마아가 사이에 셋째 아들로 태어났다(삼하 3:3). 다윗의 아들들 중에서 유일하게 왕족의 피를 물려받은 아들이었다. 그는 흠 없고 훤칠한 미남인데다 심지어 그의 머리털마저 그의 젊음과 힘을 아름답게 드러냈다고 한다(삼하 14:25-6). 또한 그는 대중의 인기도 한 몸에 받는 야심 많은 청년이었다(삼하 15:6). 그에게는 아들 셋[43]과 미모의 딸 하나가 있었는데 그 아이의 이름도 자신의 친누이처럼

---

43) 삼하 18:18에서 압살롬이 자기 이름을 알릴 아들이 없다고 하는 것으로 보아 상상컨대 그의 세 아들들은 오래 살지 못했거나 압살롬의 반란으로 인해 가족 몰살을 당한 것은 아닐까?

다말이었다. 그는 불운한 가족사를 어린 시절부터 겪어야 했는데 친누이 다말에 관한 일이었다. 다말은 다윗과 이스르엘 여인 아히노암 사이에 태어난 배다른 형 암논 왕자에 의해 성폭행을 당했다. 이 사실을 알게 된 압살롬은 누이를 자기 집에 머물게 하고 복수를 벼르고 있었다. 압살롬은 암논의 비행을 공개하지 않고 비밀리 그를 제거하려고 철저히 준비했다(삼하 13:20, 22). 그는 누이를 욕보인 암논에게 복수하기 위해 2년 동안 그 기회와 때를 기다렸다. 압살롬에게 있어서 의붓형 암논을 제거하는 일은 누이에 대한 복수일 뿐만 아니라 왕권 후보 한 사람을 없애는 일이기에 반드시 성사시켜야 할 일이었다. 아버지 다윗 역시 이 일을 눈치 챘을 텐데 어떤 조처도 취하지 않았다. 이것은 아마도 다윗이 자신과 밧세바의 일을 생각하면서 가족의 상처를 확대시키지 않으려고 한 것은 아닐까 생각된다.

드디어 압살롬은 복수의 날을 정하여 암논을 죽이기 위해 암논을 포함해 모든 왕자들을 불러 잔치를 벌였고, 함께 온 암논을 부하들로 하여금 죽이게 하였다. 이것으로 압살롬은 이복 형 암논을 죽이는 살인자가 되었지만 왕권의 길에 한 발짝 더 가까이 접근하게 되었다. 하지만 이 일은 다윗을 분노케 하였고 결국 압살롬은 다윗 왕이 그를 부를 때까지 3년간이나 다윗을 피해 도피 생활을 해야 했다. 다윗은 암논의 죽음을 몹시 슬퍼했다. 그러나 암논의 죽음과 다말의 불행에 대하여 다윗이 침묵했던 것은 아마도 자신의 또 다른 아들 압살롬이 그로 인해 죽게 되는 것이 두려웠기 때문이었을 것이다. 압살롬이 정상적이고 합법적인 경로를 통해 이 일을 처리하지 않고 혼자서 형을 죽였던 것을 보면 그는 부친 다윗과도, 암논과도 바람직한 가족 관계를 갖지 못했던 것 같다. 어쩌면 압살롬은 차기의 대권을 향한 권력에의 욕구를 노골적으로 드러내고 있었기에 왕궁의 누구와도 친밀한 관계를 맺지 못했을지 모른다.[44]

〈압살롬이 유배 생활을 시작하다〉

이 일로 인해 압살롬은 다윗을 피하여 그술에서 3년 동안 망명 생활을 하게 되었다. 그러는 사이 다윗 왕이 압살롬에 대한 화도 어느 정도 누그러지고 이제는 아들을 그리워하게 된 것을 다윗 왕의 장군 요압이 눈치를 채게 되었다. 그리고 요압은 한 여인을 다윗에게 보내어 재치 있게 압살롬을 받아들이도록 하였다. 하지만 다윗 왕은 압살롬의 예루살렘 귀환까지는 허락하였으나 그를 만나지는 않겠다는 단호한 결정을 내린다. 결국 압살롬은 왕궁으로 돌아왔으나 다윗 왕을 만나지도 인사도 하지 못한 채 자기 집으로 돌아가 또다시 2년을 더 칩거해야 했다. 이렇게 압살롬은 무려 5년 동안이나 암논의 일 때문에 아버지 다윗도 만나지 못하는 도피생활을 해야 했다. 압살롬은 이 기간 동안 아버지와의 화해를 위해 끊임없이 고민했던 것 같다. 한 가지 방법으로 압살롬은 아버지의 신복 요압의 보리밭에 불을 질러 억지로 요압을 만나 아버지와의 만남을 주선하도록 그를 압박하기도 했다. 그가 부친도 만나지 못한 채 예루살렘에 머무는 것이 불편했던지 그술에서의 유배 생활이 차라리 죽는 것보다 낫다고 여기고 불편한 마음을 드러내기도 하였다. 이것을 보면 압살롬은 성질도 급하고 자신의 뜻을 위해 수단과 방법도 가리지 않

---

44) H. Jensen, "Desire, Rivalry and Collective Violence in the Succession Narrative", 190–191, *The Historical Books*(ed. J. Exum) (Sheffield: Sheffield Academic Press, 1997).

고 목적한 바를 반드시 이루는 인물이었던 것 같다.

〈압살롬이 다윗과 화해하다〉

결국 다윗 왕을 만나려는 시도는 5년이 지나서야 가능해졌고 그것도 요압의 중재를 통해서야 이루어졌다. 다윗 왕은 압살롬을 3년이 지나서야 예루살렘으로 오도록 허락하였지만 그와의 면담을 2년이나 다시 미루면서 압살롬을 권좌로부터 밀어내려는 의도를 보이고 있다.[45] 이와 같은 상황을 죽음보다 못한 것으로 여긴 압살롬이고 보면 그동안 압살롬의 섭섭함은 급기야 아버지 다윗에 대한 반역으로 확대된 것이 아닌지 추측된다. 결국 이 두 사람은 오랜만에 해후하지만 그 모습은 부자간이 아니라 마치 주인과 종의 관계처럼 다윗 앞에 나갔을 때 압살롬은 무릎을 꿇고 얼굴이 땅에 닿도록 절을 하였고 그제야 다윗 왕은 압살롬과 겨우 입맞춤으로 아들의 존재를 인정하였다. 다윗은 압살롬의 아버지라기보다 마치 그의 군왕처럼 행동한다.[46] 그럼에도 그들의 입맞춤은 많은 세월의 그리움을 담은 부자지간의 재회였고 그에 대한 용서와 아들로의 인정을 공식화하는 제스처였다. 이것으로 압살롬은 아버지 집에 올 수 있었고 그의 유배기간도 끝나게 되었다. 하지만 압살롬과 다윗과의 만남은 미움과 갈등의 끝이 아니라 다윗에 대한 원망을 권력의 소유로 보상하려는 압살롬의 반란의 본격적인 출발점이 되고 말았다. 압살롬은 다윗의 친아들이지만 다윗 왕에게 가장 위협적인 인물이 되었다. 그는 다윗

---

45) W. Brueggeman, *First and Second Samuel*(Louisville: John Knox Press, 1990), 296.
46) *Ibid.,* 298.

왕에 대한 섭섭함과 권력에의 야망을 향해, 다시 말하면 부친 다윗 왕에 반역을 꾀하고자 자기가 탈 수레와 말을 준비하고 개인 호위병도 50명이나 두면서 지방 정치에 서서히 개입하기 시작하였다. 그는 왕의 아들로서 자신이 재판관으로 행세하면서 자기 힘을 키워 나갔다. 그리고 백성에 대한 다윗 왕의 무성의와 무관심을 비판하고 동시에 자신이야말로 이스라엘의 왕으로서의 자격이 있음을 공언했다. 압살롬은 백성의 인기를 모으고 그것을 통해 권력을 얻으려는 의도를 노골적으로 드러냈고 그의 의지는 확고했다. 압살롬은 4년 동안 이스라엘 사람들과의 긴밀한 관계를 통해 인정을 받기 시작했다(삼하 15:1-6). 압살롬은 암논을 죽인 후 무려 9년에 걸쳐 왕권을 잡기 위한 정치 기반을 서서히 다지고 있었다고 봐야 할 것이다. 다윗 왕의 무관심과 무시가 압살롬으로 하여금 권력욕을 통해 자기실현의 욕구를 더 부채질했던 것은 아닌지? 그는 부지런히 자기 사람들을 키우고 부친을 밀어내고 자신이 대신 왕 노릇을 할 수 있는 기반을 닦고 있었다. 드디어 반역의 준비가 완료되었다고 판단한 압살롬은 왕이 되기 위한 첫 번째 시도로서 헤브론에서 예배를 드릴 수 있는 기회를 다윗에게서 받아낸다. 그 당시 종교적 예배 행위는 정치 활동의 가장 중요한 기반이 되었기 때문이다(삼상 16:5).

〈압살롬이 반정에 실패하다〉

압살롬이 드디어 헤브론에서 그동안 자기 사람으로 키웠던 200명의 신하들을 중심으로 왕 옹립을 꾀하고 반정을 일으켰다. 오랜 기간 동안 철저히 준비한 탓에 압살롬을 따르는 무리들이 점차 늘어나기 시작했다. 다양한 부류의 사람들이 압살롬의 왕권을 지지했다. 결국 압살롬은 아버지 다윗이 그랬던 것과 같은 방식으로 헤브론에서 왕이 되었다. 유다 사람들과 이스라엘 사람들이 그의 편에 섰고 심지어 다윗의 측근이라고 할 수 있는 아히도벨과 사촌인 아마사도 그 가운데 속했다. 압살롬은 유다의 중심지이자 이전의 수도였던 헤브론에서 왕권을 선포하고 반란을 도모했던 것이다. 동시에 이스라엘에서도 그의 왕권이 선포되었다(삼하 15:7 - 12). 그리고 압살롬은 예루살렘을 점령한 후 아히도벨의 조언에 따라 아버지의 후궁들과 동침까지 하는 죄를 지고 말았다(삼하 16:15 - 23).

이때 다윗은 오히려 침착하게 하나님의 궤와 제사장 사독과 아비아달과 후새를 예루살렘에 머물도록 명한다. 그리곤 올리브 산에 올라가 울면서 자포자기하듯이 맨발로 예루살렘을 떠난다. 다윗의 행색은 일국의 왕에서 처량한 도망자가 되고 아들로부터 버림받은 아비가 된다. 자신의 얼굴을 머리카락으로 가리고 맨발로 자포자기하듯이 몸을 피했다. 친자식이 자신에게 도전하였다는 사실만으로도 다윗을 더욱 슬프고 비참하게 했을 것이다. 다윗은 역사적으로 훌륭한 왕이요 하나님과 국가의 이상적인 군왕이라는 평가를 받지만 가족들 앞에서 특히 자식들 앞에서 미숙하고 무능한 아버지가 된다. 압살롬의 반역도 사실 거슬러 올라가 보면 가족 내에서 일어난 불화에서 시작된 것이지 않는가 생각된다(다말과 암논과 압살롬의 관계). 천하를 호령했던 다윗 왕이지만 늙어서 아들에게 쫓겨나는 그의 신세가 얼마나 처량했을까.

하지만 압살롬은 아버지 다윗을 쫓아내고 왕이 되었다는 사실과 갑자기 자신을 따르는 수많은 사람들 때문에 흥분한다. 그는 스스로 왕이 되어 예루살렘에 입성하고 왕궁을 차지한다. 그곳에는 다윗의 후궁들도 있었고 사독과 아비아달과 그들의 아들들과 후새가 있었다(15:27-29, 37). 이제 예루살렘은 압살롬의 도시가 되었다. 하지만 그는 모든 형제들을 물리치고 왕이 되었다는 사실에 그만 이성을 잃고 참과 거짓된 사람들의 말을 구별조차 못 하고 있다. 아히도벨의 잘못된 충고에 따라 부친의 후궁과 동침도 서슴지 않는 과오마저 범하고 만다. 한편 다윗 왕은 비록 자신은 왕좌에서 밀려나지만 친아들 압살롬이 왕권을 차지한다는 것에 그나마 조금은 안위의 한숨을 내쉬는 듯하다. 하지만 압살롬은 후새의 거짓 제안에 따라 대군을 모으느라 시간을 허비함으로써 다윗의 군대에게 요단강을 건너 도피하고 재정비할 시간을 주는 결정적 실수를 범하게 되었다. 이것은 압살롬에게 치명적인 상처를 주게 되고 그의 반란이 실패로 돌아가는 결과를 낳게 되었던 것이다. 결국 다윗의 군대와 압살롬의 군대와의 최후 결전이 에브라임 산림에 있는 길르앗에서 벌어지게 되었으나 최후의 승리는 잘 정비된 다윗의 군대에게 돌아가게 되었다(삼하 18:6).

이때 다윗 왕이 그의 부하들에게 압살롬을 위해서가 아니라 "나(다윗)를 위하여 젊은 압살롬을 너그러이 대우해 달라."고 부탁한다(삼하 18:5). 다윗 왕의 부하들이 압살롬과 그를 따르는 무리들과 전쟁을 벌여서 최종의 승패를 가르려는 찰나에 다윗은 부정(父情)을 조심스럽게 드러내었던 것이다. 그는 압살롬의 아비였기에 아들이 다치는 것을 염려하고 있다. 압살롬은 국가의 반역자이지만 다윗에게는 어떤 조건도 달 수 없는 피붙이였던 것이다. 정치 상황은 압살롬에게 더욱 불리하게 돌아가게 되어 압살롬이 노새에서 떨어져 나무에 매달리게 되었을 때 다윗의 군대장 요압은 그를 창으로 찔러 죽인다(삼하 18:9–16). 그는 잠시 왕 노릇을 하면서 의기양양했지만 그의 마지막은 비참하였고 그의 시신은 돌무더기에 아무렇게나 묻혀 단지 "압살롬의 기념비"(삼하 18:18)로만 남고 말았다. 다윗 왕은 자신의 오른팔 군대장 요압에 의해 아들이 이스라엘 국가의 역적이 되어 죽는 상황을 견디어야 했다. 압살롬의 반정 수습의 절대 공신자 요압 역시 슬픈 승자가 되고 말았다. 다윗 왕에게 이 전쟁의 승패는 그리 중요하지 않았을 것이다. 자신이 승리하면 아들이 패하는 것이 되고, 아들이 승리하는 것이면 자신과 그의 충성스런 신하들이 오히려 굴욕스럽게 왕권과 권력을 내주어야 하는 진퇴양난의 상황이었기 때문이다. 물론 그는 이스라엘의 국왕이었기에 이스라엘을 지켜야 할 의무가 있지만 아들도 보호해야 할 아비가 아닌가 말이다.

〈압살롬, 떨어지는 별이 되다〉

다윗은 성문 앞에 앉아서 압살롬 군대와의 전쟁 소식을 기다리고 있다. 그 소식을 가져오는 자가 사독의 아들 아히마아스라고 하자 다윗 왕은 "좋은 사람이니 좋은 소식을 가져올 것이다."고 믿는다(삼하 18:27). 아마도 승리의 소식을 기대하는 왕의 다급한 질문이겠지만 압살롬의 안녕을 먼저 염두에 둔 말이라 여겨진다. 다윗이 아히마아스를 보자마자 "어린 압살놈은 잘 있느냐."(삼하 18: 29)고 묻고 다시 다른 전령인 구스인에게도 또다시 "어린 압살롬은 잘 있냐."고 거듭 압살롬을 염려하고 있다. 다윗의 더 큰 관심은 전쟁의 승리보다 압살롬의 생사 여부에 있었다. 압살롬에게 '어린'이라는 관형사를 사용한 것을 보면 압살롬은 군대를 이끌고 다윗의 왕권을 전복하려는 반역자였지만 다윗에게 있어서 압살롬은 자신의 철없는 어린 아들이었다. 이렇게 다윗은 이스라엘의 군왕이 아니라 아들의 생사를 걱정하는 원초적인 부성애로 돌아간다. 아히마아스가 압살롬의 죽음을 차마 전하지 못하고 전전긍긍할 때 다른 전령인 구스인은 다윗의 이런 마음조차 읽지 못하고 압살롬의 죽음을 신나게 보고하는 과오를 범한다(삼하 18:5 - 6). 이 소식을 듣자 다윗은 쿠데타의 수습과 승리는 뒷전이고 압살롬의 죽음에 넋을 잃고 다락방으로 올라가 목 놓아 울고 만다. 그는 "내 아들 압살롬아, 내 아들아, 내 아들 압살롬아, 너 대신에 차라리 내가 죽을 것을, 압살롬아, 내 아들아, 내 아들아!" 하고 울부짖었다. "내가 너를 대신하여 죽었더라면……."(18:33) 다윗은 왕의 자리를 다시 찾았지만 아버지로서는 실패한 국왕이었다. 권력은 손에 다시 쥐었을지 모르지만 그는 아들을 잃고 말았다.[47] 아들을 잃은 다윗, 목숨을 잃은 압살롬 모두 패자였던 것이다.

〈실패한 반정, 불효자 아들〉

압살롬, 그는 한때 누이의 일로 어린 시절을 우울하게 보내다가 형 암논을 살해하고 아버지에게 칼을 휘두르고 왕권에 도전하지만 아버지의 한스런 눈물만을 쏟게 한 실패한 왕자요 불효자가 되고 말았다. 그는 애초에 셋째아들로 태어났기에 특별한 상황이 아니면 왕위에 오를 가능성이 없는 왕자였다. 하지만 그는 불행한 가족사와 아들로서 인정받지 못하는 아버지에 대한 원망을 이루지 못할 권력

---

47) 정중호, "달리는 사람들의 이야기", 『성경연구』 105(2003), 6.

욕으로 바꾼 불운한 왕자의 삶을 살았다. 누이에 대한 복수를 형제 살인으로 갚고 그 죗값의 억울함의 한을 권력으로 풀려는 심리가 작용한 것은 아니었을까. 압살롬, 그는 가족 누구의 사랑도, 인정도 받지 못하고 압살롬의 기념비로만 자신의 존재를 후대에 알리고 있을 뿐이다. 그의 꿈도, 사랑도, 가정의 회복도 이루지 못한 채, 아버지의 한마저 더한 채 전쟁터에서 그는 사라져 버렸다. 압살롬의 꿈, 그것은 세상을 어지럽히는 허무한 욕심이었다.

◐ 참고문헌

Jensen, H. "Desire, Rivalry and Collective Violence in the Succession Narrative", *The Historical Books*(ed. J. Exum). Sheffield: Sheffield Academic Press, 1997, 184-203.

Brueggeman, W. *First and Second Samuel.* Louisville: John Knox Press, 1990.

정중호. "달리는 사람들의 이야기", 『성경연구』 105(2003). 17-27.

악성 피부병 환자와 장애인 므비보셋

　　어느 날 수학 선생님이 브힘을 불러내어 칠판에 수학 문제 하나를 풀라고 했다. 그러자 갑자기 학생들, 특히 상위 카스트 출신 학생들이 목청을 드높여 소란을 떨기 시작했다. 만약에 브힘이 칠판에 손을 댄다면, 그 칠판 뒤에 놓은 자기들의 도시락이 '부정 탄다'는 것이었다. 결국, 브힘은 학생들이 도시락을 칠판 뒤에서 모조리 끄집어 낸 다음에야 칠판 위에 수학 문제를 풀 수 있었다.[48]

　위의 내용은 인도의 달릿(Dalit) 출신 아히르(D. Ahir)가 직접 경험한 자서전적인 이야기이다. 아히르에 따르면 인도의 경전 <리그베다>는 브라만 계급은 창조주인 브라만의 입에서, 크샤트리아 계급은 그 팔에서, 바이샤 계급은 그 넓적다리에서 그리고 수드라 계급은 그 발에서 나왔다고 적고 있다고 한다. 일명 '사성제(四姓制)'로 알려진 인도의 계급 제도는 브라만 계급을 정상으로 하여 각 계급 간의 엄격한 계층적 불평등을 사회 통제의 원리로 삼고 있다. 이러한 계층적 불평등 원칙은 각 계급의 권리와 특혜를 차별화하는 역할을 하고 있다. 이들 '사성(四姓)' 계급 아래에는 '불가촉천민'(달릿) 또는 '아티 수두

---

48) D. 아히르, 『암베르카르』(이명권역) (서울: 코나투스, 2005), 58, 66.

라' 계급이 있는데, 사성에 속한 사람들은 부정을 탄다는 이유로 그들과의 접촉을 금지하고 있다. 심지어 달릿의 '그림자'조차도 부정한 것으로 여기고 있어서 그들의 거주지도 별도로 제한하고 있다. 이 관습과 태도는 21세기 현대에도 여전히 인도 사회에서 성행하고 있다.

구약시대에도 현대의 인도 계급 제도와 비슷한 관습이 존재하고 있었다. 소위 정결과 부정의 원리로서 성경이 정한 기준에 미치지 못한 사람들이나 조건에 대하여 분리와 차별을 합법화하는 것이다. 때문에 이런 범주에 속한 사람들은 이스라엘 사회에서 부정한 사람으로 정죄와 차별을 받아야 했기에 이들은 이스라엘 사회의 주변인으로 살 수밖에 없었다. 이들은 하나님의 선민이었지만 온갖 억압과 차별 속에서 불우한 삶을 살아야 했다. 이들은 구약성경에서 대표적으로 악성 피부병 환자와 장애인 제사장과 장애인들이다. 이들은 피부병이나 외형적 장애 때문에 종교적 정죄를 받거나 소외된 인생을 살아야 하는 사회적 약자이었음에도 불구하고 보호를 받지 못했던 사람들이었다. 고대 이스라엘 사회에서 이류·삼류 인생으로 살았던 이들의 삶을 들여다보기로 하자.

i) 악성 피부병 환자

어떤 특정한 환자에 대하여 부정의 원리를 적용하고 그들을 분리시키는 관습이 구약시대에 존재했다. 물론 태생적으로 사람들을 구분해서 계층 간의 차별을 합법화한 것은 아니지만 여러 제의-사회적 기준에 따라 모든 사람은 정결한 사람과 부정한 사람으로 구분되었다. 물론 많은 경우 그 부정의 상태는 여러 조건만 충족되면 언제라도 정결한 상태로 복구될 수 있었다. 그래서 이스라엘 백성은 종교생활에서뿐만 아니라 일상생활에서도 규정에 따른 정결한 상태를 유지하려고 부단히 노력했다.

하지만 그러한 규정 때문에 일시적 혹은 평생 부정한 사람으로서 이스라엘 사회의 변두리 인생을 살아야 하는 사람들이 있었다. 대표적인 예로 악성 피부병(예: 한센병)을 앓는 사람이나 신체적으로 장애를 가진 사람들을 들 수 있다. 정결의 원리에 따라 피부의 일시적 혹은 영구적 변형 내지는 변색을 가진 사람은 부정한 사람으로 온갖 차별을 받아야 했다. 여러 질병들 가운데 특히 피부병을 가장 주목했는데, 아마도 전염의 가능성을 염두에 두었기 때문인지 이들을 부정(不淨)한 사람으로 낙인을 찍었고 공동체를 떠나 성문 밖에서 살도록 분리시켰다. 성경에 따르면 현대의 한센병을 비롯하여 주로 건선, 백선 또는 어루러기나 옴 또는 홍피증과 같은 일시적 혹은 영구적인 피부병을 가진 사람은 모두 부정한 사람이었다.[49] 따라서 이들은 그들의 부정적 조건이 지속되는 한 그들의 가정과 공동체로부터 떨어져 살아야 했다.

뿐만 아니라 그들은 부정한 사람으로서 예배자의 자격뿐만 아니라 (대하 23:19) 다른 사람들과 함께 거주할 자격도 박탈되고 격리되었다. 만일 피부병 환자가 예배에 참석하게 될 때 그는 주변 사람들에 의해 죽음을 면치 못했다(레 15:31). 이들은 제사장에게 먼저 피부

---

49) 피부병에 해당하는 히브리어 차라아트(צָרַעַת)는 사람에게만 생기는 것이 아니라 천(13:47-59)이나 집(14:33-53)에도 나타난다. E. A. Martens, "צָרַעַת", *TWOT* II, 777; 김중은, 『설교를 위한 레위기 연구: 거룩한 길 다니리』(서울: 한국성서학 연구소, 2001), 94-95.

검사를 받아야 했고 그 부정으로부터 벗어날 수 있는 별도의 행동을 취해야 했다. 레위기 13장 45−46절에 따르면 피부병을 앓는 사람은 머리를 풀어헤치고 수염을 가리고 찢어진 옷을 입어서 다른 사람에게 자신의 질병과 그의 부정한 상태를 알려야 했다. 또한 제사장은 이들을 향해 부정하다고 사람들 앞에서 공표해야 했을 뿐만 아니라 피부병을 앓는 환자 자신이 길거리와 같은 공공장소에서 나는 "부정하다"고 소리쳐 외침으로써 다른 사람과의 접촉 내지는 교통을 일정기간 동안 혹은 영구적으로 막도록 스스로 조처해야 했다.50) 이렇게 피부병 환자는 자신의 부정한 상태를 알리고 다른 사람들로부터 스스로든 아니면 억지로든 떨어져 살아야 했다. 그 고립기간은 ─ 일시적이든 영구적이든 ─ 부정의 상태에 따라 제사장이 결정하는 것이 그 당시의 법이었다. 왜냐하면 정결과 부정을 구분하는 일은 제사장의 고유 업무였기 때문이었다. 제사장으로부터 피부병 판정을 받은 환자는 공동체로부터 추방되고, 그 병이 지속되는 동안 성 밖에서 혼자 살아야 했다. 제사장은 '그의 육안으로' 피부병 환자의 상태를 보고 질병의 유무와 치료 기간, 다시 말하면 부정의 기간을 판단했다(레 12:12). 제사장의 육안이 피부병의 존재 여부를 결정하는 데 가장 중요했던 것이다. 또한 피부병 환자는 치유가 되었어도 부정한 상태를 완전히 벗어나기 위해서 그 병의 원인이 되는 죄를 용서받는 제사(속건제)를 드려야 했다. 이 제사는 피부병 환자가 치유된 후 제

---

50) 레 13:45−46에 나타난 격리의 사상은 중세에도 여전히 남아 있어 문둥병 혹은 그와 유사한 중환자는 작은 나무 조각을 몸에 붙이고 그것을 달랑거리면서 다녀야 하는 비인간적인 취급을 받았다. L. Köhler, *Hebrew Man*(London: SCM, 1956), 85.

의적으로 정결한 상태로 돌아오게 하는 데 필수적인 과정이었다. 속 건제는 도덕적인 잘못이나 성소에서 하나님께 불손할 때 드리는 제 사라는 점을 감안할 때 피부병은 하나님이 내리신 벌로 이해되었음 이 분명하다. 간략히 말하면 피부병 환자는 죄인으로 인식했던 것이 다. 그들은 하나님의 벌을 받는 죄인이기 때문에 그들과 동료가 되 거나 동석하는 것이 금지되었다.[51] 그러므로 환자는 피부병의 치유 를 위해 하나님께 용서를 구해야 한다(왕상 8:38; 시 39:10, 91:10). 이런 종류의 질병을 갖고 있는 사람은 도덕-윤리적 실패자로 생각 되었기 때문이다.[52]

고대 이스라엘 사회에서 악성 피부병 내지 그와 유사한 병을 앓 는 사람들의 삶을 상상해 보자! 정상적인 가정생활, 사회생활과 심 지어 종교생활조차 하지 못하도록 전체 사회가 이들을 구분 짓고 차 별했다. 어떤 이유로든 이들은 천형을 받은 죄인의 삶을 살아야 했 던 것이다. 이들은 종교적 약자이면서 동시에 사회적 약자였으나 하

---

51) 하지만 Jenson은 צָרַעַת은 죄에 대한 벌이나 질병이라기보다는 제의적 혼 란으로 간주되어야 한다고 주장한다. 때문에 치료나 용서가 아닌 정화가 제의의 목적이다. 왜냐하면 집이나 옷도 צָרַעַת의 상태가 될 수 있기 때문 이다(레 13:47-59, 14:33-53). P. Jenson, *Graded Holiness: A Key to the Priestly Conception of the World*(Sheffield: JSOT Press, 1992), 140.

52) 구약시대에 '차라아트'라는 피부병을 앓았던 사람은 모세(출 4:6), 미리 암(민 12:10), 웃시야(왕하 15:5), 게하시(왕하 5:27)와 나아만(왕하 5:1) 이었다. 여기에서 주목할 것은 모세와 나아만을 제외한 다른 세 사람 모두 차라아트를 얻게 된 것은 질투, 분노 혹은 하나님의 명령에 순종 하지 않거나 탐욕과 같은 죄에 대한 하나님의 벌의 결과였다는 점이다. 때문에 차라아트의 치유는 하나님의 능력을 보여 주는 것으로 이해되 었다(출 4:6; 왕하 5:8). 미리암의 경우 아론은 그녀가 죽지 않게 해달 라는 용서의 기도를 대신 드린다.

나님의 법으로도 보호받지 못하는 최하위 인생들이었다.

ii) 장애를 가진 제사장

한편 외형적인 장애를 지닌 제사장들이 있었다(레 21:18–20). 이들은 시각장애인, 지체장애인, 코가 불완전한 자, 지체가 불균형한 자, 발 부러진 자, 손 부러진 자, 곱사등이, 난쟁이, 눈에 이상이 있는 자, 부스럼 있는 자, 버짐 있는 자, 고자들로 구분되었다. 이들은 태생적으로 제사장이었지만 겉으로 드러난 육체적 결함 때문에 제사장의 고유 업무인 제사 수행을 거부당했던 사람들이었다. 왜냐하면 외관상 흠이 있는 동물이나 부정한 동물은 제물로도 사용될 수 없는 것과 같은 원리를 이들에게 적용했기 때문이다(레 11장). 몸에 장애를 가진 제사장이 제사를 집행할 경우 그들의 장애는 성소를 더럽히는 것으로 이해했기 때문에 장애인 제사장은 장막이나 성소에 접근하지 못했다(레 21:17, 18, 21). 레위기 21장 23절에서는 장애가 있을 경우 대제사장이라도 지성소에 들어가는 것이 금지되었다. 대제사장이어도 — 일시적인 장애라 하더라도 — 그의 육체적 장애가 성소의 거룩성을 깨뜨린다고 여겼기 때문일 것이다(레 22:17–25; 말 1:7–8). 제사장으로 태어난 사람이 제사직을 수행할 수 없다면 그의 삶이 얼마나 곤고하고 비참했을지 상상하는 일은 그리 어려운 일이 아니다.

iii) 장애인 왕자, 므비보셋

구약성경에 등장하는 장애인은 아마도 유일하게 므비보셋일 것이다. 그는 사울의 후손이요 요나단의 아들이기에 그의 이름이 여러 차례 성경에 언급되고 있다. 사울 왕의 손자였던 만큼 국왕이 되었을 므비보셋, 하지만 그는 다리를 저는 장애인이었기에 사울 가문의 왕손이지만 그런 위치에 오르지 못했다. 그나마 다행스럽다면 다윗 왕조가 사울 가문을 대신하게 되었을 때 므비보셋은 장애인이었기에 생존할 수 있었고 다윗의 보호를 받으며 살 수 있었다.[53] 그가 다윗의 왕권 밑에서도 생존할 수 있었던 가장 큰 이유는 다윗의 절친한 친구 요나단의 아들이기도 했지만 성경이 그의 장애를 여러 차례 언급하듯이 그는 다리를 저는 장애인이었기에 그의 존재가 누구에게도 위험한 인물이 되지 못했기 때문이었다. 그것은 므비보셋이 등장하는 본문에서 거의 빠지지 않고 그의 장애가 언급된 데서 엿볼 수 있다(삼하 4:4, 9:1-13, 16:1-4, 19:25-31, 21:7).[54] 므비보셋의 이런 모습은 구약시대뿐만 아니라 이 시대의 장애인 이미지와도 유사하므로 그에 관한 본문들을 살펴봄으로써 구약시대의 장애인의 삶을 그려 보고자 한다.

〈다윗의 보호를 받다〉

므비보셋, 그는 사울의 친손자로서 다윗의 절친한 친구 요나단의 아들이었다. 사울 왕가만 건재했으면 왕권도 바라볼 수 있는 왕손이었다. 하지만 그가 다섯 살이 되었을 때 그의 유모가 그를 안고 황급히 도망하다가 그만 떨어뜨리는 바람에 두 다리를 절게 되었다.

---

53) J. Schipper, *Disability Studies and the Hebrew Bible: Figuring Mephibosheth in the David Story*(New York & London: T & T Clark, 2006), 9-10.

54) 역대상에서는 요나단의 아들 므비보셋 대신 므립바알로 표기됨(대상 8:34, 9:40).

그는 졸지에 중도 장애인이 되어 사울 집안의 자손임에도 불구하고 왕권에서는 멀어졌지만 다른 한편 다윗 측근에 의해 제거되어야 할 위험인물에서 제외되었고 다윗의 밥상에서 식사하면서 자신의 생명을 보존할 수 있었다.

성경 본문은 므비보셋이 등장할 때마다 그의 장애 사실을 거의 빠지지 않고 언급하고 있다(삼하 4:4, 9:3, 13, 9:16, 19:26). 그가 장애를 갖게 된 것은 사울의 아들 이스보셋이 살해되면서 사울 가문이 멸망하게 되었을 때 그만 낙상하는 바람에 다리를 저는 지체 장애인이 되었다. 성경 기록자가 그의 장애 사실을 계속 주지시키는 것은 그가 비록 사울의 손자이지만 장애인이니만큼 별로 주목할 존재가 아니라는 의미를 전달해 주기 위해서이다. 어느 날 므비보셋이 다윗을 만나게 되었는데 그때 그는 다윗이 사울의 후손인 자신을 죽일지도 모른다고 생각해서인지 그를 몹시 두려워한다. 그리곤 그는 무릎을 꿇고 자신은 사울의 자손이어도 아무런 힘이 없는 무능한 존재이며 다윗의 종일 뿐이라고 밝힌다(삼하 9:6). 이 대목은 그렇게 해서라도 므비보셋은 자신의 생명을 구하려는 처절한 제스처처럼 보인다. 그러자 다윗은 요나단을 생각하여 그를 특별대우하며 왕의 식탁에서 식사하도록 조치한다.

므비보셋에 대한 또 다른 에피소드는 삼하 16장 3b절에서 다시 거론되고 있는데, 여기에서 시바라는 사울의 신하가 다윗에게 므비보셋이 왕이 되려 한다고 고자질하자 다윗은 확인조차 하지 않고 처음에 므비보셋에게 주겠다던 재산의 약속(삼하 9:9−10)을 번복하고 대신 시바에게 모든 재산을 넘겨주겠다고 한다(삼하 16:4). 이것을 보면 다윗 역시 므비보셋이 장애인이어서 살려 두긴 하지만 그의 존재가 귀찮았던 것 같다. 사실 당시의 문화-사회적인 환경에서 므비보셋처럼 신체적 장애를 가진 사람이 왕이 되는 것은 거의 불가능하였다. 왜냐하면 왕은 모든 신하의 도움을 받을 수 있는 정치적 지도자이기도 하지만 전쟁이 일어났을 때 전쟁터에 직접 참전해서 군사적 임무를 수행해야 하는 군인의 역할을 감당해야 했기 때문이다 (예: 사울과 다윗과 솔로몬). 이것은 다윗을 묘사할 때 이미 그의 신체적 조건이 여러 차례 훌륭하다는 것을 언급함으로써 그의 외모가 왕의 신체적 자격을 한층 강화하는 것과 대조를 이룬다(삼상 16:12, 17:42). 물론 이스라엘의 어떤 법도 장애를 가진 사람의 왕권을 금하고 있지 않다.[55] 하지만 이런 군사적 현실을 두고 볼 때 신체적 장애가 왕의 자격 조건에 미달된 것은 자명한 사실이다.[56]

므비보셋, 그는 사울가의 왕손이요 요나단의 아들로서 다윗의 동정과 보호와 특별대우를 받았다. 하지만 그가 그런 대접을 받을 수 있었던 것은 여러 성경 본문들을 놓고 볼 때 장애인이기 때문에 가능한 일이었다. 그가 장애인인 이상 므비보셋은 사울 왕가의 왕손이어도 다윗에게 위험한 인물이 아니었으며 왕이 될 어떤 가능성도 없는 인물이다. 자신의 모든 가족이 몰살을 당한 마당에 다윗 가족의 식탁에 혼자 동참할 수 있었다고 하나 그의 마음은 얼마나 불편했을

---

55) 물론 왕하 15:5에서 아사랴 왕이 나병에 걸리는 바람에 그는 왕의 자리에서 물러나고 그의 아들 요담이 대신 통치를 했다는 기록이 있지만 신체적 장애에 대한 언급은 찾지 못한다. 하지만 고대에 왕이 직접 전쟁에 출전하는 예를 볼 때 신체적 장애는 왕이나 그와 유사한 지배 계층의 장애물이 되었을 것이다.

56) A. Anderson, *2 Samuel*(Dallas: Word Books, 1989), 143; P. McCarter, *1 Samuel*(N.Y.: Doubleday, 1965), 407; P. McCarter, *2 Samuel*(N. Y.: Doubleday & company, c1965), 265, 318.

까? 한편으로는 사울 집안의 가족들에게 송구한 마음이고, 다른 한편으로는 왕족임에도 장애인이기에 아무런 위협적인 인물로 인정받지 못하는 자신의 처지가 원망스러울 만큼 비참했을 것이다. 이것이 구약시대 사울의 왕족이었던 장애인 므비보셋의 삶이다. 왕족이라는 그의 신분과 재능이 장애의 그늘 때문에 묻힐 수밖에 없었던 것이다. 어찌 므비보셋만이 구약시대의 장애인이었겠는가? 왕손인 므비보셋이 그렇게 살았을진대 그를 비롯해 성경시대와 그 이후의 수많은 장애인들은 그 당대의 관습과 인식 때문에 므비보셋과는 비교할 수 없을 만큼 비인간적이고 억압된 삶을 살아야 했을 것이다.

구약성경에서 이처럼 피부병 환자를 엄격히 관리하고 격리하는 것은 병균의 전염을 철저히 막기 위한 위생적 차원과 함께 종교적 의미가 첨가되었을 것이다. 하지만 피부병 환자뿐만 아니라 외관상 온전하지 못한 육체적 장애인이 겪어야 할 육체적 고통과 심리-정신적 고통 나아가 사회적 추방이나 고립은 병자와 장애인에 대한 지속적인 편견과 차별을 하나님의 이름으로 합법화하는 결과를 낳고 말았다. 외관상 건강하지 못하거나 장애가 있는 사람들은 하나님의 벌을 받은 부정한 사람이기 때문에 공동체나 사회에서 격리 내지는 소외되어야 했던 것이다. 그들은 천형을 받은 사람들로서 어느 곳에서도 인간적인 대우를 받을 수 없는 사람들로 살아야 했다. 더욱더 나쁜 것은 그들의 질병이나 장애는 죄의 결과로서 그들에 대한 편견과 부당한 대우는 사회적으로 종교적으로 합법화되었다는 사실이다. 때문에 피부병 환자나 장애인들은 죄의식과 함께 사회의 영원한 낙오자로 살아야 했던 것이다. 결국 그들은 보호를 받아야 할 사회적 약자가 아니라 버림받아야 할 사회의 부정한 계층으로 전락하였던 것이다. 이렇게 여호와 하나님의 이름으로 합법화된 피부병 환자와 장애인에 대한 이런 억압적 태도와 차별은 구약성경의 아주 오래된 이야기지만 수천 년 동안 이어져 온 우리 인간의 굴절된 역사이다. 이렇게 성경 안에도 죄인처럼 살아야 했던 환자들과 장애인들이 있었다.

❖ 참고문헌

김중은. 『설교를 위한 레위기 연구: 거룩한 길 다니리』. 서울: 한국성서학 연구소, 2001.

정중호. "달리는 사람들의 이야기", 『성경연구』 105(2003). 17-27.

아히르, D. 『암베르카르』(이명권역). 서울: 코나투스, 2005.

Anderson, A. *2 Samuel.* Dallas: Word Books, 1989.

Brueggeman, W. *First and Second Samuel.* Louisville: John Knox Press, 1990.

Exum, E. *The Historical Books.* Sheffield: Sheffield Academic Press, 1997.

Jenson, P. *Graded Holiness: A Key to the Priestly Conception of the World.* Sheffield: JSOT Press, 1992.

Köhler, L. *Hebrew Man.* London: SCM, 1956.

Martens, E. A. "צָרַעַת", *TWOT* II. 777.

McCarter, P. *1 & 2 Samuel.* New York: Doubleday, 1965.

Schipper, J. *Disability Studies and the Hebrew Bible: Figuring Mephibosheth in the David Story.* New York & London: T & T Clark, 2006.

전도서에 나타난 무명의 사람들

　'전도자'라는 특이한 사람이 있었다. 그는 지혜 획득에 온 인생을 걸고 몰두한 신앙인으로서 전도서에서 화자(話者)로 등장하며 다양한 사람들의 삶을 관찰한 사람이었다. 그는 자신이 살펴본 사람들을 통하여 인생의 가치와 신앙의 의미를 솔직하면서도 파격적인 방식으로 제시하는 지혜인이었다. 그는 주전 500~300년경 헬라 문화권이 지배하는 팔레스타인 지역에서 살았는데 그가 관심을 두고 관찰했던 사람들, 비록 그들의 개인 정보를 전혀 알려 주고 있지 않지만 그들 대부분은 한결같이 사회적 성공과 부의 축적을 위해 부단히 노력했던 사람들이었다. 이들은 수천 년이 지난 지금도 여전히 우리와 일맥상통하는 고대인들이기에 그가 주목하는 전도서의 여러 사람들을 만나보기로 한다. 특히 전도자는 경제적 부를 축적한 부자들의 다양한 삶에 관심을 많이 두고 있다. 전도서의 내용은 오래전의 이야기지만 오늘날 물질을 최고의 가치로 두고 있는 한국사회의 모습과 너무도 흡사하기에 이들의 모습은 우리에게 전해 주는 시사점이 크다.

ⅰ) 외로운 부자

나이가 지긋한 부자가 있었다. 그는 사회에서 안정된 자리를 잡고 상당한 재력을 갖춘 소위 성공한 부자였다. 하지만 그는 성공을 위해 일에 파묻힌 일중독 환자로서 더 정확히 말하면 세상의 모든 돈을 벌기 위해 태어난 사람같이 일만 하며 살았다. 그에게는 사랑하는 자식도 형제도 없이 오로지 성공만을 위해 일했다. 그 덕택에 그는 지위와 재산과 명예를 얻을 수 있었다. 하지만 그는 그 성취에도 만족하지 않았고 쌓고 모으는 일에 더 열중할 뿐 자신이 번 것도 사용하지 못하는 자린고비였다. 시간이 나면 그는 가끔씩 자신에게 이런 질문을 던지곤 했다. "어찌하여 나는 즐기지도 못하고 사는가? 도대체 내가 누구 때문에 이 수고를 하는가?" 하지만 그런 생각도 잠시뿐 그는 만족감도 행복감도 없이 혼자 외롭게 살지만 일하는 손을 결코 멈추지 않았다.

그가 처음부터 가족이나 형제가 없었을 수도 있겠지만 전후 문맥으로 보아 그는 자기 일에 너무 몰두하고 재산 축적에만 관심을 둔 나머지 가족이나 친지에게 무관심하다가 혼자 남게 된 성공한 사업가가 아니었는가 싶다. 그는 성공한 부자이지만 함께 나눌 가족도 친구도 외면한 채 외롭게 살아간다. 그는 반성과 후회를 거듭하지만 인생의 특별한 전기가 마련되지 않았던 것 같다. 변화되어야 한다는 필요성을 느끼지만 그는 달리 살 방법을 모르는 듯하다. 늘어가는 저축의 액수와 올라가는 부동산 가격에 만족하며 부자 대열에 끼기 위해 밤낮을 일하며 살아가는 현대인들의 모습과 크게 다르지 않다. 그 부자를 지켜본 전도자는 인생은 헛되고 헛되다고 토로하고 있다. 어찌 그 한 사람뿐이었겠는가?

ii) 빛 좋은 개살구가 된 부자

전도자가 살펴본 또 다른 부자는 많은 재산을 모았으나 재산도 잃고 그 재산 때문에 해(害)도 입었다. 그는 자신이 성실하게 노력해서 모은 물질에 최고의 가치와 의미를 두고 살아 왔다. 다행히 그는 자신이 원하는 만큼 재산을 모을 수 있었다. 그것으로 그는 주변의 부러움을 얼마나 많이 받았을까? 반대급부로 그는 얼마나 많은 시기와 질투를 받았을까? 그랬던 그가 그 재산도 잃고 자신마저 해를 입고 말았다. 어떤 상황인지 구체적으로 알 수 없지만 상상컨대 그 재산을 노리는 강도나 사기꾼이 그의 돈을 빼앗고 그의 몸까지 해친 것은 아닌지……. 그나마 생명이라도 부지했기에 행운아로 볼 수도 있지만 그는 나중에 태어난 자기 자식에게는 아무것도 물려줄 것이 없는 무일푼이 되고 말았다. 어떻게 모은 재산인데……. 그는 열심히 벌어서 모은 재산은커녕 자신의 안전조차 보호받을 수 없었던 것이다. 혹시 친구나 사업가에게 그 재산을 빌려 주었거나 투자했는데 그는 돈도 잃고 사람도 잃어버리고 말았을 경우도 생각해 볼 수 있다. 그는 평생 재산 모으기에만 시간과 정력을 쏟았던 사람이기에 재산을 잃은 그는 이제 재산만 없는 것이 아니라 자신마저 잃어버리게 되었던 것이다. 재산이 그의 최상의 목표였기에 재산이 없는 그의 인생은 가족이나 친구가 있다 한들 어떤 의미도 없었을지 모른다. 이제 그는 자신의 건강마저 잃고 말았다. 그는 평생 어둠 속에서 먹고 지내며, 억울하게 당한 기억 때문에 온갖 울분과 고생과 분노에 시달리며 화병으로 죽었을지 모른다.

iii) 객사한 부자

또 다른 부자 바보가 있었다. 그는 자녀와 재산과 장수의 복과 명예 등 모든 것을 골고루 갖춘 사람이었다. 그렇기에 그는 고상하고 품위 있고 자신만만한 삶을 살 수도 있었다.[57] 하지만 어쩐 일인지 그는 수고하고 노력하고 재산만 모았을 뿐 엉뚱하게도 다른 사람이 그 재산으로 호강하고 본인은 재산의 즐거움도 영예도 누리지 못하고 죽고 말았던 것이다. 더욱이 그는 죽은 다음에도 제대로 무덤에 묻히지도 못했다. 아마도 그는 단번에 큰 것을 얻으려다 자신의 것을 몽땅 잃지 않았을까 상상해 본다. 그렇다면 그가 평생 수고해서 얻은 그 재산과 자식과 명예가 그에게 무슨 유익이 되는가? 죽은 후에 제대로 묻힐 수 있는 무덤조차 없으니 태어나자마자 죽어서 영영 잊힌 죽은 아이와 무엇이 다른가? 더 많은 것을 가지려고 욕심에 사로잡혀 살다가 간 것이 무슨 의미란 말인가? 욕심은 끝이 없는 것을······.

iv) 가난한 지혜인

다양한 인간 군상들에 대한 전도자의 관심은 끝이 없다. 이와 더불어 그는 이 세상의 모순과 불의도 함께 관찰하고 비판하고 있다. 전도자가 관찰한 또 다른 종류의 사람은 가난하지만 지혜로운 남자이다. 그는 지혜가 뛰어나서 자신의 성읍을 외부의 침략으로부터 구출하게 되었다. 그러나 그렇게 엄청난 공로가 있었음에도 그의 성읍 사람은 그가 단지 가난하고 배경이 없다는 것 때문에 그를 기억해 주

---

57) E. Tamez, *When the Horizons close: Rereading Ecclesiastes*(New York: Orbis Books, 2000), 10-16; M. Rostovtzeff, 『서양고대세계사』(지동식 역) (서울: 고려대학교출판부, 1986).

지 않았던 것이다. 그를 높이는 일이 그 성읍 지도자들의 권위를 손상시키는 일이었는지 아니면 그냥 무시해도 좋을 만큼 그의 존재감이 없었던 것인지 어쨌든 그의 공로는 묻히고 말았다. 전도자는 그 이유를 그의 가난으로 돌리고 있는데 이것은 그 당시 부에 대한 숭배 사상이 얼마나 컸는지 알 수 있는 대목이다. 그 당시 인간의 가치 척도가 모두 경제로 측정되었다는 것을 보여 주는 단적인 예로 볼 수 있다. 그의 지혜와 업적이 가난이라는 조건 때문에 잊히고 말았던 것이다. 대신 무능하고 어리석은 사람이 높은 자리에서 존경을 받고 있으며 반대로 공로를 쌓은 지혜로운 사람은 낮은 자리에 앉거나 버림받은 존재가 된 것이다. 이것이 전도자가 본 그 시대의 모순이다.

ⅴ) 참부자

또 다른 사람이 있는데 그는 현재를 충실히 사는 사람이다. 전도자는 그를 향해 먹고 마시고 자신의 일을 즐겁게 하는 사람이라고 표현하고 있는데 전도자가 생각하는 진짜 부자이다. 전도자는 이런 사람들을 발견하기가 쉽지 않았다고 말한다. 전도자는 하나님께서 인간에게 생명과 그 기한을 주셨으니 인간의 몫은 현재 주어진 인생을 만끽하며 사는 것이 참지혜라고 제안하였다. 현재를 사는 일은 오늘 내게 주어진 모든 것이 하나님으로부터 왔음을 알고 이에 만족하고 즐거워하며 누리는 일이다.

전도자는 다른 사람이 나보다 물질적으로 더 많이 가질 수 있다는 것을 알고 있다. 그러나 부(富) 자체가 하나님의 선물은 아니라고 한다. 그 부가 축복이 되려면 그것을 소유한 사람이 자기의 것에 만족하고 감사하고 즐길 수 있어야 한다. 그는 많은 부자들을 주변에서 지켜보았다. 그런데 그 부자들은 사람들로 둘러싸여 있으나 그들은 결코 평화를 얻지 못했다. 더욱이 부자는 자신이 획득한 재물조차 사용하지 못한다. 또한 부자는 자신의 부 때문에 고민하고 욕심과 질병과 분노가 떠나지 않는다. 그렇기에 그는 역설적으로 인간은 무슨 일을 하든 자신의 수고를 통해 즐거움을 찾아야 한다고도 말한다(전 2:24, 3:22, 5:18-20, 8:15). 사람들은 대체로 자신의 불행이나 불확실한 미래에 대해 너무 많은 염려를 하기 때문에 현재에 갖고 있는 것조차 즐기지 못하면서 살아간다.

하지만 전도자는 세상에서 일어난 모든 사건들을 자연스러운 일로 받아들인다. 그는 모든 사건은 그것의 알맞은 때가 있음을 깨닫는다. 인생은 끊임없는 사건과 일로 채워져 있는데, 이것들은 그것에 맞는 적절한 때가 있다. 죽음도 삶도 슬픔도 기쁨도 사랑도 미움도 전쟁도 평화도 부도 가난도 소유도 상실도 모두 삶의 일부인 것이다. 전도자는 인생의 이런 일들을 담담하게 이해하고 있다. 전도자는 세상에서 일어나는 모든 일이 결코 우연일 수 없으며 하나님께서 정해 놓으신 때에 알맞게 일어난다고 고백한다. 때문에 전도자는 현재 누릴 수 있을 때 만족하고 그 순간을 마음껏 즐길 것을 충고하고 있다. 현재를 사는 사람, 그가 참부자이다. 부자란 먹고 마시고 자신이 하는 일을 기뻐하는 사람이다. 그 이유는 모든 것이 하나님께로부터 왔기 때문이다. 현재에 만족하고 즐겁게 살 수 있을 때 그 인생은 진정 하나님의 선물이 된다. 전도자에게 있어서 지혜로운 사람은 먹고 마시고 깨끗한 옷과 머리에 기름을 바르는 일, 가족을 사랑할 줄 아는 사람이다. 지금 여기 현재적 삶을 사는 그런 사람이 진정 부자이다.

vi) 전도자는 누구인가

주전 4~3세기 전도자는 당시 새로운 문물, 헬라 문화의 물결 속에서 유대인들의 고유한 전통신앙 대신 새로운 가치에 모든 것을 내주어야 했던 시대에 살았던 인물이다.[58] 어떤 이들은 유대의 전통과 신앙을 구세대의 것으로 무시하거나 거부하고 새로운 문화와 물질에 열광하면서 그 시대를 우울하게 살아갔다. 반면 어떤 이들은 신앙적 유산과 현실이라는 두 길을 갈등하면서도 신앙적 삶을 지키기 위해 부단히 노력하면서 살았다. 이 시점, 전도자는 전통 신앙과 숨 가쁜 현실이라는 두 기둥 속에서 나아가야 할 진로를 모색했던 사람이다. 평생 신앙과 지혜의 과제를 놓고 실험적으로 살았던 전도자는 하나님을 경외하면서 사는, 비록 어수룩해 보이나 현실에 충실한 인생이야말로 지혜로운 삶이라고 외치고 있다. 그래서 그는 '하나님을 경외하라! 창조주를 기억하라! 계명을 지키라!'고 충고한다. 전도서 전체에서 간간이 들려오는 이 명령들은 묻혀 있는 듯하지만 정작 전도자는 이것들을 인생의 기초 공사요 최종 목표로 삼았다. 그는 각박한 현실 속에서도 신앙을 지키고 지혜롭게 살려고 고민하는, 실천하는 경건한 유대인이었다.[59]

이렇듯 전도자가 고민한 문제들을 가만히 들여다보면 21세기 우리의 것과 크게 다르지 않다. 그가 모순되고 무의미한 인생으로 전

---

58) A. Schoors, *The Preacher Sought to Find Pleasing Words: A Study of the Language of Qoheleth*(Leuven: Peeters Press & Department Orientalistiek, 1992); C－L. Seow, "The Dating of Qohelet", *JBL* 115(1996), 643－666.
59) 채은하, "코헬렛, 시대의 절망과 좌절을 호소한 정직한 사람!", 『기독교 사상』 2004년 8월호, 150－153.

도서에 등장시켰던 여러 유형의 부자들, 우리 주변에서 그리 어렵지 않게 볼 수 있다. 전도자는 말한다. 진짜 부자는 그리 많지 않다고……. 현재에 만족하고 감사할 줄 알아야 참부자가 된다고! 전도자는 당시 갑자기 불어 닥친 헬라화(Hellenization)의 냉혹한 현실을 부인하지도 거부하지도 않는다. 그는 단지 급격한 새로운 문화 속에서 하나님과 그의 계명과 심판을 상기하면서 모순된 사회 구조 속에서도 당당하게 현재를 충실히 살 것을 촉구하고 있다. 전도자가 관찰한 수많은 인간 군상들, 지금도 생생하게 현실의 부조리와 모순은 늘 존재하지만 현재를 살아야 참부자가 된다는 전도자의 지혜는 오래전에 우리에게 들려준 하나님의 선물이다.

❖ 참고문헌

채은하. "코헬렛, 시대의 절망과 좌절을 호소한 정직한 사람!", 『기독교 사상』 2004년 8월호. 144 - 153.

Rostovtzeff, M. 『서양고대세계사』(지동식 역). 서울: 고려대학교출판부, 1986.

Schoors, A. *The Preacher Sought to Find Pleasing Words: A Study of the Language of Qoheleth*. Leuven: Peeters Press & Department Orientalistiek, 1992.

Seow, C - L. "The Dating of Qohelet", *JBL* 115(1996). 643 - 666.

Tamez, E. *When the Horizons close: Rereading Ecclesiastes*. New York: Orbis Books, 2000.

제2부

신약성경의 조연들

박종기

들어가는 말

   사람들은 이야기 글을 읽거나 연극, 영화, 드라마 등을 보면서 거기에 나오는 인물들을 주인공, 조연, 엑스트라 등으로 구분한다. 이것은 단지 그 작품이 누구에게 초점을 맞추어 구성되어 있는가에 따른 구분일 뿐 인물들이 본래부터 그러한 존재로 살아가는 것은 아니다. 예를 들어 이순신을 주인공으로 하여 쓰는 이야기가 있다면, 그 글에서는 선조가 조연이 될 수 있을 것이며, 임진왜란 중 왜군과의 전투에서 죽어 가는 무명의 병사는 엑스트라가 될 것이다. 그러나 선조를 주인공으로 하는 이야기 글이 있다면, 그곳에서는 이순신이 조연이 될 것이다. 그리고 무명의 병사는 여기에서도 엑스트라로 남을 것이다. 그러면 무명의 병사는 항상 엑스트라란 말인가? 결코 그렇지 않다. 어떤 문학가가 그 무명의 병사의 삶에 초점을 맞추어 위대한 글을 쓴다면, 그 글 역시 사람들에게 큰 흥미와 감동을 주는 한 편의 작품이 될 수 있을 것이다.

   주인공, 조연, 엑스트라 등의 구분은 저자의 관점이나 카메라의 초점이 누구를 향하고 있는지에 따라 달라질 뿐이다. 다시 말하면 독자들이나 청중은 주인공의 삶에 대해서는 전부는 아니라 할지라도 많은 부분을 볼 수 있으나, 조연의 삶에 대해서는 단편적으로만 볼 수 있으며, 엑스트라의 삶에 대해서는 극히 단편적으로만 볼 수 있다. 그렇다면 모든 사람들은 자신의 삶을 주연으로 살아가고 있다고 할 수 있다. 왜냐하면 모든 사람은 각각 자신의 삶 전부를 보면서 살아가고 있기 때문이다. 인간세계를 바라보는 하나님의 시각에서는 주연과 조연의 구별이 없다. 왜냐하면 하나님께서는 모든 순간 모든 사람의 말과 행동, 심지어 심중에 있는 생각까지도 보고 계시기 때문이다. 그러므로 모든 인간은 하나님께서 보시는 작품에서 주연이라 할 수 있다.

신약성경의 대표적인 이야기 글인 복음서와 사도행전에는 많은 인물들이 나온다. 그들 중 절대다수의 인물은 조연이나 엑스트라로서 잠시 등장했다 퇴장할 뿐이다. 그러나 그들은 그들 자신의 삶에서 그리고 하나님께서 보시는 작품 속에서는 주연으로서 삶을 살아갔던 사람들이다. 우리는 그들의 삶의 단편만 볼 수 있기 때문에 그들이 주인공으로서의 삶을 어떻게 살았는지 정확히 알 수는 없다. 그럼에도 불구하고 그 삶의 단편을 유의 깊게 살펴본다면 그들이 주인공으로서의 삶을 어떻게 살았는지 어느 정도까지는 짐작할 수 있을 것이다.

여기서 살펴보고자 하는 인물들은 요셉, 세례 요한, 삭개오, 마르다와 마리아, 막달라 마리아를 비롯한 여인들, 스데반이다. 사실 필자는 신약성경의 이야기 글에 나오는 수많은 인물 중 어떤 인물들을 선택할 것인지의 문제를 두고 많은 고심을 하였으며, 결국 다음의 세 가지 기준을 고려하여 인물들을 선택하게 되었다. (1) 저자의 신학적 관점을 잘 대변해 주는 인물인가? 복음서나 사도행전의 저자들은 나름대로의 신학적 관점을 가지고 글을 썼으며, 각 책에 등장하는 인물들의 모습 속에는 때때로 다소의 차이는 있지만 저자의 신학적 관점이 투영되어 있다. 따라서 이러한 관점을 잘 보여 주는 인물들을 선택함으로써 저자가 주고자 하는 메시지도 살펴보려 하였다. (2) 신앙과 행위에 있어서 새로운 패러다임을 보여 주는 인물인가? 여기서 '새로운' 패러다임이란 전례가 없었던 것을 의미하는 것은 아니다. 해 아래 '새로운' 것이 있겠는가? 이미 있었을지라도 관례화되어 있는 틀을 깨뜨리는 것도 어떤 의미에서 새로운 것이라 할 수 있다. (3) 현대 그리스도인들, 특히 한국의 그리스도인들의 삶에 중요한 교훈을 주는 인물인가? 오늘날 한국의 그리스도교, 특히 개신교 신자들은 많은 비판을 받고 있다. 그들이 비판을 받고 있는 것은 어떤 교리적 문제 때문이 아니라 그들의 삶에 대한 문제 때문이다. 따라서 오늘날 한국 그리스도인들의 삶에 귀중한 교훈을 주는 인물들을 선택하여 살펴보는 것은 매우 유익하리라 생각하였다.

물론 여기서 살펴볼 인물들이 위에서 언급한 모든 기준에 적합하다고 생각하는 것은 아니다. 그리고 이 인물들이 위의 기준에 가장 적합한 인물이라고 생각하는 것도 아니다. 특정 인물이 특정 기준에 어느 정도 적합한지의 여부는 주관적인 판단에 따라 다를 수밖에 없다. 사실 위에서 언급한 세 가지 기준은 모두 그 기준에 대한 어떤 인물의 적합성을 객관적으로 판단하기 매우 어려운 것들이다.

처음 이 글을 쓰기 시작했을 때에는 더 많은 인물들을 대상으로 쓰려고 하였으나 결국 위에서 언급한 인물들로 한정하였다. 이 인물들은 모두 복음서나 사도행전의 저자들에 의해서 긍정적으로 묘사된 인물들이다. 빌라도, 헤롯, 헤로디아, 유대 종교지도자들, 아나니아와 삽비라 등과 같이 부정적으로 묘사된 인물들의 삶을 조명해 보는 것도 유익하리라 생각하지만 다음 기회로 미루게 되었다.

이 글을 쓰면서 필자는 여기에 소개된 인물들이 필자보다 위대한 문학가적 자질과 예리한 신학적 통찰력을 가진 사람에 의해 묘사되었더라면 주인공으로서의 그들의 삶이 더욱 돋보이지 않았을까 하는 생각을 계속 하였다. 필자의 부족한 능력으로 인해 이들의 삶을 보다 넓고 보다 깊게 조명할 수 없었다는 점에 대해 이 글에 나오는 인물들과 이 글을 읽는 독자들에게 송구스러울 따름이다. 그럼에도 불구하고 여기에 나오는 글들을 통해서 저들의 모습이 더욱 아름답게 독자들에게 각인될 수 있기를 원하는 심정 또한 필자의 마음속 깊이 자리잡고 있음도 부인할 수 없다.

의로운 사람 요셉

본문: 마태복음 1-2장
참조: 누가복음 2장

하나님의 은혜가 가져다준 충격과 고뇌

인류를 위한 하나님의 위대한 구속사가 한 중대한 시기에 도달하였다. "때가 차매"(참조, 갈 4:4) 하나님께서는 인류의 속죄를 위해 그 아들을 이 땅에 보내고자 하신다. 이러한 하나님의 뜻에 따라 그 아들은 성령에 의해서 요셉이란 사람과 약혼한 상태에 있는 처녀 마리아의 몸에서 잉태된다. 죄에 빠진 인간을 구원해 줄 메시아의 탄생! 이것은 확실히 "온 백성에게 미칠 큰 기쁨의 좋은 소식"이요(눅 2:10), 인간을 향한 지극히 큰 하나님의 은혜이다(롬 3:24).

그러나 이 은혜가 임했을 때, 이 땅에서 살고 있는 사람들에게 무엇이 일어났는가? 모든 사람들은 이 좋은 소식으로 인한 기쁨을 이기지 못하여 어찌할 바를 몰라 했던가? 결코 아니다. 오히려 그것으로 인해 충격을 받고 고민과 번뇌에 빠져 들었던 사람들도 있었다. 마리아와 결혼하여 조용하고 행복하게 살아가려던 요셉이라는 한 젊은이의 경우가 그렇다. 세상을 향한 하나님의 놀라운 은혜가 임했을 때 요셉의 꿈은 깨어지게 되었고, 그의 삶은 걷잡을 수 없는 소용돌이 속으로 빠져 들게 되었다. 사랑하는 자신의 약혼녀인 마리아가 잉태하였다는 사실을 알았을 때, 요셉이 받은 충격을 어떻게 표현할 수 있겠는가? 당시 유대의 관습에 의하면 약혼은 결혼과 다름이 없었다. 여성은 이때부터 '아내'로 일컬어지며, 결혼 이전에 약혼자가 죽으면 과부가 되고, 약혼기간 중에 부정을 행했다면 간음한 여인으로 간주되었다. 요셉은 마리아의 잉태에 대하여, 마리아가 간음을 행했다고밖에 달리 생각할 수 없었다.

왜 하나님께서는 요셉에게 성령을 통한 마리아의 잉태를 미리 알려 주시지 않았을까? 요셉이 성령을 통한 잉태를 미리 알았더라면 요셉의 충격은 덜할 수도 있지 않았을까? 그러나 하나님께서는 침묵하셨다. 그리고 하나님의 침묵 속에서 요셉의 괴로움과 번민은 더해 갔다. 간음을 행한 자신의 약혼녀에 대하여 어떻게 할 것인가? 모세의 율법은 약혼한 여인이 다른 남자와 동침하면 돌로 쳐서 죽이라고 명령하고 있다(신 22:22-27). 그러나 마리아는 참으로 자신이 사랑해 왔던 여인이다. 마리아가 임신을 하였다는 사실에 충격을 받은 요셉은 이제 하나님의 거룩한 율법과 마리아에 대한 사랑 사이에서 고뇌한다.[60]

---

60) B. Witherington Ⅲ, "Birth of Jesus", in *Dictionary of Jesus and the Gospels,* ed. Joel B. Green, Scot McKnight, and I. Howard Marshall (Downers Grove, IL: InterVarsity, 1992), 62.

'의로운' 사람의 의로운 행동

고뇌에 빠진 요셉은 결국 어떻게 행동할 것인가? 마태복음의 저자는 요셉을 '의로운' 사람이라고 말한다(마 1:19). 따라서 마태복음에 나타난 요셉의 행동은 저자가 말하는 '의'의 개념을 파악하는 데 결정적 단서를 제공해 줄 것이다. 이야기에서 인물의 성격과 행동은 서로 밀접한 연관을 가지므로, '의롭다'라는 요셉의 성격은 일차적으로 그의 행동들에서 나타날 수밖에 없다.[61] 특히 마태복음에서 '의/의롭다'라는 단어가 여기서 처음 사용되었기 때문에 요셉의 행동은 독자들이 '의'의 개념을 이해하는 데 더욱 큰 영향을 미칠 수밖에 없다.[62]

고뇌 끝에 요셉이 선택한 것은 율법의 규정을 문자적으로 따르기보다는 "그를 드러내지 않고[63] 가만히 끊는" 것이었다(2:19).[64] '가만

---

61) Dan Otto Via, Jr, "Narrative World and Ethical Response: The Marvelous and Righteousness in Matthew 1−2", *Semeia* 12 (1978): 127.

62) 독자들이 받은 첫인상(first impression)이 전체 작품을 이해하는 데 미치는 큰 영향에 대해서는 Menakhem Perry, "Literary Dynamics: How the Order of a Text Creates Its Meanings [with an Analysis of Faulkner's 'A Rose for Emily']", *Poetics Today* 1: 1−2 (1979): 35−64, 311−61 참조.

63) "의로운 사람이라 그를 드러내지 아니하고"(1:19)라는 어구에 대한 여러 해석에 대해 D. A. Hagner, *Matthew 1−13,* Word Biblical Commentary (Dallas: Word Books, 1993), 18 참조.

64) 요셉이 마리아와의 관계를 끊고자 했던 것은 요셉이 마리아가 간음한 것으로 생각한 것이 아니라, 그 판단을 보류했거나 하나님께서 큰 이적을 베푸신 여자와 결혼하는 것을 두려워했던 것으로 해석하기도 한다. 그러나 요셉이 마리아가 간음한 것으로 의심했다고 보는 것이 자연스럽다. 성령에 의한 마리아의 잉태에 대해서 천사가 일러 주기 전에 요셉이 알고 있었을 가능성이 있는지의 여부에 대한 보다 자세한 설명은 U. Luz,

히'라는 말은 요셉이 아무도 모르게 마리아와 파혼하려고 하였다는 것을 의미하는 것이 아니라 사형이라는 판결을 초래할 수도 있는 고발을 하지 않고 파혼하려 했다는 것을 의미한다.[65] 여기서 요셉은 '의'에 대한 새로운 패러다임을 제시한다. 율법이 하나님의 말씀이며 '의롭다'는 것이 하나님의 말씀에 순종함을 의미한다면, '의로운' 사람 요셉은 마땅히 율법의 규정을 따라야 할 것이다. 그러나 요셉은 율법주의적인 사고를 가지고 율법을 적용하는 것이 아니라, 사랑의 관점에서 그것을 적용한다.[66] 다시 말하면 요셉의 의로움은 율법의 문자적인 적용에 있는 것이 아니라 그의 깊은 동정심에 있다.

이러한 요셉의 태도는 마태복음에 묘사된 예수의 의와 율법에 대한 관점과 일치한다. 사실 의와 율법의 문제는 마태복음의 핵심 주제 중 하나이다. 마태복음에 기록된 예수 이야기의 흐름에 있어서 중요한 한 축을 이루는 예수와 종교지도자(특히 서기관과 바리새인) 사이의 갈등은 근본적으로 '의'에 대한 해석의 차이에 기인한다. 율법의 문자적 적용을 주장하는 서기관과 바리새인들에 반하여 예수께서는 사랑의 관점에서 율법을 적용할 것을 요구하신다. 예수께서는 구약의 율법과 다른 새로운 율법을 제시하시지 않는다. 그는 율법을 폐하러 오신 것이 결코 아니며, 오히려 율법을 완전하게 하기 위하여 오신 것이다(마 5:17). 그는 율법의 근본정신은 "하나님을 사랑하라."는 계명과 "이웃을 사랑하라."는 두 계명으로 요약될 수 있음을

Matthew 1-7: A Commentary, trans. W. C. Linss (Minneapolis: Augsburg, 1989), 119 참조.

65) E. Schweizer, *Das Evangelium nach Matthäus,* 한국신학연구소번역실, 『마태오복음』, 제3판, 국제성서주석(서울: 한국신학연구소, 1988), 34.

66) U. Luz, *Matthew 1-7,* 120.

강조하신다(마 22:37-40). 마태복음의 저자는 이러한 예수의 교훈을 독자들이 바르게 이해하도록 하기 위해 자신의 복음서 첫 부분에 나오는 요셉 이야기를 효과적으로 이용하고 있다.[67]

침묵하시던 하나님, 이제야 말씀하시지만

요셉은 깊은 고뇌 끝에 그가 취할 행동에 대해 "그를 드러내지 아니하고 가만히 끊기로" 결정을 내렸다. 그러나 그가 취해야 할 행동을 결정했을 때 지금까지 침묵하시던 하나님께서는 침묵을 깨뜨리시고 꿈에서 천사를 통해 말씀하신다.

> 다윗의 자손 요셉아 네 아내 마리아 데려오기를 무서워하지 말라 그에게 잉태된 자는 성령으로 된 것이라 아들을 낳으리니 이름을 예수라 하라 이는 그가 자기 백성을 그들의 죄에서 구원할 자이심이라 (마 1:20-21)

하나님께서는 요셉이 행하기로 결심한 것과는 전혀 다른 길을 가라고 명령하신다. 요셉이 고뇌하며 힘들고 어려운 결정을 내릴 때까지 침묵하시던 하나님께서는 이제 그의 결정을 뒤엎고 계신다.

마리아의 잉태가 성령으로 된 것이며 잉태된 자가 "자기 백성을 그들의 죄에서 구원할 자", 즉 메시아라는 천사의 말은 분명 마리아가 간음을 행했다고 생각하며 충격과 고뇌 속에서 신음하였던 요셉에게 좋은 소식일 수 있다. 그러나 요셉은 천사가 전하여 준 소식에 기뻐하기만 하였을까? 물론 메시아의 탄생소식은 참으로 좋은 소식

---

67) 참조, Dan Otto Via, Jr, "Narrative World", 124, 133.

이다. 그러나 '왜 하필 나의 약혼녀에게?'라는 생각은 조금도 해 보지 않았을까? 자신의 약혼녀를 하나님께 빼앗겼다는 생각은 전혀 들지 않았을까? 그리스도인들이 이러한 상상을 해 본다는 것은 불경건한 것일까?

마리아가 잉태하기 전에 미리 요셉에게 하나님의 계획을 말씀해 주지 않으셨던 하나님, 요셉이 충격과 고뇌 속에서 행할 바를 결정할 때 침묵하시던 하나님, 그 하나님으로 인하여 요셉은 거센 삶의 풍랑 속으로 빠져 들었다. 이제 요셉이 그 풍랑으로부터 헤어나려 하지만 하나님께서는 결코 허락하지 않으신다. 하나님께서는 요셉에게 마리아를 데려오도록 명령하신다. 그리고 아기가 태어났을 때 아기를 보호하기 위하여 아기와 마리아를 데리고 애굽으로 피난하라고 명령하신다. 애굽에 도착하여 정착한 지 긴 시간이 흐르기도 전에 다시 이스라엘 땅으로 돌아오라고 명령하신다. 이러한 하나님의 명령에 대하여 과연 의로운 사람 요셉은 어떤 반응을 보일 것인가?

일어나, 일어나, 일어나

요셉은 하나님의 명령에 따르기를 결코 망설이지 않는다. 그는 비록 법적인 의와 자비의 의 사이에서 망설였을지라도, 초월적인 계시가 주어졌을 때 그는 더 이상 망설이지 않고 그것을 받아들인다.[68] 그는 하나님께서 명령할 때마다 그 명령에 순종한다. 마태복음의 저자는 의로운 사람인 요셉의 모범을 통해 의의 본질은 순종에 있다는 자신의 관점을 강조한다.

---

68) Ibid., 136.

[하나님의 명령]

다윗의 자손 요셉아 네 아내 마리아 데려오기를 무서워하지 말라 그에게 잉태된 자는 성령으로 된 것이라 아들을 낳으리니 이름을 예수라 하라…… 이는 그가 자기 백성을 그들의 죄에서 구원할 자이심이라(1:20−21).

[요셉의 반응]

요셉이 잠에서 깨어 **일어나** 주의 사자의 분부대로 행하여 그의 아내를 데려왔으나[69] 아들을 낳기까지 동침하지 아니하더니 낳으매 이름을 예수라 하니라(1:24−25).

[하나님의 명령]

헤롯이 아기를 찾아 죽이려 하니 일어나 아기와 그의 어머니를 데리고 애굽으로 피하여 내가 네게 이르기까지 거기 있으라(2:13).

[요셉의 반응]

요셉이 **일어나서** 밤에 아기와 그의 어머니를 데리고 애굽으로 떠나가 헤롯이 죽기까지 거기 있었으니(2:14−15a).

[하나님의 명령]

일어나 아기와 그의 어머니를 데리고 이스라엘 땅으로 가라(2:20a).

[요셉의 반응]

요셉이 **일어나** 아기와 그의 어머니를 데리고 이스라엘 땅으로 들어가니라(2:21).

요셉의 순종은 상상할 수 없을 정도로 놀랍다. 그는 말씀에 따라

---

69) 그 아내를 데려왔다는 말은 혼례를 올리고 그녀를 자기 집으로 데려와 함께 살기 시작했다는 뜻이다. 참조, D. A. Hagner, Matthew 1−13, 21.

즉시 행하고 말씀대로 철저히 행한다. 요셉은 말씀이 떨어지기가 무섭게 즉시 순종한다. 세심한 독자라면 요셉의 반응에 반복적으로 나타나는 '일어나'라는 단어를 결코 놓치지 않을 것이다(1:24, 2:14, 21). 마리아를 데려올 때에도, 헤롯을 피해 떠날 때에도, 헤롯이 죽은 후 이스라엘로 돌아올 때에도, 항상 잠에서 깨어 일어나 즉시 순종하였다. 각각의 상황 속에서 그렇게 즉시 행동으로 옮기는 모습은 상상조차 하기 어렵다. 또한 요셉은 말씀대로 철저히 순종하였다. 마태복음의 저자는 하나님의 명령과 요셉의 반응을 거의 동일한 말을 반복하여 사용한다. 이것은 요셉이 하나님의 말씀을 철저히 순종하였다는 것을 강조하기 위한 하나의 수사학적 기교라 볼 수 있다.

요셉은 인간을 죄에서 구원하기 위해 오신 아기 예수와 그의 어머니 마리아를 보호하기 위해 최선을 다한다. 물론 요셉의 순종이 없었다면 아기 예수의 생명이 보존되지 못했을 것이라고 말할 수는 없다. 이집트로의 피난 묘사(마 2:13-15)와 이스라엘로의 귀환 묘사(마 2:19-21)에서 나타나는 대로, 예수의 운명은 하나님의 계획과 하나님의 손에 의존되고 있으며, 오직 하나님의 인도하심이 아기 예수의 생명을 구한 것이다.[70) 그러나 이러한 하나님의 섭리는 인간을 통해 이루어지고 있다. 요셉은 하나님의 위대한 구속사의 도구로 사용된 것이다.

그러면 하나님의 위대한 구속사의 도구로 사용된다는 것이 과연 요셉의 삶에 무엇을 가져다주었는가? 오늘날 그리스도인들이 일반적으로 생각하는 개념의 '만사형통'이었을까? 그것은 결코 아니었다!

---

70) U. Luz, *Matthew 1-7*, 146, 148.

안전과 평화 대신에 오히려 위험과 고난이 따랐다. 요셉은 임신한 마리아와 함께 나사렛에서 베들레헴까지 먼 길을 여행해야 했다(눅 2:4-5). 또한 밤에 아기를 보호하기 위해 급히 이집트로 피신해야 했다(마 2:14). 당시 타국으로 이주한다는 것은 오늘날과는 비교가 안 될 정도로 불안정한 삶을 요구하였다. 뿐만 아니라 요셉은 거주하려고 했던 곳에 정착하지 못하고 또 다른 곳으로 향해야 했다(마 2:22). 시므온이 아기 예수에 대하여 앞으로 비방을 받는 표적이 될 것이라고 예언했을 때(눅 2:34-35) 그의 마음은 어떠했을까? 예수께서 열두 살이 되었을 때에 예루살렘에서 있었던 일과 같은 예기치 않은 일로 그가 놀란 것은(눅 2:41-51) 오직 한 번뿐이었을까?

요셉은 하나님의 인도하심을 받았다. 우리는 흔히 하나님에 의해 인도받는 삶은 평안과 기쁨으로만 가득 찬 삶이 될 것으로 생각한다. 그러나 하나님에 의해 인도받는 삶이 과연 우리가 생각하는 그러한 삶을 보장해 주는 것인가? 아브라함, 이삭, 야곱, 요셉 등 위대한 족장들의 생애를 보라! 하나님께서는 그들을 인도하셨지만, 그것이 곧 평안과 안전과 번영을 보장해 주는 것은 아니었다. 오히려 하나님의 인도하심에 순종함으로써 그들은 많은 어려움을 겪기도 하였다. 우리는 하나님의 인도를 간절히 바란다. 그러나 우리가 정말 하나님께서 우리에게 할 바를 지시했을 때, 그 지시하신 것이 무엇이든 과연 요셉처럼 하나님의 명령에 순종할 수 있을까?

비록 많은 시선을 받지 못할지라도

성탄절이 되면 우리 그리스도인들은 크리스마스 캐럴을 즐겨 부른다. 캐럴 속에서 우리는 아기 예수와 그 어머니 마리아는 물론 목자, 동방박사, 천사 등을 자주 만나게 된다. 그런데 캐럴 속에서 요셉의 이름을 몇 번이나 들어 본 적이 있는가? 비록 양부라 할지라도 예수의 아버지였던 요셉의 이름은 크리스마스 캐럴에 자주 등장할 것으로 생각되지만 실제로는 전혀 그렇지 않다. 성탄절에 요셉은 현대 그리스도인들의 시야에서 멀리 벗어나 있다.

예수를 주로 고백하는 신앙공동체의 경전인 성경에서도 요셉은 자주 등장하지 않는다. 요셉은 신약성경에서 마태복음과 누가복음에만 등장한다. 이 두 복음서에서도 그는 예수의 탄생과 소년기에 국한되어 등장하고 있으며,[71] 공생애 사역 중에는 등장하지 않고 사람들이 예수를 "그 목수의 아들"(마 13:55)[72] 또는 "요셉의 아들"(눅 4:22; 참조, 3:23)로 일컫는 말이 각각 한 번 나올 뿐이다. 많은 학자들은 예수의 공생애 중 요셉이 등장하지 않는 이유는 요셉이 예수의 공적 생애가 시작되기 전 이미 죽었기 때문인 것으로 본다.

그러면 마태복음이나 누가복음에 기록되어 있는 예수의 탄생이나 소년기에 요셉은 어떻게 묘사되고 있는가? 누가복음의 경우 2장에 요셉이 등장하고 있지만 초점은 철저히 마리아에게 맞추어져 있다. 마태복음의 경우 1-2장에 요셉이 등장하며 요셉의 역할은 누가복음에서보다 크게 강조된다.[73] 그러나 마태복음 1-2장을 유의 깊게 읽

---

71) 예수의 탄생과 유년기에 대한 기록이 없는 마가복음과 요한복음에는 요셉이 등장하지 않으며, 단지 사람들이 예수에 대하여 "요셉의 아들" 이라고 일컫는 말이 요한복음에 두 번 나올 뿐이다(1:45, 6:42).

72) 이 구절에 병행하는 마가복음의 구절에서는 "마리아의 아들 목수"로 나온다(막 6:3).

73) 사실 누가복음 1-2장의 여러 이야기들을 연결하는 고리는 마리아임에

어 보면 마태복음에서도 요셉은 마리아의 지위에 종속되어 있음을 발견할 수 있다. 요셉은 "마리아의 남편 요셉"으로 처음 소개된다 (1:16). 동방에서 온 박사들이 아기 예수께 경배하기 위하여 집으로 들어갔을 때, 그들의 시야에는 오직 "아기와 그의 어머니 마리아"만 들어왔을 뿐, 요셉은 그들의 안중에 없었다(2:11).

그러나 요셉은 그리스도교 공동체의 경전에 나오는 자신에 대한 묘사에 대해 결코 아쉬워하지 않을 것이다. 그는 자신이 현대 그리스도인들에 의해 많은 시선을 받지 못하는 상황에 대하여도 결코 안타까워하지 않을 것이다. 그는 하나님의 계획 속에 있는 자신의 삶에서 주연으로서의 역할을 성공적으로 해 낸 인물이다. 이것으로 그는 기뻐할 것임에 틀림이 없다.

❖ 참고문헌

Brown, R. E. *The Birth of the Messiah: A Commentary on the Infancy Narratives in Matthew and Luke.* Garden City, N.Y.: Doubleday, 1977.

Davies, W. D. and Dale C. Allison. *A Critical and Exegetical Commentary on the Gospel according to Saint Matthew,* vol. 1. The International Critical Commentary. Edinburgh: T. & T. Clark, 1988.

반해(참조, 1:26－38, 39－56, 2:5－7, 2:19, 34, 39, 48, 51) 마태복음 1 －2장에 나오는 여러 이야기들을 연결하는 고리는 요셉과 그의 꿈이라 할 수 있다(참조, 마 1:18－25, 2:13, 2:19－23). B. Witherington Ⅲ, "Birth of Jesus", 62.

Hagner, D. A. *Matthew 1 −13.* Word Biblical Commentary. Dallas: Word Books, 1993.

Luz, U. *Matthew 1 −7: A Commentary.* Translated by W. C. Linss. Minneapolis: Augsburg, 1989.

Schweizer, E. *Das Evangelium nach Matthäus.* 한국신학연구소번역실. 『마태오복음』, 제3판. 국제성서주석. 서울: 한국신학연구소, 1988.

Via, Dan Otto, Jr. "Narrative World and Ethical Response: The marvelous and Righteousness in Matthew 1 −2." *Semeia* 12 (1978): 123 − 149.

Witherington Ⅲ, B. "Birth of Jesus." In *Dictionary of Jesus and the Gospels,* ed, J. B. Green, S. McKnight, and I. H. Marshall. Downers Grove, IL: InterVarsity Press, 1992.

예수의 선구자 세례 요한

본문: 마가복음 1:1 - 11(마 3:1 - 17, 눅 3:1 - 17, 21 - 22),
6:14 - 29(마 14:1 - 12, 눅 3:18 - 20, 9:7 - 9),
요한복음 1:6 - 8, 19 - 42, 3:22 - 30
참조: 누가복음 1:5 - 80, 마태복음 11:2 - 19(눅 7:18 - 35), 사도행전
13:24 - 25

기다리던 주인공

"회개하라 천국이 가까이 왔느니라"(마 3:2). 유대 광야에 요한이
라는 한 사람의 음성이 울려 퍼졌다. 그는 종말론적 하나님 나라와
심판의 날이 임박하였음을 선포하며, 죄에 대하여 하나님의 용서를
받기 위해 회개하고 세례를 받으라고 촉구한다. 회개에 대한 요구에
는 일반적으로 잘못에 대한 강한 비판이나 정죄가 포함된다. 세례
요한의 경우도 예외는 아니다. 그는 자기에게 나아오는 무리들을 향
하여 "독사의 자식들"이라고 말하며[74] 그들이 회개하지 않을 때에
받을 하나님의 진노를 선포한다(눅 3:7 - 9).

도대체 이러한 요한의 메시지를 듣기 위해 그에게 나아오는 사람

---

[74] 마태복음에서는 요한이 바리새인과 사두개인들을 향하여 "독사의 자식
들"이라고 말한다(마 3:7).

이 몇 사람이나 있을 것인가? 누가 자신의 잘못을 그렇게도 혹독하게 비판하는 자에게 스스로 나올 것인가? 그것도 요한을 만나기 위해서는 요단강이 있는 먼 유대 광야에까지 나가야 한다.

그런데 이상한 현상이 일어난다. 사람들은 요한에 관하여 큰 관심을 가지고, 그의 말을 듣기 위해 유대 광야로 몰려들었다. 수많은 사람들이 그의 요구에 대한 응답으로 그에게 세례를 받았다. 마가복음 1:5은 "온 유대 지방과 예루살렘 사람이 다 나아가" 자신들의 죄를 고백하고 세례를 받았다고 말한다. 어떤 사람들은 집으로 돌아가지 않고 요한과 함께 머물며 그의 제자가 되기도 하였다(참조, 막 2:18, 6:29 등). 요한의 명성은 시간이 갈수록 더욱 높이 치솟아 어느덧 그는 대중의 영웅이 되었다. 사람들을 정죄하기를 일삼는 예루살렘의 종교지도자들은 요한의 사역을 폄하하고 싶었지만, 백성에 대한 두려움으로 인해 요한에 대하여 함부로 말할 수 없었다(막 11:30-33). 분봉왕 헤롯도 자신의 잘못을 비판하는 요한을 죽이고자 하였으나 백성이 두려워 쉽게 죽일 수가 없었다(마 14:5).

도대체 무엇이 사람들로 하여금 요한에게 나오게 하였는가? 그 하나의 중요한 이유는 그들이 누군가를 간절히 기다리고 있었기 때문이다. 마지막 예언자들로 알려진 학개, 스가랴, 말라기의 출현 이후 수백 년이 흘렀다. 많은 유대인들은 이들 예언자들 이후 예언이 소멸되었다고 생각하였다. 그러나 그들은 언젠가 예언이 다시 회복될 것이라는 강한 기대를 가지고, 새로운 시대의 도래에 대한 신호이자 '마지막 날'에 대한 전조가 되기도 할 그때가 오기를 기다리고 있었다.[75] 그런데 백성

---

75) Jong-Ki Park, *Obedience and Prophecy in Matthew: Rhetorical Function of MT 7:15-23 in Matthew's Narrative* (Wnaju-Kun: Hanil University

들은 요한으로부터 기다리던 그 예언의 음성을 들었던 것이다.76)

오랫동안 간절히 기다려 왔던 사람이라는 확신, 이 확신이 있었기에 백성들은 그의 비판을 겸허히 받아들였으며, 자신들의 죄를 자복하고 세례를 받았다. 그들은 요한이 단순히 선지자 중의 한 사람이 아니라 특별한 선지자이며(참조, 마 11:9, 11, 14, 요 1:21) 하나님으로부터 보냄을 받은 참선지자라고(막 11:32) 믿었다. 심지어 '모든' 사람들은 그가 메시아일지도 모른다고 생각하였다(눅 3:15). 요한복음의 저자는 예수 그리스도를 '빛'으로 묘사하면서 세례 요한은 그 '빛'이 아니라는 점을 강조하고 있는데(요 1:8), 이것은 요한복음이 기록될 당시(1세기 말)에도 세례 요한을 그 '빛', 즉 그리스도로 믿는 사람들이 있었다는 사실을 역설적으로 말해 준다. 오늘날까지도 요한의 운동에 영향을 받은 만다교라는 소규모 세례파 집단이 메소포타미아 지역에 존재하고 있다.

감정과 인식의 차원을 넘어 삶의 실천으로

요한의 운동은 근본적으로 회개의 운동이었다. 마태복음 저자는 세례 요한의 메시지를 "회개하라 천국이 가까이 왔느니라."(마 3:2)라는 말로 요약하고 있으며, 마가복음과 누가복음 저자는 요한의 세례를 "회개의 세례"로 표현하고 있다(막 1:4, 눅 3:3). 그러면 요한이 말하는 회개는 무엇을 의미하는가? 그것은 한마디로 다가오는 하나님 나

Press, 2005), 54−56.

76) 백성들의 회개를 요청하는 그의 메시지, 종교지도자들의 잘못에 대한 규탄, 가난한 자들에 대한 관심, 정치적 권력자를 향하여 던진 비판 등은 옛 예언자들의 모습을 강하게 상기시킨다.

라를 맞이하기 위한 근본적인 삶의 방향 전환이다.[77] 그것은 단순히 감정의 차원에서 자신의 잘못을 느끼는 것을 의미하는 것이 결코 아니다. 요한은 회개에 합당한 열매를 요구한다(마 3:8). 회개에 합당한 열매는 사회정의의 실현까지도 포함한다. 특히 누가복음의 저자는 부자, 세리, 병정들에 대하여 회개에 합당한 윤리적 의무를 요구하는 요한의 예언자적 설교를 강조한다. 요한의 설교에 의하면 상대적으로 부유한 사람들은 그들의 옷과 음식을 가난한 자들과 나누어야 한다(눅 3:10-11). 그리고 세리들은 부과된 것 이외에는 거두지 말아야 하고, 군병들은 강탈과 거짓고발을 중지하고 받는 급료에 만족해야 한다(눅 3:12-14). 구약의 예언자들처럼 요한도 압제자들에게 회개의 열매로서 가난한 자들에 대한 억압을 중지할 것을 요구한다.

요한은 사실 참으로 어려운 것을 요구하고 있다. 자신의 재물을 나누며 사는 삶, 그것의 실천이 얼마나 어려운가! 요한이 말하는 나누는 삶이란 "옷 두 벌 있는 자는 옷 없는 자에게 나눠 주고", "먹을 것이 있는 자도 그렇게 하는" 것이다. 그것은 자신의 삶의 안전을 보장하고 남는 것을 이웃과 나누는 것이 결코 아니다. 세리나 군인들에 대한 요한의 요구도 수용하기에 참으로 어려운 것이다. 그것은 당시 세리나 군인들에게 있어서 일반화된 관례의 틀을 벗어나야 하기 때문이다. 세리들이 요한의 요구를 수용하려면 당시 관습화된 징수제도의 근간을 뒤엎어야 하며, 군병들이 요한의 요구에 부응하려면 때로는

---

77) Edgar Krentz, "None Greater among Those Born from Women: John the Baptist in the Gospel of Matthew", *Currents in Theology and Mission* 10 (1983): 335.

민중을 거스르는 상급자의 명령에 불복종해야 하기도 하였다.[78]

여기서 요한은 우리에게 회개에 대한 진정한 패러다임을 보여 준다. 회개는 단순히 잘못에 대한 인식이나 뉘우침의 감정이 아니라, 개인적인 삶과 사회적인 삶의 근본적인 변화를 수반하는 것이다. 요한은 세례가 하나님께 용납될 수 있기 위해서 이러한 삶의 변화를 필수적인 것으로 보았다고 요세푸스는 말한다(*Ant.* 18.5.2). 오늘날의 그리스도인들에게 회개는 너무나 감정적인 차원에 치우쳐 있지 않는가? 또한 요한은 맹신적 선민의식을 꾸짖으며 회개의 열매를 맺지 못하는 자는 진정한 아브라함의 자손이 될 수 없다고 단언한다. 오늘날 우리 그리스도인들은 하나님의 자녀라는 자부심을 가지고 있지만, 회개에 합당한 열매가 부족하지 않는가? '믿음'과 '행위'를 이분법적으로 구분하면서 구원은 오직 믿음으로만 이루어지기 때문에 행위는 구원과 전혀 상관없다는 생각이 이러한 결과를 초래하고 있는 것은 아닌가? 성경에 나오는 회개 운동은 항상 삶의 변화를 요구했다는 사실을 우리는 기억해야 한다.

주인공이 되기를 거부한 자

허공에 메아리치며 사라질 것으로 보였던 요한의 메시지에 "온 유대 지방과 예루살렘 사람"이 반응을 보였으며(막 1:5), 심지어 사람들은 요한이 그리스도일지도 모른다고 생각하였다(눅 1:15). 모든 상황은 요한이 주인공이 될 수 있는 상황으로 전개되어 가고 있다. 이제 요한은 자신이 그리스도라고 하여도 백성은 그를 믿을 것이다.

---

78) P. W. Hollenbach, "John the Baptist", in *The Anchor Bible Dictionary,* vol. 3: 896-97.

아니, 그가 침묵을 지키기만 하고 있어도 사람들은 그를 그리스도로 옹립할지도 모른다.

그러나 그는 스스로 자신이 그리스도가 아니라고 분명히 말한다. 나아가 그는 엘리야도 아니며 '그 선지자'도 아니라고 말한다(요 1:19-21). 그는 오직 예수 그리스도를 증언하는 자로 자신을 소개하며, 자신은 그리스도의 신발 끈을 풀 만한 자격도 없다고 말한다(요 1:22-28). 그는 철저히 주인공 되기를 거부하였다. 그리고 예수라는 사람이 나타났을 때, 요한은 사람들의 시선이 예수에게 집중되도록 최선을 다한다(요 1:29-34). 심지어 자기를 따르는 제자들의 시선마저도 예수에게 돌리기 위해 노력한다(요 1:35-37). 사실 요한의 증언으로 인해 그의 제자였던 안드레는 예수의 제자가 되었다(요 1:35-42). 이제 요한의 제자들은 예수가 요한으로부터 사람들을 빼앗아간다고 불평하기 시작한다(요 3:23-26). 이때 요한의 입에서 가히 상상하기 어려운 말이 나온다.

그는 흥하여야 하겠고, 나는 쇠하여야 하리라(요 3:30).

그는 결코 앞으로의 예상('흥할 것이다', '쇠할 것이다')을 말하는 것이 아니다. 그는 하나님의 뜻에 따른 필연('흥하여야 한다', '쇠하여야 한다')을 강조하고 있다.

이러한 요한의 태도는 당시의 배경에서 볼 때 사실 놀라운 것이다. 1세기 지중해 연안의 사람들은 돈, 토지, 명예, 권력 등 인간이 가지고 싶어 하는 것들은 한정되어 있어서 한 사람이 많이 소유하면 다른 사람은 적게 소유할 수밖에 없다고 생각하였다. 세상은 제로섬

게임(zero-sum game: 쌍방의 득실이 0이 되는 게임)의 장으로, 어떤 이가 원하는 것들을 얻으면 다른 사람은 필연적으로 잃게 되고, 어떤 이가 흥하면 다른 사람은 필연적으로 쇠하게 된다고 생각하였다. 따라서 요한의 제자들이 예수의 흥함은 곧 요한과 그를 따르는 자신들의 쇠함을 초래할 것이라고 생각한 것은 당연한 것이라 할 수 있다.[79] 그런데도 요한은 예수의 흥함에 만족하고 기뻐하고 있다.

왜 요한은 자신의 제자들과 전혀 다른 각도에서 예수의 흥함을 보는 것일까? 그것은 요한이 예수와 자신이 제로섬게임을 하는 경쟁관계에 있는 것이 아니라는 점을 분명히 인식했기 때문이다. 예수의 신분과 명성은 하나님으로부터 온 것으로(참조, 요 3:27), 요한 자신의 본질적인 사역은 모든 사람 앞에서 예수의 신분과 영예의 우위를 포고하고 예수의 흥함을 보는 것이다(요 3:28; 참조, 1:19-23).[80] 따라서 예수의 성공은 그를 포고하고 증언하는 자로서의 요한 자신의 성공을 의미한다.[81] 이것이 요한이 기쁨으로 충만한 이유이다. 이러한 요한의 시각을 갖는 것은 어느 시대, 어떤 사람에게도 결코 쉽지 않은 일이다. 그의 관점은 그리스도교회의 설교자나 선교자의 삶에 큰 교훈을 준다. 모든 사역자들은 자신의 사역을 통해 오직 그리스도만을 높이고 오직 그리스도만이 영광을 받을 수 있기를 기원하는 마음을 가져야 한다.

교회력에 의하면 세례 요한의 출생기념일은 하지가 막 지난 때이

---

79) 참조, Jerome H. Neyrey and Richard L. Rohrbaugh, "'He Must Increase, I Must Decrease' (John 3:30): A Cultural and Social Interpretation", *Catholic Biblical Quarterly* 63 (Jul. 2001): 465.
80) Ibid., 466-467.
81) Ibid., 482.

며(6월 24일), 예수의 탄생기념일인 성탄절은 동지가 막 지난 때이다 (12월 25일). 낮이 점점 짧아지고 밤이 점점 길어지는 시기에 세례 요한의 출생기념일이 있으며, 그 반대의 시점에 예수의 탄생기념일 이 있다. 이것은 "그는 흥하여야 하겠고 나는 쇠하여야 하리라."라는 요한의 말에 비춰 볼 때 의미심장하다.[82]

오직 한 길: 선구자로서의 길

주인공이 되기를 거부하고 조연의 역할을 고집했던 요한은 그의 사역을 통하여 예수를 드러내기 위해 최선을 다한다. '세례 요한'이 라는 말이 보여 주듯 요한이 행한 사역의 중심은 세례에 있다. 그런 데 요한은 이 세례사역이 선구자로서의 사역임을 분명히 한다. 그는 자신이 주는 세례에 이어 자신보다 훨씬 더 위대한 이가 주는 세례 가 뒤따를 것이라고 말한다(참조, 눅 3:16b-17, 마 3:11-12, 막 1:7 -8). 다시 말하면 그의 세례는 이 두 번째 세례에 대한 예비적 성 격을 가진다는 것이다. 요한은 자신의 세례는 물로 베풀지만 오실 이는 "성령과 불"로써 세례를 베푸실 것이라고 말한다. 여기서 "성 령과 불"은 정화를 의미하는 것으로(참조, 말 3:1-3, 1QS 4:20, 21, 겔 36:25-26),[83] 성령과 불로써 주는 세례는 모든 악에서 근본적으 로 깨끗하게 해 줄 세례를 가리키는 것으로 보인다.

---

82) Daniel J. Harrington, "Decrease and Increase", *America* 196-21(2007), 38-39.
83) 불은 심판이 가져올 파멸에 대한 전통적인 상징이다[말 3:18-19(개역 성경 3:18-4:1), 1QH 3:20]. 그러나 파멸이 불의 유일한 상징은 아니며 또 요한의 설교에 나오는 의미로 보기는 어렵다. P. W. Hollenbach, "John the Baptist", 896.

선구자로서의 요한의 사역은 그가 예수께 세례를 베풂으로써 절정에 이른다. 예수께서는 요한으로부터 세례를 받으심으로써 메시아로서의 공적 사역이 시작되었음을 공표하신다. 이스라엘의 왕이 기름부음을 받음으로 왕이 되듯, 요한으로부터 세례를 받음으로 예수께서는 메시아로서의 사역을 시작하신다. 예수의 세례 받음이 메시아로서의 사역의 시작에 대한 공적 선포의 의미가 있다는 것은 예수께서 세례를 받을 시 성령이 내려와 예수 위에 임한 데에서도 잘 나타난다. 당시 많은 사람들은 메시아가 성령으로 기름부음을 받음으로 활동을 시작할 것이라 생각하였다(사 61:1). 또한 세례 받을 시 하늘로부터 들려온 "너는 내 사랑하는 아들이라 내가 너를 기뻐하노라."(막 1:11; 참조, 마 3:17, 눅 3:22)라는 음성도 예수의 수세가 메시아로서의 즉위의 의미가 있음을 보여 준다. 이 음성에서 "너는 내 사랑하는 아들이라"라는 부분은 왕의 즉위를 내용으로 하는 시편 2편에 나오는 구절(7절)이다.

선구자로서의 세례 요한은 어떤 의미에서 구약의 사무엘과 많은 점에서 공통점을 지닌다. 사무엘이 과도기적인 시기의 인물로 기름을 부어 왕을 세운 것처럼, 요한도 과도기적 인물로 예수께 기름을 부어 메시아로서 활동을 시작하게 한다. 사실 누가복음 1-2장에 나오는 요한에 대한 묘사는 독자들에게 구약의 사무엘을 강하게 상기시킨다. 요한은 사무엘처럼 제사장의 가문에서 출생하였으며, 그 모친 엘리사벳은 사무엘의 모친 한나처럼 아기를 갖지 못하는 상태에서 하나님의 은혜로 아들을 갖게 되었다.[84]

---

84) 참조, 김득중, 『복음서 신학』(서울: 컨콜디아사, 1985), 173.

복음서 저자들은 요한과 예수가 그들의 삶과 교훈에 있어서 많은 공통점을 가지고 있음을 강조하고 있다. 이것은 그들이 요한을 예수의 선구자로 묘사하려는 의도에서 나온 것으로 보인다. 예수께서 선포한 "회개하라. 천국이 가까이 왔느니라."는 핵심 메시지(마 4:17)는 요한의 메시지(마 3:2)와 동일하다.85) 요한이 유대의 종교지도자들을 책망하며(마 3:7) "독사의 자식들"이라고 칭하는 것같이(마 3:7), 예수께서도 종교 지도자들을 강하게 책망하시며(마 5:20, 7:29, 9:11, 34 등), 그들을 "독사의 자식들"이라고 말씀하신다(마 12:34; 참조, 23:33). 요한과 예수는 모두 '열매'의 중요성을 강조하며(마 3:8, 마 7:15-23), 참된 아브라함의 자손은 혈통에 있는 것이 아님을 강조한다(마 3:9, 마 8:11-12).86) 예수의 공적 사역 중, 사람들이 예수를 보고 세례 요한이라고 생각했던 것이나(마 16:14), 헤롯이 예수를 세례 요한이 죽은 자 가운데서 살아난 자로 생각했던 것은(마 14:2) 결코 우연이 아니다.

죽음도 두려워하지 않은 요한, 그러나……

요한은 죄 때문이 아니라 의로 인하여 죽음을 당하게 된다는 점에서도 예수와 공통점을 가진다. 의를 외치며 불의와 타협할 줄 모르는 요한에 대하여 악한 세상은 그가 하는 대로 내버려 두지 않았

---

85) "회개하라 천국이 가까이 왔느니라."라는 요한과 예수의 메시지는 동일해 보이지만, 요한은 예수에 의해 도래할 종말론적 하나님 나라를 선포하고 있는 반면 예수께서는 자신이 바로 그 하나님 나라를 가지고 오는 자로서 선포하고 계신다.

86) '열매'의 중요성과 참된 아브라함의 자손은 혈통에 근거하는 것이 아니라는 교훈에 대해서는 마 12:32, 33, 21:18-22, 21:28-22:14(특히 21:43, 45)도 참조.

다. 요한의 사역은 당시의 정치지도자나 종교지도자들에게 매우 위험한 것으로 보였다. 특히 헤롯은 사회정의에 대한 요한의 메시지와 그의 대중적 인기는 혁명으로 연결될 가능성이 있다고 생각하였다. 따라서 헤롯은 요한을 체포하고 그의 행위로 인해 봉기가 일어나기 전에 그를 처치하는 것이 낫다고 생각하였다(*Ant.* 18.5.2).

요한은 이러한 헤롯을 조금도 두려워하지 않고 그를 향해 예언자적 비판을 쏟아 낸다. 그는 헤롯이 그 동생의 아내 헤로디아를 취한 것과 그가 행한 "모든 악한 일"로 헤롯을 책망한다(눅 3:19-20). 복음서 저자들은 이러한 비판, 특히 헤롯이 동생의 부인인 헤로디아와 결혼한 것에 대한 비판 때문에 요한은 체포되고 옥에 감금되었으며(막 6:17-18, 마 14:1-3, 눅 3:19-20), 헤로디아의 미움을 사 결국 죽임을 당했다고 설명하고 있다(막 6:19-28, 마 14:5-11).[87] 사실 헤롯의 결혼은 단순한 헤롯 개인의 도덕성에 대한 문제에 국한된 것이 아니었다. 그 결혼은 도덕적 문제였을 뿐만 아니라 모세의 율법(레위기 20:21)에 역행한 법적 문제였으며, 나아가 장인이었던 아레타스와의 전쟁으로 인해[88] 나라의 불안정한 상황을 유발한 정치적 문제였다.[89] 따라서 요한이 헤롯의 잘못된 결혼을 비판한 것은 헤롯을 크게 자극할 것임이 자명하였다. 그러나 그는 결코 의를 위한 고난과 죽음을 두려워하지 아니하였다.

---

87) 마가복음에 의하면 헤롯 자신은 요한을 의롭고 거룩한 자로 보았기 때문에 요한을 죽이는 것을 원하지 않았다(막 6:20).

88) 페트라 왕 아레타스가 복수하기 위해 헤롯과 전쟁을 일으켰으며, 이 전쟁에서 헤롯은 아레타스에게 패배하였다. 일부 유대인들은 그 패배를 헤롯이 세례 요한을 처형한 데 대한 하나님의 징벌로 간주하였다.

89) 특히 당시 상황에서 정치적인 것과 종교적인 것은 완전히 분리될 수 없었다. P. W. Hollenbach, "John the Baptist", 894.

요한은 결국 체포되어 옥에 갇히게 되었다. 옥에 갇혀 있을 때에도 그는 하나님 나라의 임박한 도래가 실현되어 의의 심판이 속히 이루어지기를 간절히 기다렸다. 요한은 투옥되어 있는 동안 제자들을 예수께 보내 예수가 참으로 그리스도인지 질문하였다(마 11:2-6, 눅 7:18-23). 예수를 그리스도로 증언했던 요한이 왜 이러한 질문을 하게 되었을까? 이 질문에 대한 정확한 이유에 대해서 성경은 명시적으로 말하고 있지 않지만 예기치 않은 예수의 행동과 메시지로 인하여 그는 당황한 것으로 보인다(참조, 마 11:5-6). 왜냐하면 예수의 모습은 요한 자신이 기대하던 '오실 자'의 모습 — 의인을 일으키고 악인을 멸망시키는 자로서의 모습(마 3:11-12) — 과는 상당한 거리가 있었기 때문이다. 요한은 죄인들에게 은혜를 베푸시며 그들의 구원을 위해 자신의 목숨까지도 버리시는 예수의 삶의 본질을 깨닫지 못하고 있었다.

세례 요한은 옛 시대를 마감하고 새로운 시대를 여는 전환점에 위치한 옛 시대의 마지막 예언자였으며, 오는 시대를 위한 선구자로 자신을 내던진 사람이다. 그럼에도 그의 시각은 새로운 시대의 지평에 완전히 도달하지는 못했다. 요한은 "선지자보다 더 나은 자"였으며(마 11:9), "여자가 낳은 자 중에 가장 큰 자"(마 11:11)이지만 새 시대에 속한 자가 아니라 이스라엘 시대에 속하는 자였다(눅 16:16; 참조, 마 11:13). 예수께서는 자신의 사역으로 시작된 새로운 시대의 위대성을 말씀하시며, 이 새로운 시대를 사는 그리스도인들에게 복을 선언하신다. "천국에서는 극히 작은 자라도 그[요한]보다 크니라"(마 11:11; 참조, 눅 7:28).[90] 새로운 시대에 속하여 예수를 그리스도로 믿고 따르는

---

90) 이 비교에서 초점은 개인 사이의 비교에 있는 것이 아니라 시대 사이의 비교에 있다. D. A. Hagner, *Matthew* 1-13, Word Biblical Commentary

우리 그리스도인들은 이러한 놀라운 은혜에 대하여 진정으로 감사해야 하지 않을까?

❖ 참고문헌

김득중. 『복음서 신학』. 서울: 컨콜디아사, 1985.

Hagner, D. A. *Matthew 1 −13*. Word Biblical Commentary. Dallas: Word Books, 1993.

Harrington, Daniel J. "Decrease and Increase". *America* 196 − 21(2007), 38 − 39.

Hollenbach, P. W. "John the Baptist". In *The Anchor Bible Dictionary*, vol. 3, 887 − 889.

Krentz, Edgar. "None Greater among Those Born from Women: John the Baptist in the Gospel of Matthew". *Currents in Theology and Mission* 10 (1983): 335.

Neyrey, Jerome H. and Richard L. Rohrbaugh. "'He Must Increase, I Must Decrease' (John 3:30): A Cultural and Social Interpretation". *Catholic Biblical Quarterly* 63 (Jul. 2001): 464 − 83.

Wink, W. *John the Baptist in the Gospel Tradition.* Cambridge: University Press, 1968.

(Dallas: Word Books, 1993), 306.

예수를 만난 삭개오

본문: 누가복음 19:1 - 10

아니, 삭개오가 천국에?

> 너희 가난한 자는 복이 있나니 하나님의 나라가 너희 것임이요(눅 6:20)
> 화 있을진저 너희 부요한 자여 너희는 너희의 위로를 이미 받았도
> 다(눅 6:24)

누가복음은 예수의 이 말씀대로 부자가 하나님의 나라에 들어가는
데 실패한 예를 계속적으로 보여 준다(예, 눅 12:13 - 21, 16:19 - 31,
18:18 - 23). 이러한 예들을 보면서 누가복음의 독자들은 부자가 천국
에 들어가는 것이 참으로 어렵다는 것을 실감하게 된다. 그러나 그
러한 실감이 끝이 아니다. 이제 누가복음의 독자들은 보다 충격적인
말씀을 듣게 된다.

> 재물이 있는 자는 하나님의 나라에 들어가기가 얼마나 어려운지 낙
> 타가 바늘귀로 들어가는 것이 부자가 하나님의 나라에 들어가는 것보

다 쉬우니라(눅 18:24 – 25).

그렇다면 부자가 천국에 들어가는 것은 어려운 정도가 아니라 불가능하다는 말인가? 낙타가 바늘귀로 들어가는 것이 어찌 가능하겠는가? 그러나 누가복음 18장에 나오는 이 말씀으로 받은 충격이 채 사라지기도 전에 19장에서는 놀라운 사건이 펼쳐진다. 그것은 삭개오라는 부자가 하나님 나라의 백성이 된 것이다. 그는 누가복음에서 구원을 받은 부자로는 유일한 인물이다.[91]

부자 삭개오는 '세리장'이었다(2절). 이 말은 삭개오가 남의 재물을 착취하여 부자가 되었다는 것을 암시한다. 당시 세리들은 정해진 것보다 더 많이 세를 징수함으로써 부를 축적할 수 있었다. 특별히 세리장은 일종의 지방 세금 감독관으로서, 로마 정부나 지방 정부의 관리로부터 지역의 세금 징수권을 사들여, 돈을 받고 많은 세리들을 고용하여 특정한 세를 징수하는 권한을 부여하는 사람이었다.[92] 당시 세리들에 대한 유대인의 반감이나 적대감은 대단히 높았다. 세리들은 부정한 방법으로, 특히 약하고 가난한 자들의 재산까지도 강탈하여 자신들의 부를 축적하였을 뿐만 아니라, 이방인과의 접촉이나 때로는 강도와의 접촉으로 인해 부정해지기 쉬운 사람들이었다. 또

---

91) J. O'Hanlon, "The Story of Zacchaeus and the Lukan Ethic", *Journal for the Study of the New Testament* 12 (1981): 19.

92) 여기서 '세리장'으로 번역된 헬라어(ἀρχιτελώνης)는 현존하는 희랍문헌에 나오지 않기 때문에 그 정확한 의미를 파악하기가 쉽지 않다. 대부분의 한글성경이나 영어성경에서 '세리장'(개역, 개역개정, 표준새번역)이나 'chief tax collector'(NIV, NRSV, NKJ 등)로 번역하고 있지만 유통되는 물품에 대한 통관세를 징수하는 사람들의 우두머리(chief toll collector)였을 가능성도 있다.

한 그들은 유대민족을 지배하고 있는 로마정부를 위해 봉사하는 민족의 배신자들로 간주되기도 하였다.

이렇게 사람들에게 비난을 받으며 살아갔던 삭개오는 하필 키가 작았으며, 그의 작은 키는 그를 비난하는 사람들에게 또 하나의 비난의 근거를 제공해 주었다. 고대세계에서는 흔히 신체적인 특징이 인간 내면의 특성과 결부된 것으로 생각되었다. 사람들은 키가 작은 것을 일반적으로 비열하고 인색한 성격에 대한 외적인 표시로 간주하였다.[93] 아마 사람들은 삭개오의 많은 재산이 동포를 속여 돈을 빼앗은 죄에 대한 증거라면, 그의 작은 키는 그가 처음부터 죄인으로 태어난 증거라고 생각했을 것이다.[94]

그러나 예수께서는 이러한 삭개오를 향해 "오늘 구원이 이 집에 이르렀으니 이 사람도 아브라함의 자손임이로다."라는 놀라운 선언을 하신다. 세리, 그것도 단순한 하급 세리가 아닌 세리장이었던 부자 삭개오, 도대체 그에게 무슨 일이 일어났던 것인가?

오직 예수를 보기 위한 열망으로

예수라는 분이 자기가 사는 여리고를 지나간다는 소문을 들은 삭개오는 어떻게 해서라도 반드시 그를 보고 싶었다. 그러나 삭개오는 자신의 작은 키로 인하여 발꿈치를 들어도 사람들로 에워싸인 예수를 잘 보지 못할 것임을 잘 알고 있었다. 그는 자신이 사람들의 미움을 받고 있기에 누구도 자기에게 예수를 볼 수 있도록 자리를 양보해 주지 않

---

93) Mikeal C. Parsons, "'Short in Stature': Luke's Physical Description of Zacchaeus", *New Testament Studies* 47 (2001): 51−54.
94) 참조, Ibid., 55.

을 것이란 것도 잘 알고 있었다. 또한 삭개오란 이름은 '깨끗하고 순진한 사람'을 의미하지만[95] 그에 대한 평판은 그의 이름의 의미와는 정반대라는 사실을 그는 알고 있었다. 그래서 그는 예수를 보기 위한 유일한 방법으로 예수께서 지나가실 것으로 예상되는 곳으로 앞질러 달려가서 길가에 있는 나무 위로 올라가, 예수께서 그 나무 아래로 지나가시기를 기다린다. 그는 어린아이가 아니며, 사람들에게 알려지지 않은 사람도 아니다. 그러한 그가 달려가고, 나무 위로 올라가며, 나무 위에서 예수를 기다리고 있다. 이러한 삭개오의 행동은 독자들에게 다소 희극적인 느낌을 자아내게 할지도 모른다. 그러나 삭개오 자신에게 이것은 결코 희극적인 일이 아니었다. 그의 행동은 필사적인 것이었다.

무엇이 삭개오로 하여금 예수를 보기 위하여 필사적인 노력을 기울이도록 하였을까? 삭개오 이야기 자체에는(눅 19:1 - 10) 그것에 대한 구체적인 설명이 없다. 어떤 학자들은 삭개오가 예수를 보기 원했던 것은 호기심의 발로였을 것이라고 추측한다.[96] 물론 삭개오에게 호기심이 있었을 것임은 분명하다. 그러나 그의 행동은 결코 호기심만으로 설명될 수 없다. 자신을 심히 증오하는 군중들 앞에 나아가고, 세리장의 지위에 있으면서도 예수를 보기 위하여 달음박질하며 나무 위로 올라가는 삭개오의 행동이 어떻게 단순한 호기심에

---

95) 삭개오는 히브리어 '자카이(זכי, 느 7:14, 스 2:9)'라는 이름의 헬라화한 형태이다. '자카이'는 '깨끗한,' '순진한'의 의미로 종종 '의로운'이란 의미를 가진 '차디크(צדיק)'와 병행하여 사용된다. 참조, Robert F. O'Toole, "Zacchaeus", in *The Anchor Bible Dictionary*, vol. 6: 1032.

96) I. Howard Marshall, *The Gospel of Luke: A Commentary on the Greek Text*, vol. 2, 『누가복음』, 제2권, 제3판, 국제성서주석(서울: 한국신학연구소, 1991), 441.

서 나온 것일 수 있겠는가? 삭개오의 행동은 예수의 정체에 대한 깊은 관심에 기인한 것으로 보인다. 그는 예수에 대한 소문을 들었을 것임이 분명하며, 예수께서 사람들로부터 소외된 자들, 특히 자기와 같은 세리들에게도 친구와 같이 대하신다는 말도 들었을 것이다. 누가복음 저자는 세리와 함께 어울린다는 예수에 대한 세간의 평판을 이미 몇 차례 언급하였다(참조, 눅 5:30, 7:34, 15:1).

삭개오가 예수의 정체에 깊은 관심을 가진 것은 어쩌면 그의 마음에 큰 고뇌가 있었기 때문인지 모른다. 그는 부(wealth)를 소유했지만 건강(health)을 소유하지는 못하였으며, 안전하기는(safe) 했지만 구원을 받지는(saved) 못했기 때문이다['건강'(health)과 '구원'(salvation)은 헬라어에서 동일한 단어(σωτηρία)임].[97] 다시 말하면 삭개오는 그가 원했던 부를 축적할 수는 있었지만 부를 통하여 채울 수 없는 어떤 것이 있다는 것을 인식하였다.

자기 부족에 대한 인식, 바로 이것이 구원을 향해 내딛는 첫걸음이다. 낙타가 바늘귀로 들어가는 것보다 더 어려운 일, 다시 말하면 인간의 힘으로는 불가능한 일, 이 일이 가능케 되는 첫걸음은 자기 부족을 절실히 인식하고 이것 때문에 깊이 고뇌하는 것이다. 물론 이러한 인식과 고뇌는 하나님의 은혜로부터 비롯된다.

예수 보기를 열망하는 자, 예수에게 보이다

삭개오는 예수를 보고자 하는 열망을 이루기 위하여 최선의 노력을 기울였다. 그렇게 노력하여 나무 위에 올라가 있는 삭개오의 모습

---

97) Vitor Westhelle, "Exposing Zacchaeus", *The Christian Century* 123 (Oct. 2006): 28.

이 예수의 시야에 들어오지 않을 수 없었다. 예수께서는 삭개오를 보시고 그의 이름을 부르신다. "삭개오야!"[98] 그리고 말씀하신다. "속히 내려오라. 내가 오늘 네 집에 유하여야 하겠다." 군중에 에워싸인 예수를 보기조차 어려워 예수를 보기 위해 많은 노력을 해야 했던 삭개오가 예수께서 자기의 이름을 불렀을 때, 그리고 예수를 직접 자기 집으로 영접할 수 있게 되었을 때, 얼마나 기뻐하였겠는가?

예수께서는 삭개오가 무엇을 생각하고 있으며, 그에게 무엇이 필요한지를 잘 알고 계셨다. 누가복음 저자는 이미 예수를 사람들이 마음에 품고 있는 것까지도 아시는 분으로 묘사하였다(눅 7:36-50). 예수께서는 삭개오에게 구원이 필요하다는 것을 아시고 그의 구원을 위해 행동하신다. 초대를 받지 않았음에도 먼저 삭개오의 집에 유하겠다고 하신 말씀은 삭개오의 구원에 대한 예수의 깊은 관심을 잘 보여 준다. 삭개오 같은 사람의 집에 머문다는 것은 그의 죄를 나누는 것을 의미하였기 때문에,[99] 랍비나 다른 종교지도자가 그의 집에 들어가 체류한다는 것은 그들 자신의 품격을 떨어뜨리는 일이었고, 그것은 당시 사람들로서는 상상하기 어려운 일이었다. 특히 정한 것과 부정한 것을 명확히 하고 정을 중시하던 당시의 유대 사회에서 부정한 세리의 집에 들어가는 것은 파격적인 일이었다. 부정한 사람과 접촉하면 접촉한 사람도 부정해진다고 믿었기 때문이다. 그래서 사람들은 수군거리며 예수에 대해 "저가 죄인의 집에 유하러 들어갔

---

98) 예수께서 어떤 과정을 통해 이미 삭개오의 이름을 알고 계셨을 가능성이 없지 않지만 그보다는 예수의 초자연적인 지식에 기인한 것으로 보는 것이 더 자연스럽다.

99) I. Howard Marshall, 『누가복음』, 제2권, 443.

도다."라고 말한다. 사람들은 예수가 삭개오와 함께 거함으로써 당연히 부정해질 것이라고 생각한다. 그들은 예수께서 삭개오의 집에 들어가심으로써 예수께서 부정해지시는 것이 아니라 부정한 삭개오가 정결하게 되는 놀라운 일이 일어날 것임을 결코 깨닫지 못했다.

그런데 예수의 파격적인 모습은 그것으로 끝나지 않았다. 세리장의 집에 들어간 예수께서는 더욱 놀라운 말씀을 하신다. 예수께서는 삭개오의 집에 '구원'이 이르렀음을 선포하시고 삭개오를 '아브라함의 자손'이라고 확언하시며, 자신의 사역은 '잃어버린 자'를 찾아 구원하는 데 그 목적이 있다고 말씀하신다. 무리들이 이 말을 들었다면 얼마나 놀랐을까? 도대체 죄인 삭개오가 구원을 받는다면 구원을 받지 못할 사람이 누가 있겠는가? 예수는 삭개오가 어떤 사람인지 알고나 있는 것일까? 삭개오가 아브라함의 자손이라면, 더 이상 누가 아브라함의 자손이라고 자랑할 수 있을까?

세리장 삭개오는 사람들의 눈에 분명히 '죄인'으로 보였다. 그러나 삭개오는 예수의 눈에 '잃어버린 자'로 보였다. 그의 이웃들은 그의 죄 많은 과거가 간과되는 것을 원하지 않았다.[100] 그러나 예수께서는 그의 과거를 묻지 않고 은혜를 선포하신다. 특히 '찾다(ζητέω)'라는 단어는 때때로 잃어버린 양을 찾는 모습을 그리는 데 사용된 단어로(마 18:12, 겔 34:16), 잃은 양을 '찾아' 구원하기 위해 왔다는 예수의 말씀은 독자들로 하여금 목자로서의 예수의 모습을 그리게 한다.[101] 예수께서는 목자의 모습으로 삭개오에게 다가오신 것이다.

---

100) Robert B Slocum, "Zacchaean Effects and Ethics of the Spirit", *Anglican Theological Review* 83 (Summer 2001): 586.
101) I. Howard Marshall, 『누가복음』, 제2권, 445.

이러한 삭개오에 대한 예수의 태도는 누가의 신학과도 잘 조화된다. 누가는 소외된 자들에 대해 큰 관심을 가지고 있었으며, 예수를 소외된 자들을 찾으시는 이로 그리고 그들에게 은혜를 베푸시는 이로 묘사하고 있다. 삭개오가 예수를 보기 위해 노력한 것 이상으로 예수께서는 삭개오를 '찾고' 계셨다. 삭개오가 구원을 받기를 원하는 것 이상으로 예수께서는 삭개오가 구원을 받기를 원하고 계셨다. 예수께서는 삭개오가 기대했던 것보다 훨씬 큰 은혜를 그에게 베푸셨다. 부자가 천국에 들어가는 것은 낙타가 바늘귀로 들어가는 것 이상으로 어려운 일이지만, "무릇 사람이 할 수 없는 것을 하나님은 하실 수 있느니라." (눅 18:;27)라고 말씀하신 예수께서는 그 실례를 친히 보여 주셨다.

예수와의 만남, 변화의 시작

삭개오 이야기에서 놀라운 것은 삭개오에 대한 예수의 말씀뿐만 아니다. 예수를 만난 삭개오가 예수께 하는 말도 놀랍다. 삭개오는 소유의 절반을 가난한 자들에게 주겠으며 다른 사람의 것을 속여 빼앗은 적이 있으면 네 곱절로 갚겠다고 말한다(8절). 비합법적으로 취득한 금전에 대한 정상적인 보상은 그 금액의 5분의 1을 더해 주는 것이었지만(레 5:16, 6:1-5, 민 5:5-7), 삭개오는 그 금액에 세 배를 더해 갚겠다는 것이다.[102] 자신의 소유의 절반을 가난한 자들에게 준다면 남는 재산은 현재 소유의 절반이 될 것이다. 그 절반을 가지고 속여 빼앗은 금액의 네 곱절로 배상을 해야 한다. 우리는 삭

---

102) 소나 양을 훔친 경우에는 소의 경우에 네 배를 더해 갚고 양의 경우 세 배를 더해 갚으라는 규정이 있었다(출 22:1; 참조, 삼하 12:6).

개오가 얼마나 많은 재산을 비합법적으로 취득했는지 알 수 없지만, 당시의 관습으로 볼 때 삭개오의 재산 중 상당 부분은 비합법적으로 취득했던 것일 가능성이 높다. 그렇다면 삭개오가 그의 말대로 준행하기 위해서는 그의 부를 포기해야만 했을 것이다.[103] 아니, 어쩌면 자신의 재산을 모두 사용하더라도 속여 빼앗은 재산에 대해 네 곱절로 배상을 할 수 없었을지도 모른다. 예수께서 삭개오의 집에 구원이 이르렀다고 선언하신 것은 이러한 삭개오의 말을 들으신 직후였다. 그렇다면 결국 삭개오가 구원을 받은 것은 부자로서가 아니라 가난한 자로서라고 볼 수 있지 않을까?

사람들은 가난한 사람을 도와주거나 자신의 재산을 나눠 줄 때에 자신의 삶과 부의 안전이 보장되는 범위 내에서 하는 것이 일반적이다. 그런데도 삭개오는 사람들에게 손가락질을 받아 가면서 애써 축적한 부의 대부분 또는 전부를 기꺼이 사람들에게 나눠 주거나 배상을 하는 데 사용하려 한다. 또한 세리들이 자신의 이전 생활로부터 돌아선다는 것은 단순히 개인적인 삶의 영역에 국한되는 것이 아니었기 때문에 참으로 어려운 것이었다. 당시 세리의 부당한 세수는 사회에서 하나의 관습이 되어 있었기 때문에, 삭개오의 결단은 그러한 관습에 대한 도전을 의미하는 것이었다. 그럼에도 삭개오가 이러한 결단을 할 수 있었던 것은 예수를 만남으로 인하여 그의 관점이 변화되었기 때문이다. 예수의 방문은 삭개오로 하여금 결핍(scarcity)의 관점이 아닌 풍부(abundance)의 관점을 갖도록 하였다.[104] 아무리 재물을 거두어들여도 여전히 부족함을 느꼈던 삭개오는 이제 나누는

---

103) 참조, J. O'Hanlon, "The Story of Zacchaeus", 19.
104) Robert B Slocum, "Zacchaean Effects", 585.

삶으로 전환하였지만 부족을 느끼는 것이 아니라 오히려 풍성함을 느끼게 된 것이다. 또한 삭개오는 자신을 중심으로 모든 것을 보았던 시각을 이제 이웃 중심으로 보게 되었다. 자기중심으로 보았을 때에는 이웃을 희생시켜서라도 자신이 살아야 한다고 생각했지만, 이웃 중심으로 보게 되었을 때 과거에 행했던 자신의 행위가 이웃을 죽이는 행위였을 뿐만 아니라 자기 스스로를 죽이는 삶이었음을 깨닫게 되었다.

예수를 만나고 은혜를 체험한 삭개오! 그가 체험한 은혜는 회개를 요구하였으며, 그 회개는 변화를 통해 표출되었다. 세례 요한은 "회개에 합당한 열매"를 강조한다(눅 3:8). 나아가 세례 요한은 세례를 받기 위해 자신에게 나아온 세리들을 향하여 정한 세 외에는 늑징치 않는 회개의 열매를 요구한다(눅 3:12 – 13). 삭개오는 바로 이러한 열매를 맺었다. 오늘날 그리스도인들에게 절실히 요구되는 것은 바로 이러한 열매이다. 이러한 열매가 없는 삶은 진정한 은혜를 받은 사람의 삶이라 할 수 없다. 본훼퍼가 말한 대로 순종의 열매가 없는 은혜는 값싼 은혜에 지나지 않는다.[105] 은혜는 오직 회개와 함께 오는 것이며 자신을 세상의 상처에 드러낼 때 오는 것이다.[106]

보다 후기의 교회전승에 의하면 삭개오는 가이사랴의 감독(bishop)이 되었다고 한다(Ps – Cleme. *Hom.* 3.63 – 72; *Recons.* 3.66.4). 그리고 알렉산드리아의 클레멘트는 삭개오를 맛디아와 동일시하기도 한다(*Strom.* 4.6.35). 이러한 전승이나 견해는 그 역사적 근거가 약할지

---

105) Dietrich Bonhoeffer, *Nachfolge,* 허혁 역, 『나를 따르라: 제자의 길』(서울: 대한기독교서회, 1981), 25 – 26.
106) Vitor Westhelle, "Exposing Zacchaeus", 27.

라도 삭개오가 예수의 훌륭한 제자로 성장하였을 것이라는 확신에서
출발한 것으로 보인다.

❖ 참고문헌

Bonhoeffer, Dietrich. *Nachfolge.* 허혁 역,『나를 따르라: 제자의 길』. 서
    울: 대한기독교서회, 1981.

O'Hanlon, J. "The Story of Zacchaeus and the Lukan Ethic". *Journal
    for the Study of the New Testament* 12(1981): 2−26.

Marshall, I. Howard. *The Gospel of Luke: A Commentary on the Greek
    Text,* vol. 2.『누가복음』, 제2권, 제3판. 국제성서주석. 서울: 한
    국신학연구소, 1991.

O'Toole, Robert F. "Zacchaeus". In *The Anchor Bible Dictionary,* vol. 6,
    1032−33.

Parsons, Mikeal C. "'Short in Stature': Luke's Physical Description of
    Zacchaeus". *New Testament Studies* 47 (2001): 51−57.

Slocum, Robert B. "Zacchaean Effects and Ethics of the Spirit". *Anglican
    Theological Review* 83 (Summer 2001): 585−600.

Westhelle, Vitor. "Exposing Zacchaeus". *The Christian Century* 123 (Oct.
    2006): 27−31.

Yamasaki, Gary. "Point of View in a Gospel Story: What Difference
    Does It Make? Luke 19:1−10 as a Test Case". *Journal of
    Biblical Literature* 125 (Spring 2006): 89−105.

신앙인의 전형 마르다,
헌신의 모범 마리아

본문: 요한복음 11:1 – 57, 12:1 – 11
참조: 누가복음 10:38 – 42

죽은 자는 말이 없다

흔히 '나사로의 부활'이라 일컫는 이야기(요 11:1 – 44)는 요한복음에서 대단히 중요한 역할을 하고 있다. '표적의 책'이라 불리는 요한복음 전반부(1:19 – 12:50)[107]에는 일곱 개의 표적이 기록되어 있는데, 나사로의 부활 이야기는 마지막 표적으로 나온다. 예수 그리스도 안에 생명이 있다는 메시지를 독자들에게 전하기 위해 자신의 복음서를 엮어 가는 요한복음 저자는 나사로의 부활 이야기를 통해 바로 이 메시지를 매우 강력하고도 인상 깊게 전달한다. 그는 나사로의

---

107) 학자들은 흔히 1:1 – 18을 '서언'으로, 1:19 – 12:50을 '표적의 책'으로, 13:1 – 20:31을 '영광의 책'으로, 21:1 – 25을 '후기'로 나눈다. 참조, Raymond E. Brown, *The Gospel according to John* I – XII, 2nd ed. Anchor Bible (Garden City, New York: Doubleday, 1983), cxxxviii.

부활을 예수께서 '부활'이요 '생명'이 되심에 대한 선포로 묘사한다. 마치 모세의 열 가지 표적 이야기가 마지막 표적에서 그 절정을 이루듯 요한복음의 표적 이야기도 이 마지막 표적에서 절정을 이룬다.[108]

나사로의 부활 이야기는 '표적의 책'의 절정을 이룰 뿐만 아니라 '표적의 책'을 마무리하고 '영광의 책', 즉 예수의 수난을 다루는 13 −20장으로 연결해 주는 고리가 되기도 한다. 예수께서 나사로를 살리신 일이 있은 직후 종교지도자들은 예수를 죽이려고 모의하게 된다(요 11:47−57). 다시 말하면 나사로에게 생명을 준 일로 인해 이제 예수의 생애는 죽음의 국면으로 진입하게 된 것이다. 세상은 죽은 자에게 생명을 준 자를 죽음으로 몰아넣는 아이러니를 범한다. 그러나 나사로의 부활 사건으로 인한 예수의 죽음이 영원한 생명을 불러일으키는 새로운 기원을 이루게 될 것이라는 역설을 세상이 어찌 알 수 있었으랴!

그러면 요한복음에 기록된 예수 이야기의 전개에 있어서 결정적인 중요성을 갖는 나사로의 부활 이야기에서 나사로는 어떤 역할을 하는가? '나사로의 부활'이라는 표제만을 본 사람들은 당연히 나사로가 예수 다음으로 스포트라이트를 많이 받을 것으로 예상할 것이다. 그러나 나사로의 부활 이야기를 자세히 보라. 놀랍게도 나사로는 이 이야기에 거의 등장하지 않는다. 이야기의 끝에 수족을 동이고 얼굴을 수건에 싸인 채로 무덤에서 나오는 것이(11:44) 그의 역할의 전부이다. 하기야 죽은 자가 어찌 말을 할 수 있으며, 죽은 자가 도대

---

108) 요한복음의 표적들은 모세의 표적들과 병행을 이루고 있다고 보는 학자들도 있다. 김득중, 『복음서 신학』(서울: 컨콜디아사, 1985), 338−342.

체 무엇을 행할 수 있으랴! 그러나 그렇다 할지라도 나사로가 소생한 이후에 한 마디쯤은 할 수도 있지 않았을까?

'나사로의 부활' 이야기에서 나사로가 스포트라이트를 받지 못한다면 누가 그것을 받고 있는가? 그것은 바로 그의 누이들인 마르다와 마리아이다. 11장에 나오는 나사로가 소생하는 장면에서는 마르다가 스포트라이트를 받고 있고, 나사로가 소생한 다음에 일어난 12장에 나오는 향유를 붓는 이야기에서는 마리아가 그것을 받고 있다. 향유를 붓는 이야기에서도 나사로와 그 누이들이 나오지만 나사로에 대해서는 "예수와 함께 앉은 자" 중의 한 사람이었다는 설명만 나올 뿐이다. 죽어서 말이 없었던 나사로는 살아난 후에도 말이 없다.

인간적이어서 더욱 친밀감을 주는

독자들은 어떤 이야기 글을 읽을 때 거기에 나오는 특정 인물에게 감정을 이입하게 된다. 독자들은 어떤 인물에 독자 자신을 투영시키기에는 그 인물이 너무 완전하여 그를 하나의 이상으로 삼고 자신의 감정을 이입하는 경우도 있으며(이상적 감정이입), 독자 자신과 현실적으로 유사한 특성을 가진 인물과 자신을 동일시하며 그에게 감정을 이입하는 경우도 있다(사실적 감정이입).[109] 요한복음의 독자들은 아마 마르다와 마리아에 대해 사실적 감정이입을 경험할 것이다. 마르다와 마리아는 결코 이상적으로나 영웅적으로 묘사된 인물들이 아니라 '우리 중 하나와 같은' 인물들로 묘사된다.

---

109) Mark A. Powell, *What Is Narrative Criticism?* 이종록 역, 『서사비평이란 무엇인가?』(서울: 장로교출판사, 1993), 102-4.

마르다와 마리아는 인간이 가지는 감정을 숨기지 않고 표출한다. 마르다는 예수께서 자신의 집에 도착하셨을 때 "주께서 여기 계셨더라면 내 오라비가 죽지 아니하였겠나이다."라고 말한다(11:21). 후에 이 말은 그 동생 마리아에 의해서 그대로 반복된다(11:32). 마르다와 마리아가 한 이 말에는 자신들의 오라버니인 나사로의 병세가 위급함을 듣고도 즉시 오지 않은 예수에 대한 원망이 내포되어 있다. 특히 마리아는 이 말과 함께 울음을 터뜨린다(33절). 누가복음에 나오는 마르다와 마리아에 대한 이야기(눅 10:38-42)에서 마르다는 동생 마리아에 대한 섭섭한 감정을 역시 숨기지 않는다. 마르다는 동생 마리아가 음식을 준비하는 자신을 도와주지 않고 예수의 말씀을 듣고 있는 것을 못마땅하게 생각하며 예수께 마리아가 자신을 도와주라고 명령하시도록 요청한다(눅 10:40).

마르다와 마리아는 완전한 신앙의 상태에 도달해 있는 자들이 아니었다. 그들은 영적인 눈이 어두워 예수께서 하시고자 하는 일을 온전히 이해하지 못한다. 그들은 예수의 지연된 도착에 대해 원망을 한다. 그리고 예수께서 마르다에게 "네 오라비가 다시 살아나리라."라고 말씀하셨을 때, 마르다는 그 말씀의 의미를 깨닫지 못하고 "마지막 날 부활 때에는 다시 살아날 줄을 내가 아나이다."라고 말한다. 무덤에 도착하여 예수께서 나사로의 무덤을 막아 놓은 돌을 옮겨 놓으라고 하셨을 때에도, 마르다는 죽은 지 이미 나흘이나 지나 냄새가 난다고 말한다(39절). 마르다는 예수의 말씀을 여전히 깨닫지 못하고 있다.

이러한 마르다와 마리아의 모습은 우리들로부터 그들에 대한 친밀감을 자아내게 한다. 우리는 그들의 모습 속에서 우리 자신의 모습을 보기 때문이다. 원망하기도 하고 울기도 하며, 때로는 영적인 눈이 어두워 하나님의 뜻을 온전히 깨닫지 못하는 마르다와 마리아의 모습은 우리 그리스도인들의 일반적인 모습이기도 하다.

그러나 마르다와 마리아가 예수께서 하시고자 하는 바를 정확히 이해하지 못한 채 원망하는 것이나 예수의 말씀에 대한 무지를 표출하고 있는 것을 그들의 믿음이 작고 연약한 증거라고 생각하는 것은 잘못이다. 당시의 상황을 상상해 보면 그들의 믿음을 결코 작은 믿음이라고 단정할 수 없을 것이다. 마르다와 마리아가 "주께서 여기 계셨더라면 내 오라비가 죽지 아니하였겠나이다."라고 말했을 때, 이 말은 어떤 의미에서 그들의 믿음을 보여 준다고 할 수 있다. 나사로가 어떤 병에 걸렸는지 우리는 모른다. 그러나 그를 죽음으로 내몰았던 상황은 인간의 힘으로는 어찌할 수 없는 절망적인 상태에 도달해 있었다는 것을 암시해 주고 있다. 그러한 상황에서도 나사로가 죽기 전 예수께서 도착하셨더라면 예수께서 그를 치료하실 수 있었다는 확신이 어찌 작은 믿음이라 할 수 있을까? 그리고 나사로가 다시 살아날 것이라는 예수의 말씀을 현재가 아닌 미래의 부활을 의미하는 것으로 오해하고 있지만, 당시의 상황 속에서 예수의 말씀을 오해하지 않을 사람이 과연 얼마나 있을까? 나사로는 죽은 지 이미 나흘이나 지났다. 장례도 끝났다. 그리고 썩어 가는 시체로부터 나는 냄새가 무덤을 막고 있는 돌을 치우지 않은 상태에서도 코를 찌른다. 마리아의 말은 바로 이러한 상황에서 나온 것이다.

참으로 놀라운 신앙고백

마르다의 신앙이 완전하지는 않았지만 결코 연약한 것이 아니었다는 사실은 무엇보다도 11장 27절에 나오는 신앙고백에서 잘 드러난다.

> 주는 그리스도시요 세상에 오시는 하나님의 아들이신 줄 내가 믿나이다.

이것은 요한복음 6:69이나 마태복음 16:16에 나오는 베드로의 고백과 병행을 이루는 고백으로, 마르다도 예수의 제자라는 것을 보여준다.[110] 물론 마르다의 신앙고백에 대해 얼마나 큰 의미를 부여할 수 있을 것인지에 대해서는 다양한 견해가 존재할 수 있다. 독자의 관점에 따라서는 마르다가 이 고백 후에 보인 행동을 고려할 때, 이 신앙고백에 큰 의미를 부여할 수 없다고 생각할 수도 있을 것이다. 그러나 앞에서 언급한 대로 당시의 상황을 고려해 본다면 이 신앙고백 후 마르다가 보인 행동으로 인하여 이 신앙고백의 의미를 축소할 필요가 없다. 요한복음 6:69이나 마태복음 16:16에 나오는 신앙고백 후에 보인 베드로의 모습에 그의 신앙고백에 부합하지 않는 요소가 나타난다고 해서 그 신앙고백의 의미 자체를 축소하거나 부정하지 않지 않는가?

마르다의 고백은 요한복음 저자의 관점에서 볼 때 참으로 위대한 고백이라 할 수 있다. 어떤 의미에서 마르다의 고백은 예수를 "하나

---

110) D. M. Scholer, "Women", in *Dictionary of Jesus and the Gospels*, 883.

님의 거룩한 자"로 고백하는 베드로의 고백(6:69)을 능가하고 있다. 마르다는 예수를 "그리스도요 하나님의 아들"로 고백한다. 이 고백은 정확히 요한복음의 저자가 자신의 독자들이 요한복음서를 통해 이르기를 원하는 고백이다. 요한복음의 저자는 자신이 복음서를 기록하는 목적은 바로 예수께서 "그리스도요 하나님의 아들"이심을 믿게 하려는 데 있다고 말한다(요 20:30 - 31). [개역성경이나 개역개정에서 "하나님의 아들 그리스도"로 번역하고 있지만 원어에서 마르다의 고백(11:27)과 복음서의 기록목적(20:30 - 31)에 나오는 말은 정확히 동일하다(ὁ Χριστὸς ὁ υἱὸς τοῦ θεοῦ).][111] 마르다는 바로 요한복음이 지향하는 예수께 대한 믿음을 고백한 것이다.

마르다의 신앙고백에 나오는 "세상에 오시는"이란 어구 역시 요한복음의 문맥에서 볼 때 의미심장하다. 요한복음에서 예수는 영원 전부터 아버지와 함께 계셨던 분으로 아버지의 보냄을 받아 세상에 구속자로 오셔서 그 사명을 다하신 후에 다시 아버지께로 돌아가시는 분으로 묘사되고 있다. 마르다의 신앙고백에 나오는 "세상에 오시는"이란 어구는 바로 그러한 요한의 그리스도론을 표현하고 있는 것이다.[112] 따라서 마르다의 신앙고백은 요한복음의 저자가 강조하려는 그리스도론의 본질을 요약하고 있다고 볼 수 있다.

---

111) 어떻게 번역하든 이 말은 예수는 메시아이지만 유대인들이 생각했던 메시아의 의미를 넘어 신성을 지닌 하나님의 아들로서의 메시아라는 것이다.

112) 참조, Rudolf Schnackenburg, *The Gospel according to St. John*, vol. 2 (New York: Crossroad, 1990), 332.

더 깊은 신앙의 경지로

베드로의 고백이 아무리 훌륭한 것이라 할지라도 베드로의 신앙이 완전한 것은 아니었던 것과 마찬가지로, 마르다의 고백이 뛰어난 고백이라 할지라도 그것이 곧 마르다가 완전한 신앙을 갖추었다는 것을 의미하지는 않는다. 그러므로 예수께서는 마르다가 더욱 깊은 신앙의 경지에 이르도록 하기 위해 노력하신다. 사실 예수께서는 완전한 지식을 갖춘 사람들을 제자로 부르시지 않았다. 그는 부족한 제자들을 부르시고 그들의 무지나 몰이해 속에서도 그들을 끝까지 사랑하시며, 그들이 보다 넓고 보다 깊은 영적 시야를 가질 수 있도록 인도하시는 분이다.

예수께서는 마르다가 종말에 대한 새로운 시야를 가지도록 도와주고 계신다. 요한복음을 통하여 강조되고 있는 종말에 대한 교훈은 소위 '실현된 종말론'이다. 부활과 심판을 미래의 일로 생각하는 '미래적 종말론'에 대해 부활과 심판이 "부활이요 생명"이신 예수의 사건을 통하여 이미 실현되었다는 것이다.

> 그를 믿는 자는 심판을 받지 아니하는 것이요 믿지 아니하는 자는 하나님의 독생자의 이름을 믿지 아니하므로 벌써 심판을 받은 것이니라(3:18)

> 내가 진실로 진실로 너희에게 이르노니 내 말을 듣고 또 나 보내신 이를 믿는 자는 영생을 얻었고 심판에 이르지 아니하나니 사망에서 생명으로 옮겼느니라(5:24)

예수께서는 마르다가 이 위대한 진리를 깨닫기를 원하신다. 마르다는 부활과 심판이 미래에 있다고 믿고 있었다. 따라서 마르다는 "네 오라비가 다시 살아나리라."라는 예수의 말에(11:23) "마지막 날 부활 때에는 다시 살아날 줄을 내가 아나이다."(요 11:24)라고 응답한다. 예수께서는 이러한 마르다의 말을 반박하지 않으시며, 마르다의 고백이 틀린 것이라고 말씀하시지도 않는다. 그러나 마르다가 알지 못하는 다른 한 면의 진리를 계시하신다. "나는 부활이요 생명이니 나를 믿는 자는 죽어도 살겠고 무릇 살아서 나를 믿는 자는 영원히 죽지 아니하리니 이것을 네가 믿느냐?"(요 11:25-26). 요한복음의 저자가 자신의 복음서를 통하여 독자들에게 그토록 강조하려는 진리가 바로 마르다에게 계시되고 선포되었다.

물론 마르다가 예수의 이 말씀을 얼마나 완전하게 이해했는지에 대해서는 정확히 알 수 없다. 그러나 마르다의 신앙은 나사로의 부활 사건을 통하여 더욱 성숙한 단계로 발전되었을 것이 틀림없다. 예수께서는 마르다에게 "네가 믿으면 하나님의 영광을 보리라."라고 약속하셨으며(요 11:40; 참조, 요 11:4), 이 약속은 예수께서 나사로를 살리시는 것을 마르다가 목격함으로 성취된다. 다시 말하면 마르다는 예수 안에서 죽음의 권세를 무너뜨리는 하나님의 권능을 보게 되었다.[113] 지상의 예수에게서 하나님의 영광을 본 마르다는 다음과 같은 요한복음 저자의 말에 동의할 수 있게 되었을 것이다. "말씀이 육신이 되어 우리 가운데 거하시매 우리가 그의 영광을 보니 아버지의 독생자의 영광이요 은혜와 진리가 충만하더라"(요 1:14).

---

113) 요한복음에서 예수의 표적들은 예수 안에 있는 하나님의 영광을 드러내는 데 일차적인 목적이 있다(참조, 요 2:11).

무엇인가 드리지 않고는 견딜 수 없어

요한복음 11장에 나오는 나사로의 부활 이야기에서 초점이 마리아보다는 마르다에게 맞추어져 있다면, 이어 나오는 예수를 위한 잔치 이야기(요 12:1-8)에서는 그 초점이 마리아에게 맞추어져 있다. 나사로는 예수와 함께 음식을 먹는 사람 중에 끼어 있고,[114] 마르다는 잔치를 위한 시중을 들고 있다.[115] 이때 마리아는 향유를 예수의 발에 붓고 자신의 머리털로 예수의 발을 닦는다(요 11:2, 12:1-12).[116] 이러한 마리아의 행동은 당시의 상황에서 극히 파격적인 것이었다. 자신의 남편이 아닌 다른 남자 앞에서 머리를 푸는 것은 유대 사회에서 수치스런 일이었으며, 발에 기름을 붓는 것은 노예가 하는 일이었다.[117] 뿐만 아니라 마리아가 사용한 향유의 값어치는 300데나

---

114) 개역/개역개정에서 "앉은 자 중에 있더라."로 번역된 어구는 원어성경에서 "기대어 누운 자 중에 있더라."란 말로, 여기서 '기대어 눕다'라는 것은 유대인의 음식을 먹을 때에 가지는 자세를 가리킨다.

115) 마르다와 마리아가 나오는 누가복음 10:38-42에서도 마르다는 음식시중으로 분주하게 움직인다. 누가복음 이야기에서 말씀을 듣고 있는 마리아가 더 좋은 선택을 하였다고 하신 예수의 말씀을 마르다의 음식시중 자체를 폄하하는 것으로 이해해서는 안 된다. 예수께서 말씀하고자 하시는 것은 마리아에 대한 마르다의 정죄가 잘못되었다는 점과 마르다가 여러 일들에 대한 상대적인 가치를 인식할 필요성이 있다는 것이다.

116) 예수께 향유를 부은 여인에 대한 이야기는 네 복음서에 모두 나온다 (막 14:3-9, 마 26:6-13, 눅 7:36-50, 요 12:1-8). 마가복음과 마태복음에 나오는 이야기는 동일한 사건임이 분명해 보이지만 누가복음이나 요한복음에 나오는 이야기가 동일한 사건인지 각각 다른 사건인지를 판단하기는 어렵다.

117) Raymond F. Collins, "Mary of Bethany", in *The Anchor Bible Dictionary*, vol. 4: 581.

리온 정도에 해당하는 것이었다. 300데나리온이라면 당시 노동자가 약 1년 동안 일해서 받는 임금에 해당하였다. 마리아에 대한 유다의 책망이 보여 주는 대로 마리아의 행위는 지나친 낭비로 보일 수밖에 없었다. 그러나 예수께서는 마리아의 행위를 옹호하시며 그녀를 칭찬하신다. 그는 발에 기름을 붓는 마리아의 행위를 예수 자신의 장례에 대한 상징적 행위로 해석하신다.[118] 그리하여 마리아는 성경에 기록된 여성 중에서는 유일하게 예수로부터 두 번이나 칭찬을 듣는 인물이 되었다(눅 10:42, 요 12:7).[119]

물론 우리는 마리아가 자신의 헌신이 예수의 장례에 대한 상징적 행위임을 인식하고 있었는지에 대해서는 정확히 알 수가 없다. 요한복음 기자도 그 여부에 대해 설명해 주지 않는다. 아마 마리아는 자신의 행위에 대해 그러한 상징성을 생각하지 못했을 것이다. 그녀의 행위는 오직 예수의 사랑과 은혜에 대한 감사의 표현이었을 것이다. 유다는 그 향유를 팔아 가난한 자들을 도와주는 것이 마땅하다고 말하고 있지만, 그것은 그가 예수를 향한 마리아의 사랑과 감사의 깊이를 알지 못했기 때문이며, 또한 유다 자신이 그러한 사랑과 감사의 경지에 들어가 보지 못했기 때문이다. 따라서 유다는 하나님 사랑과 이웃사랑의 관계를 착각하고 있다. 하나님 사랑과 이웃사랑은 불가분의 관계에 있지만 그 둘이 동일한 것은 아니며, 하나가 다른 하나를 대체할 수 없다는 사실을 그는 깨닫지 못하고 있다.[120]

---

118) 발에 기름을 붓는 것은 전형적인 장례의식이었다. Ibid.
119) Ibid.
120) 참조, Günther Bornkamm, *Jesus von Nazareth*, 강한표 역, 『나사렛 예수』(서울: 대한기독교서회, 1973), 109-117.

자신에게 가장 소중한 것을 아낌없이 예수께 드리는 마리아의 행동은 모든 그리스도인들이 본받아야 할 헌신의 모범이라 할 수 있다. 그리스도인들은 '헌신'이란 용어를 자주 사용한다. 그러면 '헌신'이란 무엇인가? 한 우리말 사전은 '헌신'의 의미를 "어떤 일이나 남을 위해서 자기의 이해관계를 돌보지 아니하고 몸과 마음을 다하여 힘씀"으로 규정하고 있다.[121] 우리가 몸과 마음을 바쳐 있는 힘을 다하여 하나님을 섬긴다는 것은 결코 쉬운 일이 아니다. 그것은 오직 감사와 사랑이 우리 속에서 넘칠 때에 가능한 것이다. 마리아의 헌신은 예수의 사랑에 대한 감사의 응답이었다. 값비싼 향유를 주께 드린 것도, 노예가 하는 일을 기꺼이 한 것도, 자신의 머리를 푼 것도 예수에 대한 사랑과 감사의 마음에서 우러나온 것이었다.

마리아는 자신이 생각했던 것보다도 훨씬 더 귀한 일을 하고 있었다. 그녀의 순수한 헌신은, 비록 자신은 인식하지 못하고 있었을지라도, 놀라운 결과를 낳게 되었다. 그녀는 인류의 구속을 위하여 죽음을 당하시는 예수의 장례를 위해 놀라운 일을 하고 있었던 것이다. 우리가 장차 하나님 앞에 서는 날, 이 세상에서 행한 모든 것이 밝혀지는 날, 우리가 하나님을 위하여 행했던 헌신이 우리가 생각했던 것 이상으로 하나님께 영광을 돌렸다는 것을 알고 기뻐할 수 있다면 얼마나 좋을까?

---

121) 두산동아사서편집국, 『동아 새 국어사전』, 4판 (2002).

❖ 참고문헌

김득중. 『복음서 신학』. 서울: 컨콜디아사, 1985.

최영실. 『신약성서의 여성들』. 기독교사상 시리즈 5. 서울: 대한기독교서
회, 1997.

Brown, Raymond E. *The Gospel according to John* Ⅰ-ⅩⅡ, 2nd ed.
Anchor Bible. Garden City, New York: Doubleday, 1983.

Collins, Raymond F. "Mary of Bethany". In *The Anchor Bible Dictionary,*
vol. 4, 581-82.

Powell, Mark A. *What Is Narrative Criticism?* 이종록 역. 『서사비평이
란 무엇인가?』. 서울: 장로교출판사, 1993.

Schnackenburg, Rudolf. *The Gospel according to St. John,* vol. 2. New
York: Crossroad, 1990

Scholer, D. M. "Women". In *Dictionary of Jesus and the Gospels,* 880
-87.

진실한 제자,
막달라 마리아를 비롯한 여인들

본문: 마가복음 15:40-47(마 27:55-61, 눅 23:49-56),
16:1-11(마 28:1-10, 눅 24:1-10)
참조: 누가복음 8:1-3, 요한복음 19:25, 20:1-18

거기에 여인들이 있었다

마가복음을 처음부터 세심히 읽어 온 독자라면 15:40-41을 읽으며 깜짝 놀랄 것이다.

멀리서 바라보는 여자들도 있었는데 그중에 막달라 마리아와 또 작은 야고보와 요세의 어머니 마리아와 또 살로메가 있었으니 이들은 예수께서 갈릴리에 계실 때에 따르며 섬기던 자들이요 또 이외에 예수와 함께 예루살렘에 올라온 여자들도 많이 있었더라

마가복음의 독자들은 예수를 따르던 자들은 다 도망을 가고 아무도 십자가에 달린 예수를 지켜보지 않았다고 생각했다. 그런데 비록

멀리서나마 십자가상에서 고통하며 죽어 가는 예수를 지켜보고 있는 자들이 있었다. 그들은 바로 여인들이이었다.

놀라운 것은 그것뿐이 아니다. 그들은 예수를 "따르며 섬기던 자들"로 묘사된다. 여기서 '따르다'라는 말은 제자직과 관련하여 사용되는 용어로(참조, 막 1:17, 8:34),[122] 이 여인들도 예수의 제자라는 사실을 암시해 준다. 특히 이 동사는 미완료 시제로 사용되어 예수께서 갈릴리에 계실 때에 그들이 일회적이 아니라 지속적으로 예수를 따랐다는 것을 말해 주고 있다.[123] 이 여인들은 '섬기던' 자들이었다는 말도 의미심장하다. 예수께서는 이미 제자들이 섬김의 모범을 보여야 한다는 것과(막 10:42-44), 섬김은 바로 예수 자신의 삶의 근본적인 특성이라는 점을 강조하셨다(막 10:45). 누가복음 8:1-3에 의하면 막달라 마리아와 다른 여러 여인들이 예수께서 각 성과 마을에 두루 다니시며 복음을 전하실 때 예수와 예수의 열두 제자들과 합류하여 예수의 일행을 섬겼다고 말하고 있다.

더욱 놀라운 것은 이 여인들이 "예수와 함께" 예루살렘에 올라왔다는 사실이다. 갈릴리를 출발하여 예루살렘을 향한 여정은 그렇게 짧은 것이 아니다. 그리고 예루살렘에 도착한 지 벌써 며칠이 지났다. 도대체 이 여인들은 어떤 여자들이기에 이렇게 오랫동안 예수와 동행하고 있는 것일까? 이것은 정숙한 여자는 함부로 집 대문을 나

---

122) 참조, Raymond F. Collins, "Mary (Mary Magdalene)", in *The Anchor Bible Dictionary,* vol. 4: 579.

123) 마태복음(27:55)과 누가복음(23:49)에는 부정과거와 분사가 각각 사용되고 있다. 참조, Claudia Setzer, "Excellent Women: Female Witness to the Resurrection", *Journal of Biblical Literature* 116 (Summer 1997): 264.

서지 않았던 당시의 관습에 비추어 볼 때 대단히 놀라운 일이다. 특히 이 여인들은 남자인 예수와 제자들의 무리와 함께 숙식을 하며 여행을 떠난 것이다.[124)

지금까지 마가복음의 저자는 예수의 갈릴리 사역 시 예수와 동행하며 섬기던 무리 중에 여인들이 있었다는 사실을 말한 적이 없다. 그리고 예루살렘을 향한 여행의 과정에서 있었던 많은 일을 기록하였지만 한 번도 여인이 그 여행에 동행하였다는 것도 말한 적이 없다. 독자들은 마가복음을 읽어 오면서 지금까지 예수를 따르는 제자들은 모두가 남성이었으며, 예루살렘을 향한 여정에 그들만이 예수와 함께 하였다고 생각하였을 것이다.

그러면 왜 많은 여인들이 헌신적으로 예수를 따랐는데도 불구하고 마가복음을 비롯한 복음서들은 남성 제자들에 대한 기록으로 가득차 있을까? 이 질문에 대한 대답은 한국교회의 상황을 생각해 보면 보다 분명해질 것이다. 한국교회는 여성들의 열정과 헌신으로 성장해 왔음은 누구도 부인할 수 없다. 그러나 한국교회의 역사에 기록되고 있는 인물들은 누구인가? 아마 거의 모두가 남자들이며 여성들의 이름을 찾아보기는 쉽지 않을 것이다. 우리가 복음서를 읽을 때에도 이와 같은 상황을 염두에 두어야 할 필요가 있다. 복음서에서 남성 제자들에 대한 자료에 비하여 여성 제자들에 대한 자료는 극히 제한되어 있어, 우리는 막달라[125) 마리아와 다른 여인들에 대한 역

---

124) 최영실. 『신약성서의 여성들』, 기독교사상 시리즈 5(서울: 대한기독교
    서회, 1997), 192.
125) '막달라 마리아'에서 '막달라'는 인명이 아니라 '아리마대 요셉'에서의
    '아리마대,' '구레네 시몬'에서의 '구레네,' '나사렛 예수'에서의 '나사
    렛' 등과 같이 지명이다.

사적 사실에 관해서는 별로 알지 못한다. 그러나 이러한 자료의 부족을 여인들의 행적이 덜 중요하다는 것을 보여 주는 것으로 이해해서는 안 된다. 오히려 자료가 부족하기 때문에 남아 있는 기록을 최대한 활용하고 세심한 주의를 기울여 바르게 해석해야 할 것이다.126) 우리가 막달라 마리아를 비롯한 여인들에 대한 자료를 세심히 분석하고 정당하게 평가한다면 이 여인들, 특히 막달라 마리아는 참으로 진실하고 모범적인 예수의 제자였음을 알게 될 것이다.

실패한 제자들과는 달리

마가복음 저자는 남성들인 열두 제자에 대하여 어떻게 묘사하고 있는가? 그들은 예수의 부름에 즉시 응답하여 예수를 따르기도 하였으며(1:16-20), 하나님 나라의 비밀을 받기도 하고(4:11), 선교의 사명과 권위를 부여받기도 하는(6:7-13) 등 긍정적인 모습을 가진 자들로 묘사되기도 한다. 그러나 그러한 긍정적인 모습은 계속되는 부정적인 모습에 의하여 점차 가리어진다. 그들은 믿음이 부족하며(4:35-41), 마음이 둔하고 깨닫지 못한다(6:51-52, 8:17). 특히 예수의 수난에 대한 이해와 태도에서 그들의 부정적인 모습은 절정에 이른다. 그들은 예수의 수난에 대하여 전혀 깨닫지 못하고, 예수께서 수난을 예고하실 때마다 잘못된 반응을 보인다. 첫 번째 수난예고에 대해 베드로는 예수께 항변하였으며(8:30-32), 두 번째 수난예고 후 제자들은 누가 큰지를 두고 쟁론하였고(9:30-34), 세 번째 수난예고

---

126) 참조, Gerald O'Collins, "Mary Magdalene as Major Witness to Jesus' Resurrection", *Theological Studies* 48 (Dec. 1987): 632.

후 야고보와 요한은 예수께 높은 지위를 구하고 나머지 제자들은 이들의 요구에 대해 반발한다(10:32 – 41). 그리고 수난의 때가 이르렀을 때 유다는 예수를 배반하고(14:43 – 45), 예수께서 체포되실 때 제자들은 모두 그를 버리고 도망갔으며(14:50), 예수께서 심문을 당하실 때 그 광경을 지켜보던 베드로는 예수와의 관계를 세 번이나 부인한다(14:66 – 72).[127]

그러나 막달라 마리아와 다른 여인들은 이들과는 달랐다. 이 여인들은 예수의 수난 시 예수를 배반하고 도망을 간 남성 제자들과 달리 위험을 감수하며 십자가상에 달린 예수를 바라보고 있다(막 15:40, 마 27:56, 눅 23:49, 요 19:25). 물론 여인들이 십자가 처형의 현장까지 따라올 수 있었던 것은 여자는 남자에 비하여 문제를 일으킬 가능성이 적기 때문에 여인들에 대해 아무도 큰 주의를 기울이지 않았을 것이라고 생각할 수도 있을 것이다.[128] 그러나 십자가형이라는 극형을 받는 사형수와 한 무리로 낙인찍힐 것을 각오한다는 것은 영예를 중시하던 당시의 사회구조 속에서 극히 어려운 일이었다. 남성 제자들은 자신들의 영광을 위해 예수를 따랐으며, 이러한 꿈이 좌절되자 그들은 예수를 배반하고 도망하였다. 그러나 이 여인들은 자신의 영광을 위해 예수를 따르지 않았으며, 치욕의 상징이었던 십자가에 달려 죽어 가는 예수를 끝까지 따른다. 이들은 1차 수난예고 직후 수난의 의미를 깨닫지 못하는 제자들에게 "자기를 부인하고 자기

---

127) 마가복음에 나타나는 제자들의 부정적인 묘사에 관해서는 T. J. Weeden, "The Heresy that Necessitated Mark's Gospel", in *The Interpretation of Mark,* ed. W. Telford (Philadelphia: Fortress Press, 1985), 64 – 66을 참조.
128) 성경인물연구편찬위원회, 『성경인물연구』, 제8권, 재판(서울: 도서출판 시온성, 2001), 543.

십자가를 지고 나를 따르라."고 하셨던 예수의 말씀대로(막 8:34) 참된 제자도의 본질을 실천하고 있다. 갈릴리에 있을 때에 예수를 '따르던' 여인들, 그들은 지금 예루살렘에서도 예수를 따르고 있다.

이 여인들은 '섬김'에 있어서도 남성 제자들과는 달랐다. 예수의 열두 제자들은 섬김에 실패하였으며, 예수께서는 이들에게 섬김의 도를 실천할 것을 요구하셨다. 예수께서는 2차 수난예고 후 수난의 의미를 깨닫지 못하고 서로 큰 자로 높임을 받기 위해 쟁론하는 제자들에게 "뭇 사람의 끝"이 되며 "뭇 사람을 섬기는 자"가 되어야 한다고 가르치셨다(막 9:35). 그리고 3차 수난예고 후 수난의 의미를 여전히 깨닫지 못하고 높은 지위를 탐내고 있는 제자들을 향하여 예수께서는 "모든 사람의 종"이 되어야 한다고 가르치시며 자신은 "섬김을 받으려 함이 아니라 도리어 섬기러" 왔다고 말씀하셨다(막 10:43-45). '섬김'에 실패한 제자들과 달리 막달라 마리아를 비롯한 여인들은 갈릴리에서 예수를 섬겼던 자들로 묘사되고 있다(막 15:41). 이것은 이들이 참제자의 길을 가고 있다는 것을 암시한다.[129] 이미 언급한 대로 누가복음 저자도 예수께서 갈릴리 지방을 순회하며 전도하실 때, 여인들은 자신들의 소유로써 예수와 제자들을 섬겼음을 말하고 있다(눅 8:2-3). 갈릴리에 있을 때 예수를 '섬겼던' 여인들, 그들은 예루살렘에서도 예수를 섬기고 있다. 심지어 그들은 예수의 시체를 위해서라도 그들이 할 수 있는 일을 통하여 예수를 섬기려 한다(참조, 막 16:1).

---

129) Mary Ann Tolbert, *Sowing the Gospels: Mark's World in Literary-Historical Perspective* (Minneapolis: Fortress Press, 1989), 292.

그들은 왜 예수를 따르고 섬겼는가

그러면 막달라 마리아를 비롯한 이 여인들은 누구인가? 예수께서 막달라 마리아를 처음 만났던 상황에 대한 기록은 복음서 어디에서도 찾아볼 수 없다. 누가복음 8:1-3은 자신들의 재산으로 예수와 열두 제자들을 섬기던 막달라 마리아와 다른 여러 여인들에 대하여 언급하고 있다. 이 여인들은 악귀나 질병으로 고통을 받고 있던 중 예수로부터 치유를 받은 자들이었다. 이 여인들을 마가복음 15장에 나오는 여인들과 정확히 동일한 인물들로 보기는 어렵다 할지라도 같은 성격의 무리들이란 것은 분명한 것으로 보인다.

특히 막달라 마리아는 "일곱 귀신이 나간 자"로 언급되고 있는데 (눅 8:2; 참조, 막 16:9), 이것은 예수께서 막달라 마리아로부터 귀신들을 쫓아내었음을 강하게 암시한다.[130] 그 당시 귀신 들렸다는 것은 신체적 또는 도덕적-영적으로 병든 상태에 있는 것을 의미하였기 때문에 누가가 언급한 것만으로는 정확히 막달라 마리아가 어떤 상태에 있었는지 알 수 없다. 다만 "일곱 귀신"이란 말은 그녀의 상태가 심각했거나(참조, 눅 8:30), 그 상태가 반복되고 있었다는 것을 (참조, 눅 11:26) 강조하는 말일 가능성이 크다.[131]

막달라 마리아를 누가복음 7:36-50에 나오는 죄 많은 여인 또는 [그리고] 베다니의 마리아(요 11:1-12:8, 눅 10:38-42)와 동일시하는 견해가 있지만 그 논거는 설득력이 부족하다. 막달라 마리아를 매춘부로 보거나 누가복음 7:36-50에 나오는 죄 많은 여인과 동일시할 만한 근거는 어디에서도 찾아보기 힘들다. 누가복음의 저자가 7장에

---

130) Raymond F. Collins, "Mary (Mary Magdalene)", 579.
131) E. P. Blair, "Mary", in *The Interpreter's Dictionary of the Bible,* vol. 3, 288.

서 죄 많은 여인에 대하여 설명을 한 후, 8장에서 막달라 마리아를 공식적으로 소개하고 있다는 사실은 아무래도 그가 이 두 여인을 동일시하고 있지 않았다는 것을 암시해 준다.[132] 또한 막달라 마리아를 베다니의 마리아(요 11:1-12:8, 눅 10:38-42)와 동일인으로 보는 것도 설득력이 그다지 높지 않다. 막달라 마리아는 갈릴리 사람이었고 (막 15:40-41; 참조, 눅 8:1-3) 베다니의 마리아는 유다 베다니 마을에서 살았기 때문이다(요 11:1). 뿐만 아니라 베다니의 마리아가 신체적인 질병이나 정신적인 질병에서 치유를 받은 적이 있다는 암시는 전혀 찾아볼 수 없다.[133] 마리아는 예수를 만나 일곱 귀신으로부터 해방을 받게 되는 은혜를 입었다. 그러나 마리아가 예수의 은혜를 느낀 것은 단순한 신체적, 정신적 질병으로부터 고침을 받았다는 것에 국한되지 않았을 것이다. 어쩌면 마리아는 자신을 향한 예수의 열린 마음에 더욱 큰 은혜를 체험하였는지 모른다. 일곱 귀신에 들린 상태가 정확히 무엇이었든 간에 그녀에 대한 세상의 시선은 따뜻하지 않았을 것이다. 그러한 상황에서 그녀에 대한 예수의 따뜻한 시선은 그녀가 살아오면서 쌓인 응어리를 녹여 줄 수 있었을지도 모른다. 최영실은 그러한 막달라 마리아의 심정을 다음과 같이 표현한다.

> 고통과 상처로 얼룩진 여인은, 그녀를 비난하는 대신 그녀 자신의 실존을 꿰뚫어 보며 감싸 주는 자 앞에서 자신의 닫힌 마음을 연다. 여인은 자신의 상처를 위로하며 사랑하는 자를 전적으로 신뢰한다.[134]

---

132) Ibid.
133) Ibid., 288-89.
134) 최영실. 『신약성서의 여성들』, 193.

이런 마음이 어찌 막달라 마리아에게만 있었으랴! 아마 예수를 따르던 다른 여인들도 예수를 만나게 된 경위나 예수로부터 받은 은혜가 각각 다를지라도 동일한 심정을 경험하였을 것이다.

사랑에 빠져 바보가 된 여인들

예수의 은혜를 체험하고 감사와 사랑하는 마음으로 예수를 따르던 여인들은 십자가상의 예수를 멀리서 지켜보고 있었다. 이 중 막달라 마리아와 요세의 어머니 마리아는 요셉이 예수를 매장하는 곳까지 따라가 예수의 매장을 지켜보았다(막 15:47). 마태복음에 의하면 그들은 "무덤을 향하여" 앉아 있었다(마 27:61). 십자가형이라는 치욕적인 형을 받은 예수는 많은 사람들에게 조롱의 대상이었지만 이 여인들에게는 여전히 사랑과 섬김의 대상이었다.

안식 후 첫날 매우 일찍 막달라 마리아와 다른 두 여인은 예수의 무덤을 향하여 간다(막 16:1-2). 그들이 준비한 향품을 예수의 시체에 바르기 위해서이다. 예수께서 부활하실 것을 말씀하셨음에도[135] 시체에 향품을 바르기 위해 무덤을 향하는 그들의 모습은 그들이 아직 영적으로 완전히 성숙해 있지 않았음을 보여 주는 것으로 이해될 수도 있다. 그러나 예수의 시체를 위해서라도 무엇인가를 하고 싶어 하는 지극한 사랑을 그들은 가지고 있었다.

그런데 그들은 무덤에 가면서 무덤 입구에 있는 큰 돌을 어떻게 치울 수 있을 것인가를 염려한다(막 16:3). 그들은 요셉이 예수의 시

---

135) 누가복음 24:6-8은 예수의 수난과 부활에 대한 예고가 남성제자들에게만 주어진 것이 아니라 여인들에게도 주어졌음을 말해 준다. 참조, Claudia Setzer, "Excellent Women", 264.

체를 매장할 때에 큰 돌을 굴려 무덤 입구에 놓아 둔 것을 분명히 보았다(막 15:46−47). 그 돌은 자신들의 힘으로는 치울 수 없는 큰 돌이었다. 그렇다면 그들은 무덤에 오기 전에 그 돌의 처리 문제를 미리 생각했어야 마땅하지 않은가? 그러한 이성적인 판단을 할 겨를이 없을 정도로 그들은 바보가 된 것인가? 특히 여인들의 걱정은 무덤 입구에 굴려 놓은 돌을 여인들이 보았다는 진술(15:46−47) 바로 다음에 나오기 때문에 마가복음의 독자들은 그러한 생각을 하지 않을 수 없다.

요한복음에 의하면 막달라 마리아는 예수의 시체가 없어진 무덤 밖에서 울고 있었다(요 20:11). 마리아가 울었던 이유를 성경은 정확히 말하지 않는다. 마리아는 울고 있는 이유를 묻는 천사들에게 사람들이 예수의 시체를 옮겨다가 어디에 두었는지 알지 못하기 때문이라고만 말한다. 그렇다면 마리아가 운 것은 예수의 시체에 향품을 바르지 못하게 되었기 때문이었을까? 아니면 누군가에 의해 예수의 시체가 훼손을 당하고 모욕을 당했을 가능성 때문이었을까? 그것도 아니면 어떤 다른 이유가 있었을까? 그러나 한 가지 분명한 것은 어떤 경우든 그 눈물은 예수에 대한 사랑과 관심의 표현이란 점이다. 마리아는 예수께서 뒤에 서서 "여자여 어찌하여 울며 누구를 찾느냐?"라고 물으셨을 때, 동산지기인 줄 알고 "주여 당신이 옮겼거든 어디 두었는지 내게 이르소서. 그리하면 내가 가져가리이다."라고 말한다(요 20:15). 도대체 마리아는 자신의 힘으로 한 남자의 시체를 운반할 수 있다고 생각하고 있는 것일까?

막달라 마리아를 비롯한 여인들의 영적인 눈, 신앙의 눈은 아직도 부족함이 많았다는 점을 부인할 수 없다. 부활에 대한 강한 확신이 있었던 것으로 보이지 않으며(막 16:1-4), 제자들에게 부활의 소식을 전하라고 하는 천사의 말을 전하지도 못했다(막 16:5-8). 또한 부활하신 예수를 즉시 알아보지도 못했으며(요 20:14), 예수인 줄 알았을 때는 예수를 만지려고 하다 예수로부터 제지를 당하기도 하였다(요 20:17).[136] 그러나 그들의 마음에는 예수께 대한 사랑과 감사가 깊이 자리잡고 있었다. 찬송가 211장(21세기 찬송가)은 "값비싼 향유를 주께 드린 막달라 마리아 본받아서"라고 노래한다. 이미 언급한 대로 향유를 주께 드린 여인이 막달라 마리아라고 볼 수 있는 근거가 있는 것은 아니다. 그러나 향유를 부은 여인에게서 볼 수 있는 예수에 대한 지극한 사랑과 감사는 분명 막달라 마리아의 가슴속에 있었을 것이다.

여인들에게 내린 하늘의 은총

예수를 사랑하며 끝까지 따르고 섬긴 이 여인들에게 하나님께서는 놀라운 은혜를 베푸신다. 그들은 제일 먼저 빈 무덤을 발견함으로써 부활의 첫 증인이 된다. 특히 요한복음 20:1-18(참조, 막 16:9-20)에 의하면 부활하신 예수께서 제일 먼저 만난 사람은 바로 막달라 마리아이다.[137] 뿐만 아니라 예수께서는 자신이 아버지께로 간다는 사

---

136) 마리아가 예수를 만지려고 했다는 것은 명시적으로 나타나지 않지만 암시되어 있다.

137) 피오렌자(E. S. Fiorenza)는 부활의 증인에 대한 두 전승, 즉 막달라 마리아를 부활의 첫 증인으로 하는 전승(마태복음, 요한복음, 마가복음 첨가부분)과 베드로를 부활의 첫 증인으로 하는 전승(누가복음, 바울서신)이 동시에 존재하였다고 생각한다. *In Memory of Her: A Feminist Theological Reconstruction of Christian Origins* (New York: Crossroad,

실을 알려 주시고(요 20:17), 이 사실을 예수의 제자들에게 알리라고 부탁하신다(20:18). 요한복음에서 예수께서 아버지께로부터 와서 아버지께로 가신다는 것은 중요한 진리이다. 이 진리는 유대인들뿐 아니라 예수의 제자들도 알지 못했다(요 14:5 – 9). 바로 이 중요한 진리가 바로 막달라 마리아에게 전해지고 있는 것이다.[138]

죽음과 매장을 끝까지 지켜보고 있었던 여인들은 부활의 목격자가 됨으로써 예수의 죽음, 매장, 부활에 대한 증인이 된다. 사도신경을 살펴보면 예수의 죽음과 매장과 부활에 대한 믿음은 예수 그리스도에 대한 신앙고백의 근간을 이루고 있다. 오늘날 우리 그리스도인들은 우리가 확신을 가지고 이 고백을 할 수 있도록 첫 증인의 역할을 한 이 여인들에게 감사해야 하지 않을까? 찬송가 147장(21세기 찬송가)은 "주님 그 십자가에 달릴 때"(1절), "주님 그 무덤 속에 뉘일 때"(4절), "주님 그 무덤에서 나올 때"(5절) 그곳에 있었는지를 묻고 있다. 우리 그리스도인들은 이 질문에 대하여 "예."라고 대답하며 찬송을 부를 수 있도록 도와준 이 여인들의 행적을 기억해야 하지 않을까?

예수의 죽음과 매장과 부활에 대한 목격자와 증인이 된 것은 분명 하늘로부터 내린 은총의 결과였다. 이 은총은 오늘날의 많은 그리스도인들이 생각하는 은총의 개념과는 거리가 있을지 모른다. 많은 현대 그리스도인들은 은총의 결과가 이 세상에서의 삶에 필요한 재물, 명예, 권력 등을 얻는 것으로 나타나기를 원할 것이다. 그러나 이 여인들은 그들이 받은 은총의 결과로 그러한 것들을 오히려 잃어

1983), 332.
138) 참조, 최영실. 『신약성서의 여성들』, 197 – 98.

버리게 되었을지도 모른다.

❖ 참고문헌

성경인물연구편찬위원회. 『성경인물연구』, 제8권, 재판. 서울: 도서출판
    시온성, 2001.
최영실. 『신약성서의 여성들』. 기독교사상 시리즈 5. 서울: 대한기독교서
    회, 1997.
Blair, E. P. "Mary". In *The Interpreter's Dictionary of the Bible,* vol. 3,
    288 – 290.
Collins, Raymond F. "Mary (Mary Magdalene)". In *The Anchor Bible Dictionary,*
    vol. 4, 579 – 581.
Fiorenza, E. S. *In Memory of Her: A Feminist Theological Reconstruction
    of Christian Origins.* New York: Crossroad, 1983.
O'Collins, Gerald. "Mary Magdalene as Major Witness to Jesus' Resurrection".
    Theological Studies 48 (Dec. 1987): 631 – 646.
Setzer, Claudia. "Excellent Women: Female Witness to the Resurrection".
    Journal of Biblical Literature 116 (Summer 1997): 259 – 272.
Tolbert, Mary Ann. *Sowing the Gospels: Mark's World in Literary –
    Historical Perspective.* Minneapolis: Fortress Press, 1989.
Weeden, T. J. "The Heresy that Necessitated Mark's Gospel". In *The
    Interpretation of Mark,* ed. W. Telford, 64 – 77. Philadelphia: Fortress
    Press, 1985.

순교자 스데반

본문: 사도행전 6:1-8:3
참조: 사도행전 8:4, 11:19-21

성령으로 권능을 받은 복음의 증인

신약성경에 담겨 있는 27권의 책을 읽으면서, 각 책에서 그 책의 내용을 가장 잘 축약하고 있는 한 구절을 찾아보려고 한 적이 있는가? 아마 책 전체의 내용을 만족할 만큼 잘 축약하고 있는 구절을 찾기란 매우 어려웠을 것이다. 그러나 사도행전에는 책 전체 내용의 축약으로서 놀랄 만큼 적절한 구절이 나온다.

오직 성령이 너희에게 임하시면 너희가 권능을 받고 예루살렘과 온 유대와 사마리아와 땅 끝까지 이르러 내 증인이 되리라(1:8)

사도행전은 성령으로 권능을 받은 사람들이 복음의 증인이 되어 땅 끝까지 복음을 전파하는 과정을 그리고 있다. 사도행전의 문학적인 구조도 1:8에 나오는 지리적 배열을 중심으로 (1) 성령강림과 예루살렘에서의 복음 증거(8:3까지), (2) 유대와 사마리아에서의 복음 증거(11:18까지), (3) 땅 끝까지 뻗어 가는 복음 증거(28:31까지)로 전개되고 있다.

사도행전은 성령으로 권능을 받은 복음의 증인들에 대한 이야기로 가득 차 있다. 그중 한 사람인 스데반은 베드로나 바울처럼 사도행전의 이야기를 이끌어 가는 주연급에 속하는 인물은 아니다. 그는 사도행전의 이야기 28장 중 약 2장에 걸쳐 등장할 뿐이다. 그러나 비록 그가 등장하는 시간은 길지 않을지라도 그의 등장은 전체 이야기의 전개에 지대한 영향을 미치고 있다.

스데반은 예루살렘교회가 세운 일곱 집사 중 한 사람이었다(행 6:1-6). 사도행전의 저자는 일곱 집사를 택한 목적이 구제를 전담하기 위한 것이었다고 말한다. 그러나 우리는 사도행전에서 스데반이 구제의 직무를 행하는 데 대한 기록을 찾아볼 수 없다.[139] 오히려 스데반은 사도들처럼 복음 증거의 사역에 최선을 다하는 자로 묘사된다(행 6:8-7:60).[140] 이것은 스데반이 구제의 직무를 소홀히 했다는 것을 의미하는 것이 아니라, 복음 전파에 대한 뚜렷한 사명감을 가지고 있었다는 것을 말해 주는 것이다.

스데반은 이상적인 복음의 증인이었다. 사도행전의 저자는 스데반을 처음 소개하면서 그를 "믿음과 성령이 충만한 사람"이라고 말한다(6:5). 특히 일곱 집사를 소개하면서 스데반에게만 이 표현을 사용하고 있다는 사실은 주목할 만하다. 이어 사도행전의 저자는 스데반

---

139) 이것은 다른 집사들에 대해서도 마찬가지이다.
140) 누가는 집사 빌립의 복음 증거에 대해서도 행 8:5-40에서 자세히 기록하고 있다.

의 활동을 설명하면서 스데반이 "은혜와 권능이 충만한" 상태에 있었다고 말한다(6:8). 한마디로 스데반은 '성령'이 충만하고 '권능'이 충만한 복음의 증인이었다.

성령으로 충만한 설교, 그러나 그 반응은?

그러면 성령으로 권능을 받은 이상적인 복음의 증인인 스데반의 증언을 들은 사람들은 어떠한 반응을 보였는가? 오늘날 많은 그리스도인들은 성령으로 충만한 상태에서 행한 설교는 청중들에게 은혜와 감사를 불러일으키고, 권능을 받은 자의 설교는 청중의 믿음을 불러일으킨다고 생각한다. 성령을 받아 권능을 받은 베드로가 설교할 때 많은 무리들이 회개하고 세례를 받는 놀라운 역사가 일어나지 않았는가(행 2:37-41)? 과연 스데반의 증언도 그러한 큰 회심을 불러일으켰는가?

스데반은 자유민들의 회당에서 복음을 증언하였다. 그는 "지혜와 성령으로" 예수 그리스도를 증언하였다(6:10). 그런데 어떤 유대인들이 스데반과의 논쟁에서 이기지 못하자 사람들을 매수하여 스데반을 비방하게 하고(6:8-11), 공회 앞에서 스데반을 정죄하게 하였다(6:12-15). "지혜와 성령으로" 행한 스데반의 말은 그 말을 듣는 자들의 회심을 유발한 것이 아니라 스데반에 대한 분노를 유발한 것이다. 스데반이 자신에 대한 정죄에 대하여 공회 앞에서 자신을 변호하며 긴 설교를 행할 때에도(7:1-56) 그 말을 들은 무리들은 역시 분노를 표출하였다. 베드로의 설교를 들은 무리들이 마음이 찔렸던 것처럼(2:37) 스데반의 설교를 들었던 무리들도 마음이 찔렸지만(7:54), 한 무리는 마음에 찔려 "우리가 어찌할꼬?"라고 말한 반면(2:37), 한 무리는 마음에 찔려 "이를 갈았다"(7:54). 이를 가는 무리들에게 스데반은 "성령 충만하여"(7:55) 인자가 하나님의 우편에 서 있는 것을 보고, 자기가 보고 있는 광경을 무리들에게 말한다(7:56). 분노로 가득 찬 무리들은 이 말을 듣고 스데반을 돌로 쳐서 죽인다(7:57-60).

우리가 성령으로 권능을 받아 행한 설교는 항상 회개와 믿음을 불러일으킨다고 생각한다면, 그것은 잘못된 것이다. 초대교회의 많은 전도자들이 성령의 능력으로 복음을 증언하다 순교를 당한 것을 우리는 기억해야 한다. 우리 민족에게 복음이 처음 전해지게 되었을 때 성령 충만했던 복음의 증인들이 순교를 당했다는 것도 우리가 기억해야 한다. 복음의 증언이나 말씀의 선포에 있어서, 듣는 자에게 기대하는 반응은 말하는 자의 능력에 항상 비례하는 것은 아니다.

굴레를 벗겨 주기를 원하지만

그러면 유대인들, 특히 종교지도자들이 스데반의 설교를 듣고 이를 갈게 된 이유는 무엇인가? 어떤 학자들은 이스라엘에 대한 스데반의 예언자적 비판, 특히 메시아 예수에 대한 그들의 태도에서 절정을 이루었던 그 긴 불순종의 역사에 대한 정죄가 그들을 화나게 했을 것이라고 추측한다.[141] 그러나 이것보다 더 그들을 분노하게 했던 것은 많은 학자들이 주장하는 대로 성전과 율법에 대한 스데반의 태도였던 것으로 보인다.[142] 스데반을 정죄했던 거짓 증인들이

---

141) James P. Sweeney, "Stephen's Speech (Acts 7:2-53): Is It as 'Anti-temple' as Is Frequently Alleged?" *Trinity Journal* 23 (Fall 2002): 194-210. 특히 p. 210의 결론 참조.

142) 예, F. F. Bruce, *New Testament History*, 나용화 역, 『신약사』(서울: 예

내세웠던 명목도 "이 사람이 이 거룩한 곳과 율법을 거슬러 말하기를 마지아니하였다."는 것이었다(6:13). 여기서 "이 거룩한 곳"은 예루살렘 성전을 가리키고 있는 것이 분명하다.

스데반은 성전과 율법에 대한 자신의 태도를 정죄하는 바로 그들을 향하여 성전과 율법에 대한 그들의 무지를 정죄한다. 하나님께서는 오직 한 곳, 성전에만 머무시지 않고 어디에든 계시기 때문에 스데반은 '유일한' 거룩한 곳의 개념은 잘못된 것이라고 주장한다. 특히 그는 이사야 66:1-2을 인용하며 하나님은 인간의 손으로 지은 곳에 계시는 분이 아니라고 말한다(행 7:48-50).[143] 율법에 대해서도 스데반은 그들의 무지를 책망한다. 그는 율법에 나오는 "하나님이 너희 형제 가운데서 나와 같은 선지자를 세우리라."(신 18:15, 18)란 모세의 말을 인용하며(행 7:37), 예수께서 바로 하나님에 의해 보냄을 받은 새로운 선지자, 새로운 율법의 담지자(bearer)로 오셨다는 점을 역설한다. 그리고 유대인들이 바로 이 예수를 죽였다고 스데반은 강하게 비판한다.[144]

성전과 율법은 유대인들이 가졌던 민족적 자부심을 떠받치고 있었던 두 기둥이라 할 수 있다. 그러나 이 두 기둥에 대한 잘못된 신념으로 인해 그것은 그들을 속박하는 굴레가 되어 버렸다. 스데반은 유대인들이 성전과 율법에 대한 자신들의 관점의 노예가 되어 보다

수교문서선교회, 1978), 259-263; P. Barnett, *Jesus and the Rise of Early Christianity: A History of New Testament Times* (Downers Grove, Ill.: InterVarsity Press, 1999), 218.

143) M. E. Boismard, "Stephen", in *The Anchor Bible Dictionary,* vol. 6: 209.

144) Ibid.

개방적인 시각을 갖지 못함을 질타하였다. 스데반은 '헬라파' 유대인 (참조, 행 6:1)으로서[145] 그리스도교에 대해서도, 그리스도교가 이방 인을 향해 나아가기 위해서는 예루살렘 성전과 결합된 제의를 넘어 서는 새로운 의식과 그리스도의 가르침에 근거한 새로운 도덕률을 채용해야 한다고 생각했을 것이다.[146]

"새 포도주는 새 부대에" 넣어야 한다(마 9:17, 막 2:22, 눅 5:38). 성전과 율법에 대한 유대인들의 자부심 자체가 나쁜 것은 아니다. 그러나 그 자부심이 하나의 굴레가 되어 새로운 시대의 도래를 인식 하는 데 장애물로 작용한다면 그 자부심은 분명 바람직한 것이 아니 다. 스데반은 유대인들을 속박하고 있는 굴레를 풀어 주고자 하였지 만 그들은 결코 그것을 받아들이지 아니하였다. 스데반의 설교를 듣 고 있던 유대인들은 "목이 곧고 마음과 귀에 할례를 받지 못한 사람 들"이었다(7:51). 그들은 스데반의 주장에 대해 분노와 증오로 대항 하였다. 자유민들의 회당에서 있었던 논쟁에서 스데반을 당해 내지 못했던 유대인들처럼(6:8 – 15), 이들도 또한 스데반을 당해 내지 못 하였으며 분노와 증오로 스데반을 대했다(7:54).

---

145) 사도행전 6:1에 나오는 '헬라파' 유대인과 '히브리파' 유대인은 언어와 문화적 배경에서 구분한 것으로 보인다. '히브리파'가 주로 팔레스타 인에서 자라 아람말을 사용하는 유대인이었다면, '헬라파'는 헬라어를 사용하며 헬라문화에 보다 개방적인 사람들로 대부분 디아스포라에 속한 자로 보인다. 스데반이 '헬라파'에 속했다는 명시적인 언급은 없 으나 그 이름으로 볼 때 스데반을 비롯한 집사들은 '헬라파'에 속한 사람들로 생각된다. 참조, F. F. Bruce, 『신약사』, 256 – 58.

146) M. E. Boismard, "Stephen", 209.

고난과 죽음을 두려워하지 않고

자유민들의 회당에서 있었던 그리스도에 대한 증언과 공회에서 있었던 스데반의 연설은 그가 자기에게 닥칠지도 모르는 고난과 죽음을 전혀 두려워하지 않는다는 것을 명백히 보여 준다. 아니, 정확히 말하면 스데반은 복음의 증언을 위해 고난과 죽음 속으로 자신을 내던지고 있다. 이미 공회는 예루살렘에서 믿는 자의 수가 증가하자 사도들에게 더 이상 예수에 대하여 말하지 말라는 엄명을 내렸다(행 5:27-28). 스데반이 이 사실을 몰랐을 리가 있겠는가? 그러나 스데반은 마치 공회의 명령을 듣지 못한 사람처럼 열심히 복음을 전했다. 성전과 율법을 모독했다는 정죄를 받고 공회 앞에 서게 되었을 때에도 스데반은 조금도 위축되지 않았다. 사도행전 6:15은 당시 스데반의 얼굴이 마치 천사의 얼굴과 같았다고 말한다. 그리고 스데반은 공회 앞에서 담대하게 자신의 주장을 피력하기 시작한다. 그는 하나님께 대한 유대인의 긴 불순종의 역사를 상기시킨다. 그리고 자신의 연설의 결론부에서 지금까지 일반적으로 사용하여 오던 3인칭 대신에 2인칭을 사용하여 날카로운 비판의 화살을 자기를 심문하는 자들을 향하여 직접 겨눈다. 그는 공회를 향하여 "목이 곧고 마음과 귀에 할례를 받지 못한 사람들", "항상 성령을 거스르는 자들", "의인[예수]을 잡아 주고 살인한 자들"이라고 공격한다(7:51-53). 그는 공회가 사형판결을 내렸던 예수, 바로 그 사람을 메시아로 증언하면서, 예수에 대한 사형판결을 하나님께 대한 지극히 큰 반항으로 규정한다. 도대체 그는 자신을 심문하는 자들에 대한 격렬한 책망이 얼마나 위험한 일인가를 모르고 있었을까?

사실 스데반이 공회 앞에 섰을 때에 공회가 스데반을 죽이기로 이미 결정했던 것으로 보기는 어렵다. 스데반이 헬라파 유대인으로서 일부 전통적인 유대 관습에 대한 시각이 팔레스타인에 사는 유대인들과 다소 다를지라도, 스데반은 사도의 반열에 있는 사람이 아니었기 때문에 공회가 굳이 스데반을 죽이려 할 필요가 없었을 것이다. 따라서 스데반이 공회 앞에서 보다 온건하게 자신의 견해를 피력하고, 자신을 심문하는 종교지도자들을 격렬하게 비난하지 않았더라면, 그는 죽음을 면할 수 있었을 것이다. 그러나 그는 이스라엘의 예언자와 같이 불의와 타협하지 않았으며, 죽음을 무릅쓰고 불의한 자들을 강하게 규탄하였다.

스데반은 예수의 증인이었을 뿐만 아니라 예수께서 가신 길을 철저히 따르는 예수 그리스도의 제자였다. 사실 사도행전 저자는 예수의 죽음과 스데반의 죽음 사이의 병행을 명백히 보여 줌으로써 이 사실을 강조한다. 예수와 스데반은 모두 공회 앞에 서게 되며, 거짓 증인에 의해 정죄를 받는다. 그 정죄는 성전에 대한 내용을 포함하고 있다(막 14:55-58, 행 6:12-14). 공회 회원들 앞에서 예수께서 "인자가 권능자의 우편에 앉은 것과 하늘 구름을 타고 오는 것을 너희가 보리라"라고 말씀하신 것처럼(막 14:62), 스데반도 "보라 하늘이 열리고 인자가 하나님 우편에 서신 것을 보노라"라고 말한다(행 7:56). 그리고 예수께서 죽임을 당하시면서 자신의 영혼을 하나님께 부탁하신 것과 같이(눅 23:46), 스데반도 돌로 쳐 죽임을 당하며 자신의 영혼을 하나님께 부탁한다(행 7:59). 또한 예수께서 자신을 죽이는 자들을 용서해 주시기를 하나님께 기도하셨던 것과 같이(눅 23:34),[147] 스데반도 자신을 돌로 치는 자들을 용서해 주시기를 기도

---

147) 어떤 사본들(p[75], B, D 등)에는 누가복음 23:34의 "예수께서 이르시되 아버지 저들을 사하여 주옵소서. 자기들이 하는 것을 알지 못함이니이

한다(행 7:60). 스데반은 진실로 예수를 따르는 자였다!

복음의 증인 스데반은 성경에 기록된 최초의 그리스도교 순교자가
되었다. 사실 '증인'과 '순교자'는 헬라어에서 동일한 단어(μάρτυς)이
다. 사도행전 22:20, 요한계시록 2:13, 17:6 등에서 이 단어는 번역에
따라 '순교자'로도, '증인'으로도 번역된다.[148] 사실 복음의 증인들은
죽음을 각오하고 그리스도를 전했으며, 그리스도교 순교자들은 죽음
으로써 증인의 사명을 감당하였다.

죽음 이후에 열매를 맺은 스데반의 사역

스데반의 죽음은 그리스도교 선교를 위축시킬 것처럼 보였다. 스
데반에게 분노한 유대인들이 그를 죽이는 것에 그치지 않고, 예루살
렘교회를 심하게 박해하였을 때(행 8:1), 더욱 그렇게 보였다. 그러나
하나님의 섭리는 실로 놀랍다. 스데반의 일로 야기된 예루살렘교회에
대한 박해는 복음이 땅 끝까지 전파되는 결정적 계기가 되었다. 박해
로 인해 예루살렘의 그리스도인들은 유대와 사마리아로 흩어지게 되
었으며(행 8:1), 그 흩어진 자들은 두루 다니며 복음을 전했다(행
8:4). 어떤 이들은 안디옥까지 가서 복음을 전하여 후에 이방선교의
요람이 되었던 안디옥교회를 탄생시켰다(행 11:19 - 21). 스데반의 죽
음은 "유대와 사마리아" 선교의 출발점이 되었을 뿐만 아니라 "땅
끝까지" 복음이 전파되는 계기가 된 것이다(참조, 행 1:8). 스데반이
그렇게도 간절히 원했던 것이 바로 그의 죽음을 통해서 이루어졌다.

다 하시더라."의 부분이 생략되어 있다.
148) 우리말 성경에는 거의 대부분 '증인'으로 번역되어 있다(계 17:6의 경
우 공동번역은 '순교한 사람'으로 번역).

스데반이 죽임을 당하던 현장에는 사울이라는 청년이 있었다. 그는 돌을 던지는 거짓 증인들의 옷을 지키고 있었으며(행 7:58), 스데반의 죽음을 당연한 것으로 생각하였다(행 8:1; 참조, 행 22:20). 그런 그가 회심을 통하여 그리스도를 믿게 되고, 스데반과 같은 관점을 지니게 되었으며, 이방인을 향하여 복음을 전파하는 사도가 되었다. 분명 "스데반은 이방인을 향한 사도(바울)의 선구자라 할 수 있을 것"이다.[149] 스데반이 설교할 때 천사의 얼굴과 같았던 스데반의 얼굴이 바울의 회심에 영향을 미쳤을까? 마치 토마스 목사를 처형하던 박춘권이 죽음을 앞둔 토마스 목사의 태도에 감명을 받아, 토마스 목사가 자신에게 준 성경을 읽고, 후에 그리스도인이 되었던 것처럼 말이다.[150] 아니면 죽음을 당하면서 자기를 박해하는 자들을 용서해 달라는 스데반의 기도를 하나님께서 응답해 주신 것일까?

실로 하나님의 섭리는 깊어서 누구도 측량할 수 없다. 이방인과 이방선교에 대해 개방적이었던 스데반의 죽음이 이방선교의 위축을 가져온 것이 아니라 오히려 복음이 이방세계로 전파되는 결정적인 계기가 된 것이다.[151] 하나님을 향한 우리의 간절한 소망이 우리가 살아 있을 동안 실현되지 않더라도 실망할 필요가 없다. 하나님은 우리가 죽은 후에도 우리의 사역이 열매를 맺을 수 있도록, 우리가 드린 기도가 응답될 수 있도록, 우리의 간절한 소망이 성취될 수 있도록 섭리하시는 분이기 때문이다.

---

149) M. E. Boismard, "Stephen", 210.
150) 참조, 김광수, 『한국 기독교 전래사』, 재판(서울: 기독교문사, 1986), 246-47.
151) 김철손, 『해설·사도행전』(서울: 대한기독교출판사, 1986), 67-68.

'스데반'이란 말은 영광의 상징인 '화관(면류관)'을 의미한다. 이 이름은 첫 순교자의 왕관을 쓰게 된 스데반에게 아주 잘 어울리는 이름이다. 스데반이 순교를 당할 때, 그는 예수께서 하나님의 우편에 '서신' 것을 보았다. 예수께서 하나님의 우편에 '앉아' 계신다는 일반적인 표현을 생각할 때, 예수께서 '서' 계신 것은 혹 스데반의 영혼을 친히 받으시기 위한 것은 아닐까?[152] 그 영혼을 친히 받으시기 위해 서신 것은 순교자에 대한 예수님의 특별한 애정과 관심을 표현해 주는 것이 아닐까? 그리고 "죽도록 충성하는" 자에게 주겠다고 약속하신 "생명의 면류관"(계 2:10)과 "선한 싸움을 싸우고", "달려갈 길을 마치고 믿음을 지킨" 자에게 주는 "의의 면류관"(딤후 4:7-8)을 씌어 주기 위한 것은 아닐까? 우리의 죽음이 스데반의 죽음처럼 값지고 아름다운 죽음이 될 수 있다면 얼마나 큰 영광일까? 한 알의 밀알이 썩어 많은 열매를 맺게 되는 것처럼, 우리의 죽음이 많은 사람들을 생명의 부활로 이끌 수 있는 그러한 죽음이 될 수 있다면, 그것은 얼마나 큰 하나님의 은총일까?

 그리스도교회는 순교자의 피를 토대로 발전되어 왔다. 초대교회의 발전에 결정적 기여를 했던 사도들은 거의 모두가 순교를 당한 것으로 알려져 있으며, 교부들을 비롯한 다른 많은 성도들도 복음을 증거하고 믿음을 지키기 위하여 기꺼이 목숨을 버렸다. 초대교회 이후 지금까지 복음으로 인하여 목숨을 버린 사람들의 수는 헤아릴 수 없을 것이다. 복음을 증거하고 믿음을 지키기 위한 그들의 '죽음'은 역

---

152) "스데반이 본 환상체험에는 그리스도는 그가 계신 곳으로 스데반을 영접하기 위하여 서 있다는 사상이 들어 있다." 문상희, 『사도행전주석』(서울: 연세대학교출판부, 1999), 156.

설적으로 그리스도교의 '생명력'을 보여 주었다.

❖ 참고문헌

김광수. 『한국기독교전래사』, 재판. 서울: 기독교문사, 1986.

김철손. 『해설·사도행전』. 서울: 대한기독교출판사, 1986.

문상희. 『사도행전주석』. 서울: 연세대학교출판부, 1999.

Barnett, Paul. *Jesus and the Rise of Early Christianity: A History of New Testament Times.* Downers Grove, Ill.: InterVarsity Press, 1999.

Boismard, M. E. "Stephen." In *The Anchor Bible Dictionary,* vol. 6: 207 −210.

Bruce, F. F. *New Testament History.* 나용화 역. 『신약사』. 서울: 예수교문서선교회, 1978.

Sweeney, James P. "Stephen's Speech (Acts 7:2−53): Is It as 'Anti− temple' as Is Frequently Alleged?" *Trinity Journal* 23 (Fall 2002): 185−210.

제3부

영문학에 나타난 조연들

조현애

들어가는 말

　구조주의의 선구자적인 역할을 하였던 프라하학파(Prague Circle) 멤버들은 전체적인 내용을 중시하던 그 이전의 비평방법과는 다른 비평방법을 제시했다. 그들은 "신비평(New Criticism)과 그 밖의 형식주의(Formalism) 운동과 비슷하게 문학작품의 부분은 작품의 전체에 도움이 되도록 합세하여 기능한다고 믿었다."(Childers & Henzi 346) 짜임새 있는 유기적 구조가 문학작품에 있어서 중요하다는 것을 인식했던 것이다. 그러나 그들은 문학텍스트의 각 부분이 중요한 기능을 하고 있다는 것을 인식하고 있었음에도 불구하고 그 부분들을 각기 동등한 것으로는 여기지 않았다. 따라서 어떤 요소들은 강조하고 나머지 요소들은 희생시키는 방식을 문학의 중요한 방식으로 여기고, 이를 '전경화(前景化 Foregrounding)'라는 용어로 설명하였다. 예를 들면, 그들은 시적 언어 중에서 은유적인 언어를 전경화하는 것을 시의 기법 중의 중요한 요소로 간주하였던 것이다.

　프라하학파가 언급했던 '전경화'는 주로 시적 언어를 대상으로 사용되었지만, 소설이나 드라마나 영화의 경우에 있어서도 등장인물의 '전경화'는 이미 일반화되어 왔다. 픽션이 아닌 현실세계에서는 우리 모두가 주인공으로 모두가 동등한 인격체로서 공존하고 있지만,

기존의 거의 모든 문학작품에서는 작가가 선택한 주인공이 전경화되어 있어서, 조연을 비롯한 주변 인물들은 작품의 의미를 유지시켜 주거나 주인공이 행동할 수 있도록 동기유발을 해 주는 일부분으로서만 묘사되어 왔다. 주인공의 경험에 따라 작품의 플롯이 정해지며, 주인공의 성패에 따라 희극 혹은 비극으로서의 장르로 나누어지는 것이다.

그러나 포스트모던 시대에 와서 다양한 문학비평방법이 소개되면서 '의미의 불확정성'을 중시하는 개념들이 대두되어, 작품의 특성을 이해하는 데 있어서 작가의 일방적인 의도만 중요한 것이 아니고 독자의 반응도 그에 못지않은 중요한 역할을 한다는 인식을 하게 되었다. 즉 사르트르가 말했듯이 "작가와 독자의 자유는 하나의 세계를 통해서 서로 찾고 서로 영향을 주고받는 것이므로, 세계의 어떤 모습을 들어 올리느냐 하는 작가의 선택이 그 독자를 결정하며, 거꾸로 말하자면 어떤 독자를 선택하느냐에 따라 작가의 주제가 결정"(Sartre 99-100)될 수도 있을 만큼 독자의 역할이 적지 않은 부분을 차지하게 되었다는 것이다.

그런데 중요한 점은 이렇듯 문학작품을 결정하는 데 중요한 기능을 하는 독자들의 시각은 각자에게 부여된 시대와 환경에 따라서 다양할 수밖에 없다는 것이다. 따라서 독자에 따라 문학작품의 한 부분으로서의 기능적 역할이 다양하게 되었고, 이를 평가하는 비평방법 또한 독자적 시각의 다양성만큼이나 다양해지고 있는 것이다.

최근 비평방법에서 두드러지게 변화되어 가고 있는 현상 중의 하나는 문학적 성향이 강자 중심적 시각에서 약자를 포함한 전체를 아우르는 포괄적 시각으로 변해 가고 있다는 점이다. 여성보다는 남성,

권력에 눌려 있는 자보다는 권력을 행사하는 자, 도움이 필요한 자보다는 도와주는 자, 흑인이나 유색인보다는 백인, 식민지의 피지배층 소시민보다는 제국주의 권력자의 견해를 중심으로 구성되어 가던 것이, 점차적으로 변화되면서 약한 자나 소외된 자의 당연한 권리를 대변하는 작품들이 출간되고 있고, 이들을 지지하고 보호하는 문학비평방법도 점점 체계화되어 가고 있다. 소외되어 왔던 식민지 국민들의 애환을 그린 작가들이 최근에 노벨상 수상작가가 되는 영광을 누리게 되는 경우가 점점 늘어 가는 것도 이러한 경향을 입증하는 것이라고 볼 수 있다. 물론 전적으로 소외된 자들의 아픔만을 그린 작품보다는 지배계층이었던 자들이 역으로 차별대우를 받고 있는 것에 대한 내용이라든지, 식민 국가나 국민들의 모순된 성향을 고발한 작가들이 스웨덴 한림원의 주목을 받고는 있지만, 어떠한 형태로든지 약자에 대한 관심이 높아지고 있다는 사실은 상당히 고무적이라고 할 수 있다.

작가가 인물을 설정하거나 작품의 배경을 선정하는 데 있어서 이처럼 소외된 대상을 들어 올리는 작업을 하는 동안에, 독자로서 혹은 비평가로서 작품 속에 등장하는 인물들 중에서 조명을 적게 받은 대상에게 관심을 갖는 일도 의미 있는 일이라고 할 수 있다. 사실, 작품의 주제를 결정하는 데 있어서는 주인공뿐만이 아니라 주변인물의 역할도 중요하다. 현실에서는 주변의 도움 없이 홀로서기를 한다는 것은 거의 불가능한 일이다. 따라서 주인공에게만 초점을 맞추고 주인공의 인생여정을 중심으로 작품의 주제를 파악하려고 하던 기존의 비평방식으로부터 벗어나서 이제는 주인공의 주변인물에게도 관심을 가지고 그들이 하는 역할을 조명하여 보는 것도 의미가 있는 일이라고 여겨진다.

일반적으로 조연들은 작품에서 주로 주인공의 행동에 영향력을 행사하거나 주인공을 돕는 조력자 혹은 주인공을 방해하거나 불의한 길로 이끄는 악한 인물로 등장한다. 그들이 주인공을 돕는 순기능을 하든지, 주인공을 방해하고 괴롭히는 역기능을 하든지 간에 그들은 작품을 완성해 가는 데 있어서 없어서는 안 될 인물임에 틀림없다. 그들은 사건의 실마리를 제공하기도 하고 사건을 극적으로 전개시키기도 한다. 주인공과 더불어 아름다운 화음 혹은 불협화음을 만들어 간다. 좀 더 적극적인 표현을 사용해 보면 주인공 혹은 주연은 조연이 있기 때문에 존재가능한 경우도 있고, 조연이 조연의 역할에 충실할수록 주연이 더욱더 찬란하게 빛날 수도 있는 것이다.

고대 그리스의 비극에서는 코러스가 극의 흐름을 사전에 감지할 수 있도록 하며 상황에 따라 현명하게 판단하고 미래에 대한 전망이나 재난을 전달하는 중요한 기능을 하였고, 셰익스피어를 비롯한 중세 혹은 문예부흥기의 희극에서는 어릿광대가 모럴리스트로서 작품의 주제를 전달하는 역할을 하기도 하였다. 고전주의 혹은 낭만주의 시대에는 주로 교구목사나 신부가 그 역할을 대신하는 경향이 있었으며, 현대에 와서는 주인공 주변의 친구나 선생님 혹은 인생의 선배 등, 주인공의 이웃들이 주인공과 교류함으로써 주인공을 완성시키는 역할을 하고 있다.

본고에서 저자는 문학작품에 나타난 주변 인물들 중 몇 사람을 찾아내어 그들이 작품 속에서 어떤 중요한 역할을 하고 있는지를 살펴보고자 한다. 대상 작품은 주로 영문학 작품으로 취급되는 문학작품 중에서 선정하였다. 첫 번째로 영문학을 연구하는 데 있어서는 결코 무시할 수 없는 고대 그리스 비극 중 가장 뛰어난 작품이라고 일컬어지는 소포클레스의 『오이디푸스 왕』을 택하였고, 많은 등장인물 중에서 별로 연구되지 않지만 중요한 역할을 하는 코러스를 택하였다. 다음으로는 영국의 대문호 셰익스피어의 『리어왕』에 등장하는 켄트 백작과 어릿광대 바보를 선택하였다. 그다음에 19세기 미국문학을 대표하는 나다니엘 호손의 『주홍 글씨』에 등장하는 퍼얼을, 또 20세기에 두 번이나 발발했던 세계대전에서의 참상과 제국주의자들이 약소국에 행한 불법적인 횡포를 세상에 알리는 데 공헌을 한 영국작가 그레이엄 그린의 『아바나의 우리 요원』을 선택하여 이 작품에 등장하는 의사 해슬버쳐를 분석하려고 하며, 18세기 영국을 대표하는 여류작가 샬롯 브론테의 『제인 에어』에서 주변인물로 등장하던 버사와 20세기 도미니카 출신 여류작가 진 리스의 『광활한 사가소 바다』에서 중심인물로 등장하는 버사 앙투아네트를 비교 연구할 것이다. 마지막 부분에서는 현재 활약하고 있으며 2003년에 노벨문학상을 수상한 남아프리카공화국의 작가 존 쿳시의 『추락』을 선정하여 지혜롭고 사려 깊은 조연인 루시에 관하여 살펴보려고 한다.

❖ 참고문헌

정명환 역. 장 폴 사르트르 저. 『문학이란 무엇인가』. 서울: 민음사, 2000. (Sartre, Jean‒Paul. *Qu'est‒ce que la littérature?*. Éditions Gallimard, 1948)
조동일. 『제3세계 문학연구 입문』. 서울: (주)지식산업사, 1996.

황종연 옮김, 조셉 칠더즈·게리 헨치 엮음.『현대 문학·문화 비평 용어사전』. 문학동네, 1999. (Childers, Joseph·Hentzi, Gary Ed. *The Columbia Dictionary of Modern Literary & Cultural Criticism*. New York: Columbia Univ. Press, 1995)

Loomba, Ania. *Colonialism/Postcolonialism*. Oxon: Routledge, 2005.

Selden, Raman·Widdowson, Peter·Brooker, Peter. *A Reader's Guide to Contemporary Literary Theory* 4th Ed. London: Prentice Hall, 1997.

코러스 — 소포클레스의 『오이디푸스 왕』

  고대 그리스 시대에는 신화를 중시하였으므로 신화 속의 예언자들과 그들이 주로 전달하게 되는 신탁들은 인간의 운명을 좌우하는 가장 진실한 존재로 취급되었다. 사실 신화(神話)·제의(祭儀)·민속(民俗) 등은 인간의 본질에 대한 인식의 소산일 뿐만 아니라 인간을 내적으로 조정하기 때문에 소재 그 자체가 일차적 형상화를 거친 문학의 원형이라 할 수 있다(김병욱 341). 따라서 대다수의 고대 그리스의 작가들은 신화를 재구성한 희곡을 생산하였다. 그러므로 영문학을 이해하는 데 있어서 성경적 지식이 필수인 것처럼, 그리스 비극을 이해하기 위해서는 신화에 대한 지식이 필수적이라고 할 수 있다.

  소포클레스(Sophocles, BC 496경~BC 406)도 전통적인 신화를 당대에 맞게 각색하여 희곡을 썼던 것으로 알려져 있다. 그는 아이스킬로스(Aeschylus, BC 525년경~BC 456년경), 에우리피데스(Euripides, BC 484경~BC 406)와 더불어 고대 그리스의 3대 비극작가 중의 한 사람으로서 널리 알려져 있다. 그는 그리스의 아름다운 도시 아테네의 근처에 있는 콜로너스(Colonus) 출신으로서 고향을 무척 사랑하고 아꼈던 작가였다. 그는 아테네에서 매년 개최되는 디오니소스(Dionysus) 대축

제에서 상연하기 위하여 희곡을 써서 이에 필요한 모든 것을 총지휘하는 역할까지 도맡아 했다고 알려져 있다. 특히 축제에서 상연하기 위한 희곡을 선정하는 대회에서 다른 작가들보다도 여러 차례 당선됨으로써 그 실력을 널리 인정받았었다. 그는 생전에 123편의 희곡을 썼다고 알려져 있지만 현존하는 작품은 7편으로서 『오이디푸스 왕(*Oedipus Tyrannus*)』, 『트라키스의 여인들(*Trachinian Women*)』, 『아이아스(*Ajax*)』, 『안티고네(*Antigone*)』, 『엘렉트라(*Electra*)』, 『필록테테스(*Philoctetes*)』, 『오이디푸스 콜로너스(*Oedipus at Colonus*)』 등이다. 그중에서 『오이디푸스 왕』은 아리스토텔레스가 그의 『시학(*Poetics*)』에서 높이 평가할 만큼 신화에 대한 심오한 통찰력을 가지고 정통적인 형식으로 구성한, 완성도가 높은 희곡이다.

『오이디푸스 왕』은 실제로 기원전 430년부터 427년 사이에 아테네에 퍼졌던 역병과 그리스의 신화를 배경으로 한 작품이다. 오이디푸스 신화는 이를 주제로 하여 쓰인 드라마가 적어도 13편 이상은 된다고 할 정도로 흥미를 끄는 주제였다. 『오이디푸스 왕』이 당대에 많은 사랑을 받았음은 물론이고 현대에도 사랑받으며 읽히는 이유는 친근한 신화를 바탕으로 한 완벽한 플롯과 스토리의 탄탄한 구성에도 있지만, 주인공이 현대적 감각을 지닌 독자들에게도 존경받기에 결코 부족함이 없을 만큼 훌륭하고 바람직한 인품의 소유자여서, 주인공의 희로애락(喜怒哀樂)에 공감대가 형성될 수 있다는 점도 커다란 역할을 하고 있다. 또한 정신분석학자 프로이트(Freud)가 오이디푸스 콤플렉스(Oedipus Complex)153)라는 그 유명한 용어를 소포클레스

---

153) 오이디푸스 콤플렉스(Oedipus Complex): William Walter가 그의 저서 *The Plays of Sophocles*에 기록한 것을 보면 다음과 같다. 오이디푸스

의 『오이디푸스 왕』을 보고 생각해 냈다는 것도(William Walter 34) 결코 무시할 수 없는 이유가 될 것이다.

　『오이디푸스 왕』은 누구나 다 알고 있는 내용이지만 그 스토리를 살펴보면 다음과 같다. 테베(Thebes)의 왕이었던 오이디푸스의 부모는 오이디푸스를 낳았을 때 그에 대한 신탁의 내용이 너무 끔찍하였기 때문에154) 그를 없애도록 지시했으나 심부름을 하던 양치기가 아기의 모습이 너무 귀여워서 죽이지 못하고 이웃 나라 양치기에게 키우라고 넘겨주었다. 그런데 그 이웃 나라의 양치기는 자기 나라의 왕에게 그 아기를 양자로 선사함으로써 그 아기는 이웃 나라의 왕자로 성장하게 된다. 시간이 흐른 후, 그 아기가 청년이 되었을 때, 자신이 아버지를 죽이고 어머니와 결혼하게 될 운명이라는 신탁을 듣게 되어 실망한 나머지 그 신탁이 이루어지지 않을 곳으로 피신하던 중, 우연히 한 노인과 그를 수행하고 있던 하인들을 죽이게 되고, 스핑크스의 횡포로 시달리던 이웃 나라를 스핑크스의 수수께끼를 풀어서 그 공포로부터 벗어나게 해 준 공로로 이웃 나라, 즉 자신의 부모의 나라

콤플렉스는 모든 젊은 소년들이 아버지에 대해서 느끼는 보편적인 적대감과 그들이 어머니에 대해서 느끼는 성적인 이끌림을 의미하는, 프로이트가 만든 용어이다. 프로이트는 같은 용어를 '오이디푸스 콤플렉스'와 '햄릿(Hamlet) 콤플렉스' 사이에서 어느 용어로 정해야 할지를 고민했었지만, 오이디푸스 신화가 이러한 모든 주제들의 기초가 된다고 생각하고 오이디푸스 콤플렉스로 정했다고 한다. William Walter, *The Plays of Sophocles* (New York: Monarch Press, 1963), 36 참조.
154) 오이디푸스의 아버지는 라이어스(Laius) 왕이었고 어머니는 현재의 아내인 이오카스테(Jocasta)로서 오이디푸스가 태어났을 때 그 아이에 의해서 왕이 죽게 되고, 왕비는 그 아이, 즉 아들과 결혼하게 될 것이라는 끔찍스러운 신탁을 받게 된다.

에서 왕이 되고 왕비를 아내로 맞이하여 4명의 자녀를 낳고 행복하게 살던 중, 계속되는 재앙을 해결하려는 과정에서 자신의 운명이 신탁대로 된 것을 깨닫고 의도적 맹인이 된 후 고행을 시작한다.

주인공은 "용감하고 활기 넘치며 책략적이고 자신만만하고 성급한"(Waldock 113) 오이디푸스 왕이고, 조연으로는 오이디푸스의 어머니이자 아내인 이오카스테(Jocasta)와 오이디푸스의 삼촌이자 처남인 크레온(Creon), 예언자 타이리시어스(Teiresias) 등이 있지만, 본고에서는 코러스의 역할에 대해서 고찰해 보고자 한다.

벨라코트(Vellacott)는 "코러스는 스토리의 등장인물은 아니다. 그들은 믿을 만한 참고인의 자리를 차지하고 있으며 듣고, 보고, 그것에 대해서 언급하기 위해서 그 자리에 있는 사람들이다."(Vellacott 231)라고 『오이디푸스 왕』[155]에 등장하는 코러스에 대한 간략한 정의를 내린다. 등장인물들이 무대 위로 나와서 중심 스토리를 연기하고, 그들이 퇴장하면 코러스가 무대를 오가면서 청중들로 하여금 이전의 에피소드와 관계된 사건에 감정이입을 하게 하고, 미래를 예측하게 해 주며, 등장인물들에게 충고하고, 분위기를 조화롭게 조절하고, 자신들의 도덕적 기준을 설명하고, 신에게 자신들의 원하는 바를 이루게 해달라고 기원하는 등의 내용으로 노래한다.

---

155) 『오이디푸스 왕』의 플롯은 프롤로그(Prologue)와 패로도스(Parodos), 네 개의 에피소드(Episode)와 네 개의 스테이시몬(Stasimon) 그리고 엑서더스(Exodus)로 되어 있다. 프롤로그, 에피소드, 엑서더스에서는 등장인물들이 사건에 대한 대사를 연기(演技)하고, 패로도스나 스테이시몬에서는 코러스가 이전의 내용에 관한 부연설명 및 전개될 내용에 관한 예시를 노래한다.

다른 그리스 비극에 비해서 코러스의 역할이 다소 축소되었다고는 하지만, 『오이디푸스 왕』에서도 역시 코러스는 작품의 흐름을 감지할 수 있게 유도하고 있다. 『오이디푸스 왕』의 코러스는 오이디푸스보다도 테베에서 더 오랫동안 살고 있던 원로들로 구성되어 있다. 그들은 무대의 한 편에 서서 인물들의 대사를 주의 깊게 듣고, 그들의 대화 및 자신들이 알고 있던 내용을 근거로 하여 등장인물들 사이의 갈등을 완화시키기도 하고 극의 전개 속도를 조정하기도 하면서 스토리의 빈 공간을 채워 준다.

『오이디푸스 왕』의 첫 번째 에피소드(episode)에서는, 크레온으로부터 나라의 재앙이 어느 한 사람으로 인하여 생긴 것이므로 그 사람을 추방시키거나 피를 피로 갚아 주어야 한다는 것을 알게 된 오이디푸스가 신의 지시를 이행하기 위하여 왕으로서의 각오를 선포한다. 바로 이어 첫 번째 스테이시몬(stasimon)에서 코러스는 "죽는 자의 수를 셀 수 없고 어린이들의 시체가 들판을 뒤덮고 미처 태어나기도 전에 죽지만, 어느 누구도 그들을 불쌍히 여기지 않으며, 악취를 풍기고 질병과 죽음이 확산되는"(Sophocles 18)[156] 재앙의 땅을 구해 달라고 기원함으로써 관중들의 동정심을 유발한다. 또한 코러스는 난처한 상황에 대한 해결책을 제시한다.

코러스는 왕이 라이어스(Laius) 왕을 죽인 원수를 갚기 위하여 그 원수가 누구인지를 알고 싶어 할 때에 왕에게 아폴로(Apollo) 신을 찾으라고 제안하고, 아폴로 다음으로 진실을 말해 줄 사람으로서 예언

---

156) Sophocles, *Oedipus Tyrannus.* Luci Berkowitz & Theodore F. Brunner tr. & ed. (New York: W. W. Norton & Company, Inc. 1970), 18. 이후로는 각 장의 각각의 텍스트는 쪽수만을 기입할 것이다.

자 타이리시어스(Teiresias)를 추천한다. 타이리시어스는 왕의 앞에서 사실을 발설하기를 거부하지만 왕이 자신을 의심하고 폭언을 퍼붓자 "당신이 신성을 더럽힌 자이고 이 땅을 오염시킨 사람"(25)이라고 진실을 폭로해 버림으로써 두 사람 사이의 갈등이 시작된다. 이때도 코러스는 "신의 명령을 따라야 할 때에 두 사람이 다 분노를 품고 말하고 있다."(28)고 하면서 그들의 다툼을 저지시키고, 수세에 몰려 있던 타이리시어스로 하여금 오이디푸스가 처한 현실 및 운명에 대해서 시원스러울 만큼 털어 내놓을 수 있도록 분위기를 조성해 준다.

코러스는 정의의 편에 서서 공평하게 사태를 판단하고 이를 진정시키는 조정자 역할을 한다. 첫 번째 스테이시몬에서 코러스는 막힘없고 거침없이 쏟아져 나오는 예언자의 말을 주시한 후, 왕의 운명에 대해 "들었던 말을 인정할 수도 없고, 반대할 수도 없구려. 무슨 말을 해야 할까요. 불길한 징조에 가슴이 두근거리는구려."(31)라고 안타까움을 노래한다. 그들은 "모두가 지켜보는 가운데 스핑크스가 그에게(왕에게) 왔을 때, 지혜로 도시를 구해 준 적이 있는"(32) 왕에 대한 믿음이 크기 때문에, 예언자가 더 현명할 수도 있다는 것을 알고 있지만 예언자보다는 왕을 믿으려고 한다. 그들은 자신들이 지지해 왔던 왕에 대한 신뢰를 저버리지 않기 위하여 노력하는 것이다.

코러스는 사태를 진정시키고 중재자의 역할을 하지만, 인간과 신의 관계에서는 인간보다는 신을 우위에 두기 때문에 신의 계시를 더 중시한다. 두 번째 에피소드에서 왕으로부터 예언자와 공모를 했다고 의심을 받고 있던 크레온이 등장하여 왕에게 항의할 때도, 코러스는 크레온에게 왕의 충격을 이해시키며 왕을 보호하려고 한다. 그러나 왕비로부터 선왕인 라이어스의 죽음에 관한 이야기를 듣고 왕이 불안해하자, 코러스는 왕이 선왕의 살해자라는 확신을 하게 된다. 정확한 증거를 확인한 그들은 "무례함이 폭군을 만들고, 불합리하고 부적당한 무례함은 파멸에 이르게 되기 마련이고, 라이어스 왕에 대한 예언이 맞지 않는다면 신은 더 이상 존경받지 못할 것"(49)이라고 말하면서 단호하게 태도를 바꾼다. 그들은 왕으로서의 오이디푸스는 존경하지만, 그의 인격에 대한 신뢰보다는 신의 계시에 대한 믿음을 더욱 중시하는 것이다.

엄중한 신의 계시를 따르기는 하지만 코러스는 여전히 자비로운 인격자이다. 극이 클라이맥스에 이르러 오이디푸스가 파멸에 이르게 되자 코러스는 "누구의 이야기가 이보다 더 비참하겠습니까."(64)라고 탄식하며 애도의 울음을 운다. 무대에서 모두가 다 사라진 후, 코러스는 "지금 그를 보세요. 불행의 파괴자가 그를 삼켜 버렸군요! 언제나 마지막 날을 보세요. 마지막 날 고통으로부터 구원받을 때까지는 어느 누구도 행복하다고 말할 수 없는 것을"(76) 이라고 탄식을 한다. 그들은 신의 계시에 의한 불행한 결말에 대해 몹시 안타까워한다.

이상에서 살펴본 바와 같이 소포클레스의 『오이디푸스 왕』에 등장하는 코러스는 객관적이고 전지전능한 3인칭 시점 해설자와 같은 역할을 하고 있는 것을 알 수 있다. 그들은 신과 인간의 위계질서를 분명하게 정립하며 등장인물들의 일거수일투족을 면밀히 살피고 진행되어 가는 상황에 대한 정확한 판단을 한다. 또한 미래에 대한 조심스러운 예측도 하며, 공정하지 못한 처사가 보일 때는 과감하게 꾸짖기도 하는 도덕적 잣대 역할을 한다. 주연급에 속하지 않는 등장인물이지만 어느 한 편에 속하여 편파적인 판단을 하지 않고 공평하고 정의로운 판단을 함으로써 누구보다도 신뢰받는 인물의 역할을 성실하게 수행하는 것이다.

◑ 참고문헌

Sophocles. *Oedipus Tyrannus.* Berkowitz, Luci & Brunner, Theodore F. Tr. & Ed. New York: W. W. Norton & Company, Inc. 1970. (Text).

김병욱. "영원회귀의 문학 ― 김동리 편", 『문학과 신화』 '문예과학신서 2'. 김병욱, 김영일, 김진국, 최정무 편저. 서울: 도서출판 대람 (大覽), 1981.

Aristotle. *Poetics.* Gerald F. Else. Tr. USA: Univ. of Michigan. 1967.

Fortes, Meyer. "Oedipus and Job", Berkowitz, Luci and Brunner, Theodore F. Tr. & Ed. *Oedipus Tyrannus,* A Norton Critical Edition. New York: W. W. Norton & Company. 47－52.

Vellacott, P. H. "The Chorus in *Oedipus Tyrannus*", Berkowitz, Luci and Brunner, Theodore F. Tr. & Ed. *Oedipus Tyrannus,* A Norton Critical Edition. 229－245.

Waldock, A. J. A. "Drama of Dramas: *The Oedipus Tyrannus*", Berkowitz, Luci and Brunner, Theodore F. Tr. & Ed. *Oedipus Tyrannus,* A Norton Critical Edition. New York: W. W. Norton & Company, 1970. 113－128.

Walter, William. *The Plays of Sophocles.* New York: Monarch Press, 1963.

Winnington－Ingram, R. P. *Sophocles an Interpretation.* Great Britain: Alden Press, 1994.

켄트 백작과 어릿광대 풀
─ 셰익스피어의 『리어왕』

　『리어왕(*King Lear*)』(1608)은 『햄릿(*Hamlet*)』(1603), 『맥베스(*Macbeth*)』(1623), 『오셀로(*Othello*)』(1622)와 더불어 영국이 자랑하는 대문호(文豪) 셰익스피어(William Shakespeare, 1564~1616)의 4대 비극 중의 하나로 잘 알려져 있다. 『햄릿』은 덴마크 왕의 동생인 클로디어스(Claudius)가 덴마크 왕을 살해하고 형수인 거어트루드(Gertrude)를 아내로 맞이하면서 왕이 되었기 때문에 선왕의 왕자인 햄릿이 이를 알고 숙부에 대하여 복수를 하는 과정을 그린 작품이고, 『오셀로』는 무어(Moor)인 오셀로가 지나친 질투로 인하여 자신의 아내인 데스데모나를 살해하는 결말을 맞게 되는 비극이고, 『맥베스』는 왕이 되고자 하는 맥베스의 잔인한 악행과 이에 따른 비극적 결말을 그린 작품으로서, 적어도 부모와 자식 간의 배반과 복수를 주제로 삼지는 않은 데 반하여, 『리어왕』은 브리튼의 왕 리어와 배은망덕한 그의 딸들과의 관계를 그린, 애절하다 못해 처절하기까지 한 비극작품이다.

　『리어왕』의 줄거리를 살펴보면 다음과 같다. 브리튼(Britain)의 리어왕은 연로하였으므로, 왕의 권좌를 젊은 사람에게 양도하고 편안한 노년의 삶을 영유하기 위하여 국토를 삼등분하여 세 딸에게 분배하려고 한다. 리어왕은 자신에 대한 딸들의 애정이 어느 정도인지 궁금한 나머지 딸들에게 자신을 얼마나 사랑하느냐고 차례로 질문한다. 아버지를 그다지 사랑하지 않는 큰딸 거너릴(Goneril)과 둘째 딸 리이건(Regan)은 온갖 화려하고 풍성한 미사여구를 동원하여 아버지를 매우 사랑한다고 너스레를 떨지만, 셋째 딸 코어딜리어(Cordelia)는 깊이 생각해 보면 다양한 의미가 내포되어 있지만, 얼핏 들으면 너무 무미건조하게 들리는 '아무것도(nothing)'라는 대답을 한다. 그녀는 의외의 대답에 놀란 왕에게, 자신을 낳아 주신 부모님이기 때문에 그 은혜에 보답하기 위하여 순종하고 사랑하고 공경한다고 덧붙인다. 위의 두 딸들에게서보다도 더 풍성하고 따스한 사랑의 말을 기대했던 왕은 가장 사랑했던 막내딸로부터 너무 성의 없는 대답을 듣게 된 것이다. 실망한 왕은 분노하여 위의 두 딸들에게만 재산을 분배하고 막내딸은 무일푼으로 프랑스 왕에게 시집보내 버린다. 충성스런 신하인 켄트 백작이 용감하게 왕의 처사에 반대의견을 표명하지만 왕은 오히려 켄트 백작을 내쫓아 버린다. 왕은 약속한 대로 큰 딸과 작은 딸의 집에서 번갈아 가며 살고 싶어 하지만, 딸들의 냉대에 갈 곳을 잃고 거지처럼 헤매다 광증까지 얻게 된다. 왕은 다행히 막내딸의 보살핌을 받게 되면서 막내딸의 진심을 알게 되지만, 안타깝게도 왕은 물론이고 막내딸과 켄트를 포함한 등장인물 대다수가 죽게 되는 처참한 비극적 결말을 맞게 된다.

셰익스피어가 활동을 하던 시기는 왕권과 봉건군주제에 대한 국민의 신뢰가 조금씩 무너져 내리고 있었고, 청교도를 중심으로 왕실과 귀족에 대한 불만의 소리가 높아지고 있던 때였다. 기득권층의 세력이 점점 쇠퇴해져 가는 자리에 합리적 이성을 지닌 학자들, 해상권의 발달로 인한 무역을 통하여 부를 축적할 수 있었던 중산층 상인들 혹은, 사회의 구조적 모순을 해결하고자 하는 개혁가들이 점점 새로운 중심세력을 형성하고 있었다. 따라서 왕실과 귀족들의 전유물이던 극장이 모든 계층의 사랑을 받으며 활성화되고 있었으므로, 사회의 흐름에 민감하던 셰익스피어는 모든 계층의 취향에 맞거나, 적어도 거슬리지는 않는 작품을 구상했어야 했을 것이다.

이러한 상황을 잘 반영하듯이 『리어왕』에서는 등장하는 각계각층의 인물들이 제각기 나름대로의 특징이 있고, 개성이 있어서 분명한 자기 색깔을 나타내고 있다. 선한 인물에게서도 결정적인 단점이 보이고, 악한 인물들에게서도 장점이라고 할 수 있는 면이 보이기도 한다. 극의 중심 플롯(main plot)은 리어왕과 그의 딸들과의 갈등을 중심으로 전개되고, 부차적인 플롯(sub‒plot)으로서 리어왕의 신하인 글로스터(Gloucester) 백작과 그의 적자와 서자 사이의 갈등이 전개되고 있다. 글로스터 백작이 서자인 에드먼드(Edmund)의 계략, 즉 적자인 에드가(Edgar)가 재산 때문에 글로스터를 죽이려고 한다는 말에 속아서, 에드가를 죽이려고 애쓰지만 오히려 에드먼드에게 죽게 된다. 이처럼 리어왕을 중심으로 하는 중심 스토리와 글로스터 백작을 중심으로 하는 보조 스토리가 서로 비슷하게 거의 동시 발생적 상황으로 설정되어 있다.

중심인물인 리어왕과 코어딜리어, 글로스터와 에드가는 선한 인물(protagonist), 거너릴과 리이건, 에드먼드는 악한 인물(antagonist)로서 상호간의 갈등이 고조되어 가며 독자를 긴장시키다가 선한 인물이건 악한 인물이건 간에 모두가 처참한 죽음을 맞이하게 된다. 중심인물

외에 오올버니 공작, 코온월 공작, 프랑스 왕, 켄트 백작, 광대 바보 등이 등장하여 지나치게 심각한 상황이 될 수 있는 순간에 긴장을 풀어 주거나 느슨할 우려가 있을 무렵에 긴장을 고조시키기도 하면서 공간을 채워 주는 중요한 역할을 하고 있다. 노드롭프라이(Northrop Frye)의 말처럼 "모든 우스꽝스러운 희극적 구조에도 불구하고 『리어왕』에서는 누구나 모두 비극을 경험"(Frye 28)하게 된다. 이러한 점은 셰익스피어의 타고난 작가로서의 재능 덕택이 아니라고 할 수 없다.

본고에서는, 조연이지만 작품 속에서는 물론이고, 동서고금을 통하여 통용될 수 있는 도덕적 기준을 잘 표현하고 있는 켄트 백작과 어릿광대에 관하여 살펴보고자 한다.

1) 켄트(Kent) 백작

켄트 백작은 리어왕이나 글로스터 백작 가문에는 속하지 않는 사람으로서 주변 인물들 중의 하나로 등장하지만, 많은 신하들 중에서 유일하게 리어왕에게 바른 말을 하며 충성을 다하는 인물이다. 그는 "나 자신을 믿는 자를 위하여 진심을 다해 봉사하며, 정직한 사람을 사랑하고, 현명한 사람과 대화하되 말을 적게 하고, 심판을 두려워하며, 달리 방법이 없을 때에만 싸우고, 생선을 피하는"(Shakespeare 1. 4. 14 −18) 사람이라고 자신을 소개한다. 자신의 평가대로 그는 헌신과 희생을 할 줄 아는 사람이다. 뿐만 아니라 그는 판단력 또한 뛰어나서, 왕이 누구를 더 사랑하는지 그리고 왕에게 아부하는 주변 사람들이 종국에는 어떠한 태도를 보이게 될지를 정확하게 판단할 줄 아는 지혜를 가졌다.

리어왕은 어리석게도 재산을 분배하기 위하여 딸들에게 애정 정도를 확인하는 과정에서, 두 딸들이 하는 거짓 섞인 대답에 마음이 흡족해하며 유난히도 사랑하던 막내딸에게 "자. 이제 포도가 풍성한 프랑스 왕과 우유가 넘쳐흐르는 버건디 왕(Burgundy)이 너의 관심을 끌어서 사랑을 쟁취하기 위하여 애쓰는 우리 막내이며 가장 어리지만 우리의 기쁨이 되는 딸아, 너는 네 언니들보다 더 풍성한 재산을 얻기 위하여 무슨 말을 할 수 있겠느냐? 말해 보거라."(1. 1. 84 – 88)라고 질문을 한다. 그러나 코어딜리어는 "아무것도(nothing)"(1. 1. 89)라고 애매모호한 대답을 한다. 왕이 기대했던 것은 이렇듯 간단하고 함축적이고 무심한 대답이 아니었다. 왕은 기대했던 애정이 듬뿍 담긴 말을 듣지 못해서 몹시 화가 난 나머지 막내딸에게 주려고 했던 재산마저도 다른 두 딸들에게 주어 버린다. 오만함으로 인한 잘못된 판단 때문에 리어왕은 비극적 운명을 자초하게 된다. 코어딜리어 또한 상속도 받지 못하고 종국에는 죽음을 맞이함으로써 비극적 운명을 피할 수 없게 된다. 사실 그녀가 이러한 운명을 맞이하게 된 원인도, 애정의 고백을 듣고 싶어 하는 아버지의 자연스러운 요구에 순종하지 못하고 자신의 의지대로만 대답을 했던 코어딜리어에게 있는 것이다 (Saintsbury 204).

어리석은 왕과 고지식한 셋째 딸, 교활한 첫째 딸과 둘째 딸, 충성스럽지 못한 신하들과의 갈등 사이에는 이를 해결하려고 노력하는 켄트 백작이 있다. 그는 정직한 신하로서의 면모를 갖춘 인물이어서 이처럼 왕이 교만하여 돌이킬 수 없는 파멸로 치닫게 될 우려가 있을 때, 죽음의 위험을 무릅쓰고 왕의 결정에 대한 반대의사를 분명하게 밝힌다. 그는 리어왕을 "왕으로서 존경하고 아버지처럼 사랑하고 주인으로서 따르고 은인으로 여기며 계속 기도"(1. 1. 42−44)하고 있다고 말하면서 자신의 왕에 대한 충성심을 분명하게 표현함과 동시에 왕의 잘못된 판단도 과감하게 지적한다. 그는 왕의 불같은 호령에도 불구하고 신하로서의 도리를 다하기 위하여, 왕의 권위가 우스갯거리가 되지 않도록 왕의 위엄을 되찾을 것을 간곡하게 부탁하며, 신중을 기하고 성급하게 일을 처리하지 말 것을 간청하며, 코어딜리어의 다 표현하지 못한 진심을 대신하여 "막내 따님은 왕을 가장 적게 사랑하는 것이 아니며, 낮은 목소리라고 해서 결코 힘이 없지도 않고 마음이 없는 것도 아니"(1. 1. 154−156)라고 변호한다. 그는 왕의 안위만을 위하고 왕의 적들과 싸우기 위하여 자신의 생명을 담보로 내놓을 것을 분명히 밝히지만, 어리석은 왕은 이미 분별력을 잃은 상태여서 켄트에 대한 분노를 삭이지 못한다.

충성스러운 신하로서 옳은 말을 할 만큼 용감하고 판단력도 뛰어난 켄트가 리어왕의 분노를 자초함으로써 추방을 당하게 되는 데는 그의 강직한 성품이 한몫을 한다. 보통 수준의 신하였다면 자신이 신하이고 상대가 국왕인 상태에서 상대방의 분노가 극에 달했을 때, 아무리 자신이 하는 일에 대한 소신이 분명하여도, 한 숨을 고른 후에 왕의 분노가 어느 정도 누그러뜨려지면 다시 조용히 조심스럽게 충고하려고 했을 것이다. 그러나 켄트는 상황이 최악임에도 불구하고 자신의 생각을 과감하게 표출하고 있다. 그는 사리분별을 하지 못하는 리어왕이 "내 눈앞에서 사라져 버려라."(1. 1. 159)라고 화를 내자 왕에게 "잘 보세요, 왕이시여. 제가 항상 왕의 눈의 한가운데(true blank)에 있도록 해 주세요."(1. 1. 160−161)라고 대답한다. 여기에서 'blank'라는 단어는 눈 한가운데 있는 하얀 점을 의미하지만, '텅 빈'

이라는 뜻도 있어서, 왕이 눈은 있으나 실은 아무것도 보지 못하기 때문에 실상 눈이 없는 것과 마찬가지라는 의미로 해석할 수 있을 것이다. 이는 판단력을 잃은 왕을 대신하여 분별력을 갖추고 싶어 하는 진심 어린 충정을 표현한 것이라고 볼 수 있다. 그러나 그는 결국 왕의 명령에 따라 왕궁을 떠날 수밖에 없는 신세로 전락한다. 본인의 안위보다는 신하로서의 도리를 우선시한 결과인 것이다.

켄트의 분별력과 충성심은 그가 왕궁을 떠나면서 왕의 세 딸들에게 하는 말에서도 충분히 나타난다. 그는 코어딜리어에게 "공정하게 생각하고 가장 옳게 말씀하신 공주님, 신들이 자기들의 아름다운 처소로 공주님을 데려갈 겁니다."(1. 1. 183 – 184)라고 위로하고, 리이건과 거너릴에게는 "공주님들의 호언장담이 행동에 옮겨지길 원합니다. 사랑의 말로부터 좋은 결과가 생겨나길 바랍니다."(1. 1. 186 – 187)라고 당부하며 작별인사를 한다. 그는 아버지로부터 버림받은 막내 공주는 위로해 주고, 거짓을 고하여 막대한 재산을 소유하게 된 위의 두 공주들에게는 자신들의 말처럼 아버지인 왕을 지속적으로 사랑하고 배려해 달라고 부탁하는 것이다.

켄트 백작은 추방당한 후에도 리어왕이 어려움에 처하여 도움을 필요로 할 때에 변장을 하고 나타나서 왕을 보살피는 일을 한다. 그는 이미 기세가 꺾인 리어왕의 친절한 안내자 역할을 한다. 그의 충성심은 현대적인 시각으로 볼 때 우스꽝스럽기조차 하다. 왕이 바람직하지 못한 결정을 하고, 되돌릴 수 없는 잘못을 하였음에도 불구하고, 그 잘못을 지적했다는 이유로 그토록 오랫동안 충성을 다해 섬긴 신하를 추방해 버렸다면, 어느 누구도 더 이상 그 왕을 섬기려고 하지 않을 것이 분명하다. 그러나 켄트 백작은 자신이 예상한 대로 불행한 사태가 진행되는 것을 보며, 마치 곤경에 빠진 자녀를 지켜보는 부모 같은 심정으로 그 역경에 동참한다.

켄트 백작은 필요 이상의 충성을 하는 어리석은 인물처럼 보이지만 실상 뛰어난 판단력의 소유자다. 그는 리어왕이 자포자기를 한나머지 폭풍우 속에서 미치광이 상태로 헤매는 것을 보고 안타까워하며 왕의 셋째 딸 코어딜리어에게 그 소식을 전한다. 그가 셋째 딸에게 소식을 전할 수 있었던 것은, 그의 예리한 판단력 덕분이다. 셋째 딸 코어딜리어도 왕에게 버림받았었지만 자신과 마찬가지로 리어왕을 사랑하고 있을 것이라고 확신했기 때문이다. 그는 모든 불행한 상황을 원상태로 회복시키고 리어왕을 복권시키기 위하여 리어왕의 큰 딸과 둘째 딸에게 과감하게 대항해야겠다고 판단한다. 그러나 불행하게도 그의 지극한 정성에도 불구하고 상황이 전혀 호전되질 않고 리어왕은 죽게 된다. 그는 "왕의 영혼을 괴롭히지 마시오. 세상과 작별을 할 수 있게 해 주시오."(5. 3. 314)라고 호소하는 등, 끝까지 최선을 다한 후 "변장을 하고, 원수로 여겨야 할 왕을 쫓아다니면서, 왕을 위해서 노예도 못 할 여러 가지 고생을 하고"(5. 3. 221) 세상을 하직한다.

몇 가지 예를 통하여 살펴보았듯이 켄트 백작은 『리어왕』의 등장인물들 중에서 인격적으로 가장 고상하고 이상적인 성품을 지닌 인물이다. 청중 모두가 쉽게 존경할 수 있는 인물로서 인정할 수 있게 되는 중요한 인물 중의 하나이다(Booth 63). 믿음직하고 성실하고 정직하며 법도를 알고 말을 아끼며 정의로워야 할 때 용감히 나설 수 있는, 소위 말해 바람직한 종교적 인성을 지닌 자로서 작품이 지향하는 바를 독자가 판단할 수 있도록 시금석의 역할을 하는, 훌륭한 조연역할을 한 주연이다.

2) 어릿광대 풀(Fool)

셰익스피어의 등장인물 중에서 조연도 못 되는 엑스트라 같은 인물이지만 결코 무시할 수 없는 사람은 어릿광대이다. 성경의 잠언이나 전도서 혹은 각 민족의 속담으로 사용됨 직한 어릿광대의 넋두리는 적재적소에서 튀어나오며 긴장감을 완화시키기도 하고 사건의 진행을 촉진시키기도 한다. 가끔은 엉뚱하지만 항상 재치 있는 어릿광대는 때로는 의미심장한 말로, 때로는 비아냥거림으로 작품의 흐름 방향을 미리 짐작할 수 있게 해 주는 역할을 하며, 대단한 사명감을 가지고 매사에 참견하기 좋아하는 훈육주임처럼 인생의 도덕적 기준을 제시한다.

『리어왕』에서도 어김없이 부조리한 세상 풍조에 대해 비아냥거리는 어릿광대가 등장한다. 그는 "양반이나 귀족들이 내가 혼자서 광대 노릇을 하도록 가만두지 않는군요. 내가 혼자서 광대노릇을 하려고 하면 그 사람들이 나누어서 하려고 하고, 심지어는 부인들까지도 그렇거든요."(Ⅰ. 4. 156－158)라고 비아냥거리면서 리어왕의 주위에 있는 딸들뿐만 아니라 고관대작들 사이에서도 실소를 금치 못할 코믹한 상황이 전개되고 있음을 암시해 준다. 전 재산을 자식에게 내어 준 빈털터리 왕의 주변에서 일어나고 있는 행태들이 정상적일 리가 없다. 피비린내 나는 권력다툼, 골육상쟁, 권력에 기생하는 졸부들의 줄서기 등이 숨 가쁘게 전개되는 것은 너무나 당연한 일이다. 어릿광대는 이러한 현실이 싫어서 가면을 쓰고 초월한 척 살아가고 있다.

어릿광대는 다른 등장인물과는 달리 주변상황에 대해 냉소적이면서도 깊이 관여하여 사태를 해결하는 데 일조를 한다. 리어왕이 두 딸들에게만 재산을 분배해 버려 무일푼이 된 후, 큰딸의 하인인 오스왈드가 감히 리어왕을 조롱하는 것을 보고 변장한 켄트 백작이 리어왕을 대신하여 그를 꾸짖자, 어릿광대는 하고 싶었던 말을 시작한다. 그는 켄트 백작에게 자신의 모자를 벗어 주면서, 인기가 없어진 사람을 두둔하고 나서는 것보다는 광대의 모자를 쓰는 편이 낫다고 말하면서 "소유하고 있는 것을 다 보이지 말고, 알고 있는 것을 다 말하지 말라. 빚진 것보다 더 꾸어 주지 말고, 가는 곳보다 더 멀리까지 말을 타라. 생각하는 것보다 더 많이 배우고, 내기한 것 이상으로 바라지 말라. 술과 여자를 다 버리고 집 안에 있으면 가진 것보다 얻는 것이 더 많아지리라."(1. 4. 121-130)라고 충고한다. 그는 인간은 매사에 지혜롭게 준비하고, 지나치게 교만하지 말 것이며, 항상 배우는 일에 열성을 보이고, 돈을 꾸거나 빌리는 것을 함부로 하지 말라고 당부하며, 방탕하거나 술을 마시지 말 것을 권한다. 이러한 그의 충고의 내용은 성경의 잠언에서 자주 볼 수 있는 내용이어서 더욱 흥미롭다.

어릿광대는 일반인들에게 보편적으로 적용될 수 있는 훈계뿐만이 아니라 리어왕 개인이 들어야 할 훈계를 거침없이 비유적으로 쏟아낸다. 리어왕이 큰딸 거너릴에게 냉대를 당한 후에 탄식을 하자, 광대는, "당신(리어왕)은 딸들에게 회초리를 주고 매를 맞기 위해 바지를 벗었지요. 그들은 그때 좋아서 울었고, 나는 슬퍼서 노래를 하였습니다."(1. 4. 177-178) 또한 "그렇게 오랫동안 담장의 참새가 뻐

꾸기 어미를 먹여 주었는데, 그 새끼는 참새의 목을 잘라 버렸답니다."(1. 4. 221-222)라고 계속적으로 탄식을 한다. 그는 "아버지들이 누더기를 입고 있으면, 자식들이 소경이 되고, 아버지들이 주머니를 가지고 있으면 자식들이 친절한 것을 볼 수 있지요. 운명이라는 악명 높은 매춘부는 결코 가난뱅이한테 열쇠를 주는 법이 없다오."(2. 4. 47-52)라고 생활의 기초적인 지혜를 넋두리하듯 들려준다.

어릿광대의 표현은 일반적인 삶의 지혜에서부터 점진적으로 리어왕 개인에게 필요한 지혜, 더 나아가서는 리어왕의 실수에 대한 탄식에까지 이르게 된다. 그러나 더 이상 회복의 가능성을 찾을 수 없게 된 리어왕을 보며 어릿광대는 "현명해지기 전에 늙지 말았어야 했다."(1. 5. 44-45)고 탄식하기 시작한다. 평범한 노인이라면 젊은 이들에게 결여되어 있기 쉬운 지혜라는 무기가 있기 마련인데, 리어왕은 교만함 때문에 가장 상식적인 지혜마저도 갖추지 못했음을 한탄하는 것이다. 리어왕이 폭풍우 속에서 갈 곳도 없이 괴로워하자 그는 "술이 없는 집에서 성수를 달라고 아첨하는 것이 밖에서 빗물을 달라고 하는 것보다 나으니, 딸들에게 축복을 구하세요. 이런 밤에는 현명한 사람이나 바보에게나 자비라는 것을 기대할 수 없으니까요."(3. 3. 10-13)라고 말한다. 이는 거의 불가능하지만, 리어왕을 배신한 딸들이 리어왕에게 폭풍우를 피할 수 있도록 거처를 제공해 줄 것을 기대해 보자는 한 가닥 희망을 나타낸 것이다. 리어왕의 이러한 처절한 경험은 사람들에게 동정심과 분노를 동시에 일으키게 한다.157) 그러나 어릿광대는 "재치가 거의 없는 사람은 바람이 불어

---

157) Marianne Novy, "Patriarchy, mutuality, and Forgiveness in *King Lear*", Harold Bloom, ed. *Modern Critical Views*. Vol. 9.(New York: Chelsea

도, 비가 내려도 자신의 운명에 만족해야 하지요. 비록 비가 날마다 내린다 해도 말입니다."(3. 3. 74-77)라고 말함으로써 리어왕이 현재 당하고 있는 이 모든 수모는 리어왕의 지혜 부족이 원인이므로 참고 견디는 도리밖에 없다는 것을 비유적으로 표현한다.

이처럼 어릿광대는 『리어왕』에서 당대의 도덕과 윤리의 기준뿐만이 아니라 시대를 초월한 보편타당한 도덕적, 윤리적 기준까지도 인식하게 해 주는 중요한 역할을 하고 있다. 비극의 특성상, 왕이나 귀족이 주인공이 되고 그를 에워싼 다른 귀족들이 조연이 되고 어릿광대는 조연급도 못 되는 엑스트라급 연기자가 되기 쉽지만, 『리어왕』에서의 어릿광대뿐만이 아니라 대부분의 셰익스피어 극작품에서의 어릿광대는 극의 막간들을 메워 주기도 하고, 슬픔이나 기쁨으로 숨이 막혀 올 듯이 감정이 격해질 때, 그러한 감정들의 완충작용을 해 주는 역할을 하기도 한다. 또한 감정에 휩싸여 자칫 중심을 잃게 되기 쉬울 때 균형감각을 일깨워서 세상 살아가는 데 있어서의 진리를 깨닫게 해 주는, 엑스트라라고 하기에는 너무나 중요한 역할을 하는, 매력적인 등장인물이다.

House Publishers, 1988), 94.

❖ 참고문헌

Shakespeare, William. *King Lear.* Signet Classics. Ed. 1998. (Text)

황계정 역. 노드롭 프라이 저. 『구원의 신화』. 서울: 국학자료원, 1995. (Frye, Northrop. *The Myth of Deliverance—Reflections on Shakespeare's Problem Comedies.* Toronto: Univ. of Toronto Press, 1981)

Booth, Stephen. "On the Greatness of King Lear", Bloom, Harold. Ed. *Modern Critical Interpretations.* Vol. 9. New York: Chelsea House Publishers, 1987. 57－70.

Ludowyk, E. F. C. *Understanding Shakespeare.* Cambridge: Cambridge Univ. Press, 1962.

Novy, Marianne. "Patriarchy, Mutuality, and Forgiveness in *King Lear*", Bloom, Harold. Ed. *Modern Critical Views.* Vol. 9. New York: Chelsea House Publishers, 1988. 85－95.

Saintsbury, George. "Shakespeare: Life and Plays", Ward, A. W. & Waller, A. R. Ed. *The Cambridge History of English Literature.* Vol. 5. London: Cambridge Univ. Press, 1950. 165－222.

Ward, A. W. & Waller, A. R. *The Cambridge History of English Literature.* Vol. 5. London: Cambridge Univ. Press, 1950.

퍼얼
— 나다니엘 호손의 『주홍 글씨』

　미국의 독립기념일에 보스턴(Boston)의 세일럼(Salem)에서 태어난 나다니엘 호손(Nathaniel Hawthorne, 1804~1864)은 1850년에 미국의 초기 청교도사회를 배경으로 하는 『주홍 글씨(*The Scarlet Letter*)』(1850)라는 명작을 세상에 내놓았다. 『주홍 글씨』는 미국의 개척시대를 배경으로 한 작품으로서 많은 인기를 누려 왔고 지금도 명작으로 읽히고 있다. 호화로운 언어사용과 사실적 느낌을 주는 초기 청교도사회에 대한 묘사가 흥미를 끌기 때문이기도 하지만, 무엇보다도 마녀사냥을 비롯한 당시의 종교적·사회적 박해에 초점을 두고 이에 대한 비판을 함으로써 잘못된 사회적 관행에 일침을 가했기 때문이라고 할 수 있다. 다시 말하면, 『주홍 글씨』의 영향력은 그 배경이 일반적인 기독교 교리에 관한 이야기라기보다는 특정한 사회적·역사적 양상과 그 시대에 살고 있던 개인의 운명에 관한 이야기라는 데 있다는 것이다(Kaul 11). 따라서 『주홍 글씨』는 특정한 사회의 특정한 형태의 종교교리가 일반적 교리와 어떻게 상충될 수 있는가를 여실하게 보여 줌으로써, 진정한 인간애를 바탕으로 하는 종교적 교리가 얼마나 소중한 것인지를 깨닫게 해 준다는 점에서 그 가치를 찾아볼 수 있는 작품이다.

호손이 이러한 작품을 구상한 데는 호손의 가문과 깊은 관계가 있다. 호손은 청교도 집안에서 태어났다. 그의 조상인 윌리엄 호손 (William Hathorne 1607~1681)은 세일럼의 치안판사로 근무하던 당시에 퀘이커(Quaker) 교도를 박해하는 데 일조를 하였으며, 윌리엄의 아들이며 나다니엘의 고조부인 존 호손(John Hathorne, 1641~1717)은 지사보(知事補)로 재직할 당시 1692년의 '마녀사냥(Witchcraft Trials)'158)의 예심판사로서 수많은 사람을 처형하는 데 중요한 역할을 했다고 알려져 있다. 가까운 조상 중에 후세에 사회적 지탄을 받게 된 사람이 있다는 것에 부담을 느꼈던 호손은 『주홍 글씨』를 통하여 마음의 부담을 다소 벗어 버릴 수 있었음에 틀림없다.

『주홍 글씨』는 미국 초기 개척시대의 보스턴 세일럼을 배경으로 하고 있다. 남편보다 먼저 이주해 와서 살고 있던 헤스터 프린 (Hester Prynne)은 아버지가 밝혀지지 않은 딸, 퍼얼(Pearl)을 낳은 죄로 당시의 엄격한 규율에 따라 처벌을 받게 된다. 종교적 규율이 곧 국가적 규율일 정도로 기독교 교리에 입각한 매우 엄격한 법을 적용

---

158) 마녀 사냥(Witch-hunt): 15세기부터 18세기에 걸쳐 유럽 및 북아메리카 일대에서 행해졌던 집단 재판행위로서 종교적 인습을 위반한 행위에 대한 가혹한 처벌이라고 할 수 있다. 연구결과에 따르면 이들은 마녀나 주술가여서 처벌을 받았다기보다는, 십자군전쟁과 종교개혁 이후의 무능한 정부 또는 교회에 대한 국민들의 원성을 막기 위한 수단으로 희생당한, 힘없는 계층의 여성들이 대부분이었다고 한다. 통계에 따라 다르지만 유럽에서만도 적게는 4만 명, 많게는 수십만 명 이상이 희생되었다고 한다. 이러한 관습이 신생국가인 미국에까지 전해져서 미국에서도 마녀재판이 행해졌던 것이다.

시키고 있던 사회였기 때문에 헤스터는 가슴에 주홍색 글씨로 된 '간음(Adultery)'이라는 단어의 첫 글자인 'A' 자를 달고 단두대에서 모든 사람들의 구경거리가 되어 조롱과 멸시를 당한 후, 그 주홍 글 씨를 일생 동안 달고 생활해야 하는 판결을 받게 된다. 그 결과 헤 스터는 모든 사람으로부터 격리된 채로 딸과 함께 외롭게 해변에 살 게 된다. 그러나 바느질로 생계를 유지하면서도 틈틈이 다양한 봉사 활동을 함으로써 헤스터는 점차적으로 좋은 평판을 얻게 되어서, 그 녀의 가슴 위에 있는 'A'자가 'Adultery'가 아닌 'Able', 'Angel', 'Ability'의 첫 자일 것이라는 착각을 하게 할 정도로 주변인들의 인 식을 점차로 변화시키게 된다.

반면, 작품의 맨 마지막이 되어서야 퍼얼의 아버지로 밝혀지게 되 는 교구 목사 아더 딤즈데일(Arthur Dimmesdale)은 우여곡절 끝에 헤스터가 단두대에서 치욕을 당할 때에 겨우 도착하게 된 헤스터의 남편 칠링워스(Chillingworth Prynne)와 우연히 함께 생활하게 되고, 헤스터의 연인을 찾아 복수하기 위하여 익명으로 다른 사람의 행세 를 하는 칠링워스의 의심을 받으며 힘겹게 살아간다. 대중 앞에서 자신이 헤스터의 연인이라고 밝히지 못하는 딤즈데일은 교인들의 칭 송을 받으면 받을수록 극심한 죄책감 때문에 더욱더 병약해진다. 이 를 지켜보던 헤스터는 그에게 다른 곳으로 도피하자고 제안한다. 그 러나 극도로 쇠약해진 목사는 보스턴을 떠나기로 약속했던 그날에, 7년 전에 헤스터 프린이 갓난아기인 퍼얼을 가슴에 안고 치욕적인 형벌을 받았던 그 자리에서 자신이 헤스터의 연인이라고 고백하고 죽는다. 퍼얼은 사망하면서 모든 재산을 물려준 칠링워스의 덕분으 로 부자가 되어 좋은 가문으로 시집을 가게 되고, 퍼얼의 결혼과 동시에 다른 곳으로 떠나 살던 헤스터는 살던 곳으로 되돌아와서 쓸쓸하게 지내다가 딤즈데일의 묘지 곁에 묻힌다.

『주홍 글씨』의 주인공(protagonist)은 헤스터 프린과 아더 딤즈데일이며 이들과 대립하는 인물(antagonist)은 로저 칠링워스이다. 많은 비평가들은 이들 세 사람 사이에 얽히고설킨 관계를 풀어 가면서 미국의 초기 청교도 사회의 기독교적 모순을 지적한다. 일반적으로 헤스터는 현실에서 죄를 고백하였기 때문에 자유롭게 되었고, 게다가 살아가면서 고행도 하며 그 이상으로 선행을 하였으므로 신에게 용서를 받게 되고, 딤즈데일은 비록 7년 동안 자신의 죄를 고백하지 못하고 괴로워했으나 죽기 직전에 참회하였으므로 용서받을 가능성이 있고, 칠링워스는 끝까지 상대방을 용서하지 못하고 복수심을 불태웠으므로 용서받지 못할 죄인이라고 평가하는 경우가 많다. 물론 비평가에 따라, 시대와 장소에 따라 이 기준은 달라지기도 한다. 사실, 신에게 용서를 받을 수 있는지의 여부는 종교적 인습에 따라 결코 간과할 수 없는 일이겠지만, 보다 중요한 것은 시대와 환경을 초월한 관점에서 볼 때 과연 누가 죄인이고 누가 그 죄인을 판단할 수 있을까 하는 문제이다. 작가는 바로 이러한 문제에 의문을 제기함으로써 시대적·종교적 인습에 의한 반복적 오류를 범하지 않기를 바라는 마음으로 작품을 구상하였을 것이다.

일반적으로 작가의 의도에 이끌리며 주인공들에게만 초점을 맞추어 나가다 보면 으레 관심을 적게 받게 되는 작품 속의 인물이 있기 마련이다. 앞에서 언급한 바와 같이 일반적으로 『주홍 글씨』에서는 헤스터 프린과 아더 딤즈데일과 로저 칠링워스 세 사람은 집중 조명을 받으며 세밀히 분석되지만, 헤스터의 딸인 펴얼에 대해서는 매우 미약하게만 언급되고 있다. 그러나 작품을 면밀히 살펴보면 퍼얼은 이 작품의 흐름에 있어서 상당히 중요한 위치를 차지하고 있음을 알 수 있다. 본고에서는 조연인 퍼얼의 역할이 무엇인가를 살펴보고자 한다.

퍼얼은 그야말로 "죄 많은 화려한 열정 가운데서 태어난 사랑스러운 불멸의 꽃"(Hawthorne 111)으로서 당시의 규율에 의하면 죄악의 씨이지만 오히려 선과 악을 가늠질하는 역할을 한다. 퍼얼이라는 이름 자체가 헤스터 프린이 가진 "모든 것을 바쳐서 산, 하나밖에 없는 보배"(111)로서 "대단한 가치"(111)라는 의미를 지녔다. "다양하고 깊이가 있는"(113) 헤스터는 "자신의 마음 속에 있는 야만적이고 절망적이고 반항적이며 변덕스러운 기질, 구름처럼 우울하고 절망스러운 점"(113)을 퍼얼에게서 발견할 수 있었다. 퍼얼은 물론 당대의 아이들이 하는 "교회 가기 놀이, 퀘이커 교도들에게 채찍질하는 놀이, 인디언과 싸워서 그들의 머리 가죽을 벗기는 놀이"(113) 등에는 관심도 없었지만, 세례를 받지 않았다는 이유로 그들 무리에 끼어들 수도 없도록 이미 아이들 세계로부터 추방당해 있는 상태였다.

그러나 퍼얼은 추방당한 가련한 어린애가 아니고, 그들과 대항하여 투쟁할 준비가 되어 있는 용맹스러운 아이로서, 마치 엄마인 헤스터를 투사한 것같이 개성이 강한 아이로 성장했다. 놀랄 만큼 엄마를 닮은 퍼얼은 여러 가지 측면에서 헤스터의 페르소나라고 할 수 있을 정도이다. 헤스터의 자유분방하고 정열적인 성격도 퍼얼에게서 흡사하게 나타난다. 퍼얼이 표출하는 감정들은 헤스터가 내면 깊숙한 곳에 눌러 앉혀 버린 격정이고, 답답한 세상을 향한 저항이고,

자신을 멸시한 세상을 향한 증오이며, 동시에 자기 자신을 향한 조롱이기도 해서, 헤스터는 딸의 돌출적인 행동에 순간순간 전율을 금치 못한다.

퍼얼은 잘못된 편견을 향해 강하게 반발한다. 퍼얼은 단순히 사회의 악습에 저항할 뿐만이 아니라 사회의 경직된 관습에 대하여 조롱을 한다. 퍼얼이 세상에 태어난 직후, 헤스터는 단두대에서 퍼얼을 안고 세상 사람들의 독기 서린 칼날 같은 조롱을 당하며 간음한 여인으로서의 벌을 받게 된다. 이 사건이 있은 후에 몹시 흥분해서 날카로워져 있는 헤스터처럼 "엄마의 가슴에 있던 모든 요동치는 것과, 절망을 다 빨아들인"(90) 퍼얼은 계속 울어 댐으로써 세상이 자신과 어머니를 처벌한 데 대해 격렬하게 저항을 한다. 퍼얼이 세 살이 되었을 때, 퍼얼의 장래를 염려한 나머지 헤스터에게서 퍼얼을 떼어 놓고 다른 사람에게 맡겨서 교육받게 하고자 하는 의도로 지역 원로들이 모여서 의논을 하게 되었다. 목사가 교리문답을 하는 과정 중에 퍼얼에게 "누가 너를 만들었는지 말해 주겠니."라고 질문을 하자, 퍼얼은 느닷없이 "엄마가 감옥 문 곁에 있는 들장미덤불에서 꺾어 왔어요."(136)라고 대답한다. 뿐만 아니라 퍼얼은 순간순간 기독교 교리 자체를 거부하는 행동을 함으로써 엄마조차도 당혹스럽게 만들기도 한다. 또한 자신을 조롱하고 자신에게 손가락질하는 어린이들을 향하여 오히려 발을 구르고 소리를 치면서 항의하고 그들이 가까이 와서 자신에게 해를 끼치지 못하도록 반격을 하는 용감한 아이로 성장한다.

역경 속에서 성장하였음에도 불구하고 퍼얼에게는 생명력이 있고 밝은 희망이 있어서 어둡고 암울한 느낌을 주는 헤스터와 확연하게 구분된다. 화려한 언어구사를 하는 작가 호손은 작품에서 등장인물의 특징을 상징적으로 표현한다. 자유분방하고 엉뚱해서 느닷없는 행동으로 주위 사람들을 당황스럽게 하는 퍼얼은 '빛', '시냇물', '붉은빛', '들장미' 등의 생생한 이미지와 연결하여 표현하고 있는 반면, 헤스터는 '암흑' 혹은 어두움과 막막함을 나타내는 '수풀', '슬픈 색깔' 혹은 '잿빛' 같은 이미지로 연결시킨다. 또한 헤스터를 억누르던 과거는 칙칙한 느낌을 주는 '세관'이나 '감옥' 혹은 '제임스왕조'의 부귀영화를 나타내는 고색창연한 '주지사의 저택' 등의 고정된 이미지와 연관 지어 나타내고 있다. 또한 주지사의 집에 갔을 때, 집 안 가득 환하게 비추이는 햇빛을 보고 퍼얼은 감탄하며 헤스터에게 빛을 모아 달라고 조르지만 헤스터는 "너의 햇빛은 네가 모아라. 엄마는 너에게 줄 햇빛이 전혀 없다."(127)라고 대답을 한다. 헤스터의 말처럼 시냇가에서는 퍼얼에게 비추던 햇살이, 헤스터가 가까이 다가가면 사라져 버린다. 그뿐만 아니라 딤즈데일 목사를 만나고 다른 곳으로 도피할 방안을 논의한 후에, 드디어 자유로움을 느끼게 된 헤스터가 과감하게 주홍 글씨를 떼어서 시냇물로 던지지만, 그 글씨는 냇가에 걸려서 흘러 내려가지 않고 제자리에 머물러 있음으로써 헤스터를 당황스럽게 한다. 설상가상으로 그 모습을 본 퍼얼이 밝은 햇빛이 비추는 시내의 반대편에 서서 건너오지 않고 화를 내다가, 헤스터가 주홍 글씨를 주워서 다시 가슴에 단 후에야 시내를 건너옴으로써, 헤스터에게는 밝은 자유로움이 허락되지 않는 반면 퍼얼에게는 자유로움과 빛과 생명이 허용되어 있다는 것을 보여 준다. 시냇물조차도 헤스터를 거부하지만, 퍼얼은 그 시내를 넘나들면서 자유를 만끽하는 것이다.

퍼얼은 헤스터의 곁에서 행복과 아픔을 동시에 가져다주며 항상 헤스터의 죄를 반성하게 하고 회개하게 하는 자극제 역할을 한다. 깜찍한 요정 같은 퍼얼은 당시 청교도들의 아이들이 하는 장난을 하는 대신에 손에 한 움큼 꽃을 따서 헤스터의 가슴에 있는 주홍 글씨에 하나씩 던지며, 던진 꽃이 엄마의 가슴에 맞으면 재미있어 하며 깔깔거리는 등, 심술궂은 장난을 하며 헤스터의 상처를 헤집기도 한다. 그 장난이 엄마에게 얼마나 아픈 상처를 입히고 있는가를 염려하는 일은 퍼얼의 몫이 아니다. 세상에 태어나 가장 먼저 본 것이 어머니의 주홍색 글씨였기 때문에 퍼얼은 그 글씨를 어머니의 상징으로서 받아들이고 그 상징이 없는 어머니를 상상조차도 할 수 없는 것이다. 세월이 흘러서 익숙해질 때도 되었음에도 불구하고 그 상징이 너무 수치스러워서 떼어내 버리고 싶어 하는 어머니와, 그 상징의 의미를 이해하지 못하면서도 그 상징을 어머니와 분리해서 생각할 수 없어서 그 상징에 집착하는 딸과의 갈등은 작품 속에 여러 번 나타나고 있다. 그러나 매번 운명은 퍼얼의 편에 서서 헤스터의 자유를 향한 간절한 소망을 잠재워 버리곤 한다. 당시의 종교적, 사회적, 도덕적 인습에 의하면 용서받을 수 없는 죄를 지었지만, 죄책감으로부터 좀 더 자유로워지고 자신이 추구하는 삶을 영위하고자 하는 열망으로 새로운 계획을 실천에 옮기려는 헤스터의 의도는 이처럼 다른 사람도 아닌 분신 같은 딸의 거부반응에 의해 허사가 되곤 한다. 퍼얼의 예리한 반응은 당시의 사회적 규율과 흡사하여서 헤스터의 모든 계획을 허사로 만들 뿐만 아니라 헤스터를 제약하는 도덕적 잣대 역할을 충실히 수행하고 있다고 말할 수 있다.

퍼얼은 헤스터에게 있어서뿐만 아니라 아더 딤즈데일이나 로저 칠링워스에게도 도덕적 규범을 느끼도록 일깨우는 역할을 한다. 가슴에 손을 얹고 다니는 딤즈데일의 모습에 호기심을 갖고 있던 퍼얼이 캄캄한 밤에 우연히 딤즈데일을 단두대 위에서 만났을 때, 그녀의 손을 잡아 주는 딤즈데일에게 밤이 아닌 밝은 낮에 손을 잡아 줄 것을 강하게 요구한다. 또한 딤즈데일이 퍼얼의 이마에 키스를 하자 화를 내며 시냇가에 가서 물로 이마를 씻어 버리는 행동을 하기도 한다. 딤즈데일이 퍼얼에게 가까이 가고 싶어도 퍼얼은 밝은 대낮이 아닌 때에, 그것도 사람들이 보는 곳이 아닌 경우에는 허락하지 않겠다는 표현을 단호하게 하는 것을 알 수 있다. 헤스터는 딤즈데일 목사를 위해서 자신의 계획을 포기하지 않고 실천에 옮기려고 하지만, 아더 딤즈데일이 사력을 다해 공개사죄를 한 직후에 사망을 함으로써 모든 것이 수포로 돌아간다. 헤스터에게는 참으로 허망한 순간이었지만, 마지막 순간의 딤즈데일에게는 간음의 살아 있는 상형문자였던 퍼얼이 그의 이마에 키스를 해 줌으로써 주술이 풀리고 얽혔던 끈이 풀어지는 해방감을 가져다준다(Josipovici 425). 모든 사람 앞에서 죄를 회개한 딤즈데일을 퍼얼이라는 엄중한 규율은 용서를 한 것이다.

퍼얼의 헤스터에 대한 간접적 규제는 칠링워스가 하고 싶어 했던 일 중의 하나였을지도 모른다. 작품 속에서 칠링워스의 모습은 흉측스럽고 기괴하기까지 한 것으로 묘사되고 있지만 퍼얼이 칠링워스를 나쁘게 묘사하거나 정죄한 것을 찾아보기 힘들다. 딤즈데일이 칠링워스의 존재가 궁금하여 헤스터에게 물었을 때도 퍼얼은 그가 누구인지 알고 있다고 하며 귓속말로 웅얼거리지만 딤즈데일이 전혀 알아듣지 못한 것으로 묘사되어 있다. 딤즈데일이 죽은 지 1년 후에 칠링워스는 퍼얼에게 재산상속을 하고 죽는다. 아무리 퍼얼이 헤스터에게 엄격한 규율을 준수하도록 강요하는 잣대역할을 하였다 하더라도, 퍼얼이 칠링워스의 상속녀가 된다는 결과는 상당히 의외이지만, 그 덕택으로 부자가 되고 영국의 명문가로 출가하여 행복한 생활을 할 수 있게 되는 행운을 누린다.

작가 호손은 매우 사랑했던 딸 우나(Una)를 퍼얼의 모델로 하여 썼다고 한다. 딸을 사랑하는 호손을 이해할 수는 있지만, 헤스터의 삶을 감안해 보면 퍼얼을 지나치게 이상적으로 그려 놓은 것 같다는 인상을 지울 수 없다. 헤스터는 인습을 위반한 죄의 값을 혹독하게 치르고 딤즈데일의 묘지 근처에서 살다가 죽었어도 그 묘지까지도 헤스터를 받아들이지 않는 처절한 삶을 살았지만, 안타까운 삶을 살고 있던 헤스터의 간절한 소망을 방해하는 역할을 얄밉도록 충실하게 했던 퍼얼이 이처럼 행복을 보장받으며 살게 된다는 것은 지나친 감이 있다고 생각될 정도이다. 그러나 퍼얼이 헤스터의 분신이라는 점을 감안해 본다면, 퍼얼이 헤스터에게 가한 규제가 오히려 헤스터를 보다 바람직한 인격적 존재로 변화시켰고, 그 결과 퍼얼도 현실적인 축복을 누릴 수 있게 되었다고 볼 수도 있을 것이다.

지금까지 살펴본 바에 의하면, 『주홍 글씨』는 자신도 의식하지 못하는 가운데 이러한 도덕적 기준을 대변하고 있는 퍼얼의 행동을 통하여, 과거에도 그래 왔고 영원히 지속될 수도 있는 지나치게 엄격한 종교적 인습이 과연 정당하고 타당한 것인지에 관하여 독자들로 하여금 판단해 볼 수 있도록 기회를 제공하여 주고 있다. 퍼얼은 비록 『주홍 글씨』에서는 어린아이로서 조연급 인물로 등장하고 있지만, 현실에서라면 헤스터와 거의 대등한 주연급 인물로서 대단히 중요한 역할을 할 수 있었음에 틀림이 없다.

❖ 참고문헌

Hawthorne, Nathaniel. *The Scarlet Letter.* Wordsworth Editions Limited, 1992. (Text)

Brodhead, Richard H. *Hawthorne, Melville, and the Novel.* USA: Univ. of Chicago Press, Ltd., 1982.

Cowley, Malcolm. Ed. *The Portable Hawthorne.* New York: Penguin Books Ltd., 1982.

Josipovici, Gabriel. "Letter into Hieroglyph", Hawthorne, Nathaniel. *The Scarlet Letter.* A Norton Critical Edition. New York: W. W. Norton & Company, Inc. 1978. 421－428.

Kaul, A. N. "The Scarlet Letter and Puritan Ethics", Bloom, Harold. Ed. *Modern Critical Interpretations.* Vol. 7. New York: Chelsea House Publishers, 1988. 9－20.

Spiller, Robert E. etc. *Literary History of the United States.* 3rd Edition: Revised. New York: The Macmillan Company, 1963.

Waggoner, Hyatt H. *Hawthorne.* USA: President and Fellows of Harvard College. 1963.

Ziff, Larzer. "The Ethical Dimension of 'The Custom House'", Bloom, Harold. Ed. *Modern Critical Views.* Vol. 14. New York: Chelsea House Publishers, 1986. 33－39.

해슬버쳐
— 그레이엄 그린의 『아바나의 우리 요원』

그레이엄 그린(Graham Greenem 1904~1991)은 인간의 도덕적, 종교적 인식을 주제로 하거나 제국주의자들에게 억눌려 있는 국가의 정치적, 사회적 문제점을 배경으로 글을 쓴 영국의 소설가이자 단편작가요, 극작가이다. 그린은 세계평화에 지대한 공헌을 한 대가로 세계 각국에서 많은 훈장을 받을 정도로 세계의 정세, 특히 제3세계와 제국주의와의 관계를 잘 파악하고 있던 반식민주의자였다. 수많은 작품들이 영화로 제작되기도 했던 다산작가인 그의 대표작으로는 『브라이튼 록(*Brighten Rock*)』(1938), 『권력과 영광(*The Power and the Glory*)』(1940), 『사건의 핵심(*The Heart of the Matter*)』(1948), 『애정의 종말(The End of the Affair)』(1951), 『조용한 미국인(*The Quiet American*)』(1955), 『아바나의 우리 요원(*Our Man in Havana*)』(1958), 『타버린 환자(*A Burnt−Out Case*)』(1961) 등이 있다.

『아바나의 우리 요원』은 1950년대 후반, 정치적 혼돈에 휩싸여 있던 쿠바의 아바나에서 활동하던 정보요원에 관한 코믹한 이야기이다. 그린은 세계대전을 두 번이나 겪은 20세기에, 지구상에서 발생되고 있던 모순투성이의 행태들을 풍자형식을 빌려 유머러스하게 그려 내기를 원했던 것으로 보인다. 이 작품에서는 아름다운 자연과 빼어난 미녀들로 널리 알려진 쿠바가 전쟁의 회오리바람에 시달린 후, 그 후유증으로 인하여 신음하고 있다. 그러나 제국주의자들의 무기판매와 세계정복에 대한 야욕은 멈출 줄 모르고 오히려 더 극성스럽게 계속되고 있다. 일반적으로 국가 정보기관들의 욕망을 충족시키기 위해서는 정확한 정보를 상세하게 전달해 줄 수 있는 요원이 필요하고, 그러한 요원은 분명하고 정확한 정보를 전달해야 할 것이다. 그러나 공개적이 아니고 은밀하게 교환이 이루어지는 정보의 특성상 오류가 있을 수 있으며, 이러한 오류는 시정하기도 쉽지 않아서 치명적인 결과를 야기하기도 한다. 비밀정보원 경력이 있는 그린은 이처럼 최악의 상태가 될 수 있는 상황을 코믹하게 그려 냄으로써 정복야욕으로 전쟁을 서슴지 않는 제국주의자들을 통쾌하게 조롱하고 있다.

『아바나의 우리 요원』의 무대는 전쟁후유증으로 인하여 경제가 침체된 가운데 국민들 대다수가 좌절감으로 인하여 방향감각을 상실한 채 허우적거리는 쿠바이다. 과거에는 인기 있는 관광지로서 호황을 누렸었지만 온갖 전쟁으로 인하여 희망이라고는 찾아볼 수 없는 혼란스럽고 불안한 장소가 되어 버린 아바나에서, 늙은 벌레(worm + old)라는 의미를 연상케 하는 이름을 가진 워몰드(Wormold)는 영국 비밀정보원으로부터 자신들의 비밀요원이 되어 줄 것을 강압적으로 요구받게 된다. 영국 출신 진공청소기 판매원인 워몰드는 전혀 낯선 역할에 대한 요구에 당황스러워하지만 보수가 주어지는 일이라는 유혹 때문에 그 일을 시작한다. 미래에 대한 확신이 없으므로 절약하며 저축을 하기보다는 현실을 즐기며 사는 것이 최선인 것처럼 느껴지는 사회에서, 워몰드의 이러한 정보원 행각은 우스꽝스럽기 짝이 없다. 워몰드는 친구 해슬버쳐(Hasselbacher)의 충고에 따라, 사실도 아니고 심각하지도 않은 정보만을 대충 전달해 주고 보수를 받아 챙기기로 작정한다. 워몰드는 보고서에 작성할 쿠바 정보요원들의 명단을 우연히 입수한 컨트리클럽 명단에서 무작위로 선택한다. 그러나 그 명단에 들어간 사람들이 차례로 피해를 당하게 되는 상황이 계속되고, 마침내 그의 가장 절친한 친구 해슬버쳐조차도 죽음을 당하게 되며 자신도 위험에 빠지게 된다.

지극히 평범한 소상인 워몰드 → 영국 비밀정보국(British Secret Intelligence Service) 카리브 해 연락망(Caribbean network) 책임자인 헨리 호손(Henry Hawthorne) → 영국 정보국장 → 영국 군사령부로 이어지는 정보전달체계에서, 영국이라는 제국에 전해지는 약소국 쿠바에 관한 정보가 평범한 인물의 어리석은 장난에 불과한 거짓보고서로부터 시작된다는 구성 자체가 그야말로 세계적인 정보망을 희화화한 것이어서 더욱 흥미롭다. 게다가 이러한 정보를 사실로 오인하고, 치밀하고 무자비하게 대응하는 신생강국인 미국과 그의 시녀 노릇을 하는 쿠바 경찰의 행보는 어리석게 보이기도 하지만 한편으로는 두렵기조차 하다.

워몰드의 보고서 중, 거짓 도면이 사실로서 받아들여지는 과정은 마치 유명한 희극배우이자 감독이었던 찰리 채플린(Charlie Chaplin, 1889~1977)의 코미디 프로그램을 감상하는 것 같은 흥미와 쓴웃음을 자아낸다. 영화로 제작할 목적으로 집필하였다는 이 작품을 구상할 당시 그린은 찰리 채플린과 친밀한 관계를 맺고 있었다고 한다

(Sherry 115). 물론 당시 70세가 된 채플린을 주인공으로 설정하고 작품을 구상했다고 확신할 수는 없지만, 여러 장면에서 마치 채플린의 연기를 보는 것 같은 느낌을 갖게 된다. 주인공 워몰드의 평범한 우스꽝스러움, 우둔한 지혜, 심각한 경솔함 등이 코믹함을 더해 주며 분위기를 고조시키고 있는 것이다.

코믹함과 동시에 진지함과 심각함이 공존하는 전체적인 흐름에 있어서 주인공 워몰드뿐만 아니라 조연인 해슬버쳐의 역할 또한 작품이 탄탄한 구성력을 갖게 하는 데 없어서는 안 될 중요한 역할을 한다. 해슬버쳐는 워몰드보다 진지하고 경험이 풍부하며 지혜로운 인물로서 워몰드가 신뢰하고 상담을 의뢰할 수 있는 인물이다. 사건이 일어나게 되는 직접적인 원인은 워몰드에게 있다고 할 수 있지만, 그 워몰드에게 커다란 밑그림을 그려 준 사람은 해슬버쳐라고 할 수 있다. 따라서 본고에서는 주연보다도 더 주연 같은 조연인 해슬버쳐에 대하여 면밀히 분석하고자 한다.

해슬버쳐는 현실적으로 합리적인 사고방식을 가진 인물이다. 그는 독일 출신 은퇴의사로서 젊은 시절에 독일군 장교로 복무한 경험이 있다. 그는 장교와 의사로서의 경험을 통하여 사람을 죽이기는 쉬운 일이지만 사람을 살리는 일을 하기 위해서는 6년이라는 훈련기간이 필요하며 막상 사람을 살렸다고 해도 누가 살렸는지는 잘 알 수 없는 일이라는 것을 너무나 잘 알고 있는 사람이다(139). 생명의 소중함을 너무나 잘 알고 있기에 그는 자칫 사람에게 해를 끼칠 수도 있는 일을 시작하는 워몰드에게 영국 정보국에 사실적인 정보는 전달하지 말라고 충고를 한다. 그렇게 함으로써 원치 않는 영국의 정보원 역할도 수행하고, 쿠바 당국의 감시로부터도 자유로워지라고 진지하게 충고한다. 영국 정부는 쿠바에 관한 사실을 알 권리가 없으며, 만일 워몰드가 영국 정부에 정보를 제공하면, 붉은 독수리(Red Vulture)라는 별명이 붙은 악명 높은 쿠바 경찰 세구라(Segura)의 감시를 피하기 어렵다는 것이 그의 분명한 논리이다. 15년 지기지우(知己之友)인 해슬버쳐의 이러한 충고를 워몰드가 적극적으로 수용함으로써 코믹함과 동시에 끔찍스러운 사건은 전개된다.

해슬버쳐는 냉철한 이성의 소유자이다. 그는 또한 매사에 신중하고 조심스러운 인물이다. 그에게도 워몰드의 경우와 같이 낯선 사람이 찾아와서 정보요원이 되어 줄 것을 요구했지만, 시대적 흐름을 비교적 정확하게 파악하고 있는 그는 조심스럽게 거절하였다. 해슬버쳐가 합리적이고 지혜롭다는 것을 잘 알고 있던 워몰드는 그가 충고하는 말들을 적극적으로 수용한다. 워몰드는 해슬버쳐의 충고대로 영국 정보당국에게, 사실이 아니지만 사실처럼 보이는 정보를 전한다. 따라서 신생강국인 미국과 대항하기 위하여 영국의 정보당국이 짜낸 계획, 즉 현지에 거주하는 영국인을 정보원으로 삼아서 정확하고 신속한 정보를 얻겠다는 계획은 괘도를 이탈하게 된다. 이러한 과정에서 만일 해슬버쳐가 냉철한 이성의 소유자가 아니고 주위에 관심을 가질 수 있는 따뜻한 인품의 소유자였다면, 워몰드가 하는 일들을 좀 더 친숙하게 살펴보며 지혜롭게 처리할 수 있었을 것이다.

해슬버쳐 없이는 워몰드의 정확한 일처리를 기대할 수 없다. 워몰드가 혼자만의 지혜를 짜내어 거짓정보원을 확보하는 과정에서 독자들은 실소를 금치 못하게 된다. 요원이라고 거짓으로 등록한 사람들의 이름이 컨트리클럽(Country Club)의 회원명단에서 발췌한 현존인물이라는 것은 대단한 위험성을 내포한 일이다. 또한 가짜정보라고 전한 정보는 정부기관발행신문에서 발췌한 것으로서 비교적 정확한 정보이다. 그에게 조언을 하는 절친한 친구는 영국이나 미국과는 결코 편치 않은 국가인 독일인, 그것도 장교 출신 은퇴의사라는 사실, 이 모두가 실로 코믹한 설정이다. 게다가 워몰드는 엔지니어를 기술정보원으로, 교수를 경제전문가로 설정하여 비밀요원이라고 보고하고, 쿠바의 중요한 수입원으로 여겨지는 설탕공장이나 담배공장 같은 정부기관에서 발행하는 신문을 얻어서 이 내용들을 근거로 거짓보고서를 작성한 것이다. 문제는 이들이 진짜 비밀요원이 아닌데도 사실적으로 보이기에 충분한 실존 인물들이고 정보 또한 중요한 내용들이라는 것이다. 해슬버쳐가 조금만 더 깊숙이 개입을 했더라면 이와 같은 거짓보고서라는 것이 오히려 가장 중요하고 사실적인 정보일 수 있다는 점을 인식하고 강하게 저지했을 것이 분명하지만, 워몰드는 사태의 심각성을 전혀 의식하지 못한 채 해슬버쳐의 견해를 참고로 하며 지속적으로 보고를 하는 오류를 범한다. 해슬버쳐의 중요한 과오는 그렇게 오랫동안 사귀어 왔던 워몰드가 지혜롭지 못하여 어리석은 행동을 하게 될지도 모른다는 사실을 전혀 예측하지 못했다는 점이다. 결국은 자신의 충고가 화근이 되어 자신의 생명을 잃게 되는 치명적인 결과를 가져오게 한다.

　해슬버쳐는 비극작품의 주인공처럼 자신의 사소한 결점 때문에 희생당하는 인물 중의 하나가 된다. 그는 정보원이 되는 워몰드에게 완벽하고 치밀한 방법을 가르쳐 주지 않은 실수로, 워몰드가 자의적으로 행한 어리석은 방법 때문에, 예상치 못하게 피해를 당하게 된다. 해슬버쳐가 위험한 상황에 처하게 될 수도 있는 일에 아예 무심해 버렸든지 아니면 좀 더 깊이 관여했어야 하는데, 그렇게 하지 않은 잘못을 범한 반면, 워몰드는 위험한 일을 너무 쉽게 생각한 나머지 그 결과를 전혀 예상치 못하고 거짓보고서를 작성하는 등, 주도면밀하지 못하여 무고한 이웃들에게 피해를 입히는 잘못을 저지른다. 워몰드의 주도면밀하지 못한 행동들은 항상 치명적 결과를 예상하게 한다. 자신이 요주의 인물이 되어 있을지도 모른다는 생각을 하지 못한 워몰드는 호기심이 발동하여 산티아고 밤거리를 거닐다가 경찰에 체포되어 심문을 받게 되자, 중언부언하던 중에 해슬버쳐 박사에 관한 이야기를 함으로써 해슬버쳐 박사가 가택수색을 당하기도 한다. 해슬버쳐는 신중하여 매사에 빠르게 대처하는 인물이지만 우연한 일들이 불가피한 상황으로 얽히기 시작하여 결국에는 경찰당국으로부터 감시를 받게 되는 요주의 인물이 된다. 해슬버쳐의 실수와 워몰드의 부주의가 빚어낸 사건으로 인하여 많은 사람이 살해되거나 살해 위협을 받게 되는 결과를 가져온 것이다.

해슬버쳐와 워몰드의 실수는 타인에게만 해를 끼친 것이 아니고 자신들도 피해를 입게 된다. 해슬버쳐는 자신이 정보국에 연루 되었다는 사실을 알게 된 후, 지혜를 발휘하여 위험한 상황으로부터 피하려고 노력하지만, 치명적인 피해를 입게 된다. 워몰드가 유럽상인협회(European Trader's Association)로부터 연설을 해 달라는 초청을 받은 후에 그 연설현장에서 누군가가 자신을 죽일 계획을 세우고 있다는 말을 듣고 두려워하자, 해슬버쳐 박사는 워몰드에게 그 모임에서 아무것도 먹지 말라는 충고를 한다. 해슬버쳐의 조언 덕분으로 워몰드는 연거푸 계속되는 위험한 순간으로부터 피할 수 있었지만, 워몰드의 생명을 구해 준 해슬버쳐 자신은 살해를 당하게 된다. 가장 절친한 친구를 잃은 워몰드는 비극적인 상황에 처하자 대범하여

져서 치밀하게 계획을 세운 후 경찰 세구라의 총을 훔쳐서 해슬버쳐를 살해했을 것이라고 추정되는 신형진공청소기 판매원인 카터라는 사람을 증거를 남기지 않고 살해한다. 해슬버쳐가 사망한 후에야 워몰드는 사태를 직시하며 지혜롭게 해결하려는 의지를 보인 것이다. 이는 15년이라는 세월을 함께 지내면서 워몰드도 해슬버쳐의 지혜를 서서히 습득한 결과라고 볼 수 있다.

『아바나의 우리 요원』의 작가 그레이엄 그린은 젊은 시절, 공산당에 잠깐 가입했었던 경력 때문에 미국 입국이 거부되자 미국 대신 쿠바에 가게 되었고, 그곳의 매력에 빠지게 되고, 미국에 힘겹게 대항하여 싸우고 있던 카스트로를 좋아하게 되어, 그를 찬양하고, 그에 대한 왜곡된 사실을 해명하기 위하여 노력했다. 전 세계로 확산되어 있던 냉전을 조롱하는 코미디를 구상하는 장소로서 쿠바를 설정한 그린은 등장인물을 다양한 국적을 가진 자들로 구성하였다. 주인공 워몰드, 그의 딸 밀리, 비서 베아트리스, 보조원 루디와 그의 상급자 호손 등은 영국인으로서 어느 한 사람도 희생당하지 않도록 설정했고, 독일인 해슬버쳐는 주인공을 도와준 대가로 아무런 잘못 없이 오히려 살해당하게 했으며, 스페인인 비행사 라울 역시 죄 없이 사고를 당하는 것으로 설정되어 있다. 미국인 카터는 주인공의 절친한 친구를 살해한 죄목으로 주인공에 의해 살해당하고, 쿠바인 세구라 지서장은 미국의 배후조종을 받고 있는 악한 인물로 등장하지만 주인공을 위험에서 구해 준 덕분에 생명을 유지한다. 쿠바라는 작고 매력적인 땅덩어리에서 영국, 독일, 스페인, 미국, 쿠바인이 피해를 주고받는 관계로 설정되어 있다는 점에서 볼 때, 비록 이 작품이 오락물이지만 시사하는 바는 적지 않다. 또한 독일을 대표하는 해슬버쳐 박사가 영국인 워몰드에게 "왕국, 공화국, 권력 같은 대상을 조심하라."(Greene 58)고 충고하는 데서 이 작품이 의미하는 바가 무엇인지 더욱 분명해지는 것이다.

해슬버쳐는 분명 조연으로 작품에 등장하지만 전쟁의 주범이었던 독일 출신이고 게다가 장교였던 경험도 있고 의사로서 사람의 생명을 살리는 역할을 하였던 인물이라는 점이 독특한 설정이다. 『아바나의 우리 요원』은 다양한 경험을 가진 해슬버쳐를 비중 있는 조연으로 내세워서 어리석은 주인공인 영국인 상인 워몰드의 상담자 역할을 하게 함으로써, 미국과 영국 같은 제국의 야욕이 부른 전쟁의 참상이 얼마나 끔찍한 것인지를 보여 준, 그것도 코미디 형식으로, 풍자적으로 그려 낸, 그레이엄 그린의 재치와 유머가 돋보이는 작품이다.

❖ 참고문헌

Greene, Graham. *Our Man in Havana*. London: Heinemann, 1958. (Text)
권오신. 『미국의 제국주의: 필리핀의 시련과 저항』. 서울: 문학과 지성사, 2000.
이성형. 『라틴아메리카의 역사와 사상』. 서울: 까치글방, 1999.
이성형. 『콜럼버스가 서쪽으로 간 까닭은?』. 서울: 까치글방, 2003.
Adams, George. "A Pantheon of Contemporary Writers", Cassis, A. F. Ed. *Graham Greene: Man of Paradox*. Chicago: Loyola University Press, 1994, 133－142.
Adamson, Judith. *Graham Greene: The Dangerous Edge*. New York: St.

Martin's Press, 1990.

Boardman, Gwenn R. *Graham Greene: The Aesthetics of Exploration.* Florida: Univ. of Florida Press, 1971.

Cassis, A. F. Ed. *Graham Greene: Man of Paradox.* Chicago: Loyola University Press, 1994.

Chapsal, Madeleine. "The Business of the Writer", Cassis, A. F. Ed. *Graham Greene: Man of Paradox.* Chicago: Loyola University Press, 1994, 143 – 152.

Couto, Mario. *Graham Greene: On the Frontier—Politics and Religion in the Novels.* New York: St. Martin's Press, 1988.

Greene, Graham. *In Search of a Character.* London: The Bodley Head Ltd., 1961.

_____. *Ways of Escape.* London: The Bodley Head Ltd., 1980.

Pendleton, Robert. *Graham Greene's Conradian Masterplot.* London: Macmillan Press Ltd., 1996.

Rao, V. V. B. Rama. *Graham Greene's Comic Vision.* New Delhi: Reliance Publishing House, 1990.

Sherry, Norman. *The Life of Graham Greene.* Vol. III(1955 – 1991). New York: Penguin Group Inc., 2004.

Smith, Julia Llewellyn. *Traveling on the Edge: Journeys in the Footsteps of Graham Greene.* New York: St. Martin's Press, 2000.

버사 / 앙투아네트
─ 샬롯 브론테의 『제인 에어』/
진 리스의 『광활한 사가소 바다』

18세기를 대표하는 영국의 소설가 샬롯 브론테(Charlotte Brontë, 1816~1855)는 요크셔지방(Yorkshire County) 브레드포드(Bradford) 근방 손틴(Thornton)에서 가난한 성직자의 6남매 중의 셋째로 태어났다. 아버지가 요크셔의 황야 같은 지방에서 교구목사를 하였기 때문에 브론테 자매들은 그 지역의 거친 자연환경 덕분에 상상력이 풍부하여서 어려서부터 문학에 심취해 있었으며, 소설 외에도 시나 희곡을 쓰는 등, 모두 문학적 재능을 발휘하였다. 『폭풍의 언덕(*Wuthering Heights*)』(1847)을 쓴 에밀리 브론테(Emily Brontë, 1818~1848)가 샬롯 브론테의 동생인 것은 이를 증명해 주는 것이다. 브론테 자매들의 작품에는 18세기 후반 영국문학의 특징인 고딕형식, 즉 기괴하고 음울하고, 어둡고 음산한 밤, 미친 사람들, 영적인 교감 등이 자주 묘사되어 있어서 영문학사에서 중요한 부분을 차지하고 있다. 39년이라는 짧은 생애 동안 샬롯은 『제인 에어』 외에도 『*Poems by Currer,*

Ellis, and Acton Bell』(1846), 『*Shirley*』(1849), 『*Vilette*』(1853) 등의 작품을 남겼다.

『제인 에어(*Jane Eyre*)』(1847)는 샬롯 브론테의 자전적 성향이 강한 소설로서 그녀가 어린 시절 문학적 재능을 키워 왔던 고향의 자연풍경과 그녀가 8살에 집을 떠나서 다녔던 코원 브리지(Cowan Bridge) 학교의 환경이 상세하게 묘사되어 있다. 『제인 에어』는 신데렐라만큼은 아니지만 일반인들이 부러워할 정도의 신분상승을 한 주인공의 이야기인데다가, 제인의 외모가 그다지 아름답지 않고 평범한데도 불구하고 역경을 이겨내고 참아 내며 자기성찰을 통하여 존경받을 만한 인격체가 되어 상류층의 멋진 남자에게 사랑을 받게 된다는 스토리여서, 많은 독자들, 특히 여성들의 사랑을 듬뿍 받고 있기 때문에 영화로 제작이 되는 등, 인기 있는 고전문학으로서의 위치를 견고히 하고 있다. 즉 제인 에어는 "자기 식구가 아닌 식구들의 온갖 구박을 참아 내어 마침내 그에 대한 보상으로 왕자님께 구원받는 신데렐라가 아니라, 거부할 줄 아는 정신력으로 자신의 운명을 스스로 개척하기 위해 자신의 길을 선택한 미운 오리 새끼"(오정화 72)로서 종래에는 신분상승 및 자신이 진심으로 사랑했던 사람의 아내가 되는 행운을 누리기 때문에 더욱더 사랑받고 있는 것이다.

『제인 에어』는 제인 에어와 로체스터(Edward Fairfax Rochester)를 중심으로 이어지는 낭만적 연애소설로서 두 주인공을 제외한 다른 인물들에 관하여는 비교적 간략하게 묘사되고 있다. 즉 작품은 1인칭 화자인 제인의 시각에 따라 제인 중심적으로 보는 주변 상황과 그 안에서 제인이 대하게 되는 인물들에 관한 이야기로 꾸며져 있다.

제인이 어려서 함께 살았던 외삼촌 가족과의 관계나 로우드학원 (Lowood Institution)에서 만나게 된 친구나 교사와의 관계를 묘사하는 데 있어서도 개인에 대한 상세한 묘사보다는 주변인들 사이에서 제인이 어떠한 정서적 반응을 보였었는가에 좀 더 무게가 실려 있음을 알 수 있다. 그러나 손필드 홀(Thornfield Hall)의 주인인 로체스터가 등장하면서부터는 로체스터의 성격에 대한 상세한 묘사가 시작된다.

제인 에어는 든든한 배경을 가지고 태어나 탄탄대로를 걸어온 사람이 아니다. 그녀는 시련과 고난의 어려운 환경을 극복하고 서서히 성장하면서 자신만의 세계를 구상하여 확고한 발판을 스스로 만들어 딛고 일어선 인물이다. 그녀만의 뚜렷한 개성과 섬세하고 예리하고 솔직하며 분명한 감성은 스스로를 매력 있는 여성으로 드러나게 했다. 그녀는 자신과는 전혀 다른 생활환경에서 살아왔으며 가부장적 성향이 다분한 로체스터의 굳어 버린 정서를 깨워서, 우울함과 노여움으로 가득 찬 그가 풍부하며 유머러스하고 매력이 넘치는 남성으로 변화되도록 도와주는 역할을 하는 등, 모든 면에서 그의 마음을 사로잡게 된다.

제인과 로체스터의 진실한 사랑이 독자를 감동시키고 있는 동안, 2층 구석방에 갇혀 있는 로체스터의 아내인 버사(Bertha Antoinette Mason)는 손필드에 있어서는 안 될 것 같은, 그래서 다른 곳으로 보내거나 없애 버리고 싶은 충동을 느끼게 하는 존재로 그려진다. 그만큼 제인 에어는 사랑스러운 인물이고 버사는 혐오스러운 인물로 등장한다는 말이다. 본고에서는 작품의 등장인물들뿐만 아니라 독자들까지도 필요 없는 존재로 여기게 되는 구석방에 갇혀 있는 로체스터의 크레올159) 아내 버사에 대하여 조명해 보고자 한다.

　이 소설에서 버사에 관하여 언급되는 부분은 그리 많지 않다. 물론 제인 에어와 로체스터의 사랑이 이루어지는 과정이 순탄하지 못하고 주춤거리게 되는 원인의 중심축 역할을 하고는 있지만, 버사 개인에 대한 직접적인 묘사는 거의 없다. 다만 주인공 제인 에어가 순간순간 느끼는 공포심을 통하여 버사의 존재가 서서히 드러날 뿐이다. 제인이 느끼는 버사와 버사를 둘러싼 환경은 대조를 이룬다. 버사가 갇혀 있는 집, 즉 손턴 저택의 주변은 그 주위를 에워싸고 있는 밝고 벨벳 같은 잔디, 공원처럼 넓은 들판, 작고 아름다운 교회, 평화로운 언덕, 파란 하늘을 배경으로 펼쳐지는 그림 같은 저택 등이 평화롭게 모여 있는 곳이다. 그러나 버사는 아름다운 주변경관과는 전혀 어울리지 않게 어두운 방, 즉 좁고, 낮고, 음침하며, 끝에 작은 창문 한 개만 달랑 달려 있는 복도 끝에 있는 방에 갇혀서, 사람 소리 같긴 하지만 기괴하기 짝이 없는, 크고 낮은 웅얼거리는 소리를 내며 유령같이(Brontë 122) 살고 있는 여인으로 표현되고 있다.
　버사는 자신에 대하여 변명할 수 있는 가장 적극적 수단인 언어를 박탈당하고 있다. 작가 샬롯 브론테는 버사에게 자신을 방어할

---

159) 크레올(creole): 원래 16~18세기에 스페인령 아메리카에서 태어난 스페인 백인 자녀를 의미하였으나, 최근에는 유럽 출신 이주민의 후손을 지칭하는 말이 되었다. 스페인 정부로부터 차별대우를 받던 크레올들은 19세기 초에 혁명을 일으켜 아메리카에서 스페인의 식민정권을 몰아낸 후에 자신들의 지위를 확보했다.
　* 물라토(mulatto): 백인과 흑인 사이에서 난 혼혈인을 의미한다.
　* 메스티소(mestizo): 원주민인 인디언과 유럽계백인의 혼혈을 의미한다. 필리핀에서는 토착민과 외국인의 혼혈을 의미한다.

수 있는 기회를 전혀 부여하지 않는다. 야만인 같고 자줏빛 색을 띤 얼굴에 퉁퉁 부어 오른 짙은 색깔의 충혈된 눈 주위에 퍼져 있는 검은 눈썹을 가진 여인으로서(347), 애처로운 소리를 내기도 하고, 뼈골이 오싹해지도록 음산한 마녀 같은 웃음을 웃기도 하며, 껄껄거리다가 신음소리도 내는 버사는, 웃음소리와 신음소리를 제외하고는 어떠한 언어로도 자신을 표현하지 못하고 있다. 다만 그녀가 감정을 지닌 사람으로 느껴지는 경우는 로체스터의 방에 들어가 불을 붙여서 로체스터를 죽이려고 할 때(168)와 서인도제도 자메이카의 킹스턴 스페니시 타운에서 온 메이슨을 물어뜯을 때와 마지막으로 집에 불을 질렀을 때이다. 그녀는 제인 에어를 해치려고 하지도 않고, 아래층에 살고 있는 집안사람 중 로체스터를 제외한 어느 누구도 해치려고 한 적이 없다. 그녀가 공격하는 사람은 그녀를 인간취급하지 않는 로체스터와 그의 친구이자 버사의 오빠로 등장하는 메이슨뿐이다. 버사가 불을 지른 이유는 정확하게 표현되어 있지 않다. 단지 그러한 공격적인 행동이 그녀의 억눌린 감정을 표현할 수 있는 마지막 수단이었을 것이라고 추측할 수밖에 없다. 아무런 힘이 없는 자의 분노는 이러한 형태로 표출될 수도 있기 때문이다.

손필드에서의 제인 에어와 버사는 이와 같이 대조되는 인물로 그려지고 있다. 제인 에어는 이해심 많고, 영리하며, 남을 배려할 줄 아는 매력 있는 여성으로 묘사되어 있지만, 버사는 모두에게 공포감을 심어 주는 반대되는 인물로 묘사되고 있다. 버사는 자신이 처한 원통하고 분한 현실에서 저항의 유일한 수단으로서 불을 지르는 행동을 한다. 그러나 이러한 행동은 제인 에어에게도 낯선 일이 아니다. 어린 시절, 억눌린 환경에서 성장했던 제인 에어도 경험했던 일이다.

즉 손필드에서의 미친 성인 버사는 게이츠헤드에서의 어린 제인과 동일시해 볼 수도 있는 것이다. "게이츠헤드에서의 어린 제인처럼 자신의 격정과 자아주장에 대한 대가로 감금되어 질책과 고통을 받아온 버사가 저항하는 어린 제인의 분노한 면모라고 한다면, 그 불은 버사의 불일 뿐만 아니라 <반란 노예>였던 어린 제인의 불"(오정화 81)도 될 수 있는 것이다. 그러나 불행하게도 제인 에어와는 달리 버사에게는 밝은 미래가 없고, 절망적인 운명만이 놓여 있을 뿐이다.

이와 같이 철저하게 야만적이고 이성이라고는 전혀 없는 주변인물로만 설정된 여성 버사가 스스로에 대한 변명을 전혀 하지 못하고 있을 때, 주인공이자 문명을 대표하는 남성 로체스터는 "운명이 나를 잘못되게 이끌 때, 나는 냉정한 마음을 유지할 지혜가 부족했었소, 나는 절망하여 타락의 길에 빠져 버렸다오."(155)라고 자신이 버사와 결혼했던 일을 실수였다고 변명하기 시작한다. 로체스터는 파리에서 자신이 좋아했던 여자의 딸을 데려다가 그 애의 후원자가 됨으로써 자발적으로 과거의 잘못에 대한 보상을 해 보려고 하면서도, 실수의 치명적인 흔적이라고 할 수 있는 버사가 감금되어 있는 집을 볼 때는 고통, 치욕, 분노, 안타까움, 역겨움, 혐오 등의 감정이 담긴 눈빛을 보이기도 한다.

자신의 치부를 다 밝히지 못하고 제인과 결혼을 감행하려던 로체스터는 결혼식장에서 모든 베일이 벗겨지게 되며, 그 후에야 자신이 자메이카(Jamaica)의 스페니시 타운(Spanish–Town)에 있는 교회에서 버사와 결혼을 하였음을 밝히고, 급기야는 감시와 간호를 받고 있는 미친 여자가 자신과 결혼했던 버사 메이슨이라는 사실을 고백한다. 자신이 3대째 미친 사람이 있는 메이슨가의 버사와 결혼을 하게 된 것은 그러한 사실을 알지 못했기 때문이었고, 다만 자신의 아버지와 형이 돈에 눈이 어두워져서 버사의 아버지가 소유한 지참금을 얻기 위하여 자신을 팔아 버렸기 때문이라고 변명한다.

로체스터는 버사가 '자신과 성격이 맞지 않았고', '취향이 밉살스러웠고', '마음 씀씀이가 너무 치졸하여 더 이상 고상해질 수가 없었고', '하인들에게도 너무 거칠고 변덕스럽게 대하므로 하인들도 오래 견디기 힘든' 성격이었기 때문에 단 하루도 그녀와 같이 있을 수 없었다고 털어 놓는다(344). 그는 숨 막히는 더위에 새까만 구름이 밀려오며 광풍이 불던 어느 날, 버사의 고함소리에 잠에서 깨어나, 지옥 같은 서인도(자메이카)에서는 더 이상 살고 싶지 않다는 절망적인 심정으로 자살을 하려고 할 때, 갑자기 유럽에서 불어오는 신선한 공기를 맛보고 겨우 희망을 안고 버사를 손필드에 숨겨 놓고 자신은 방랑을 하리라고 마음먹고 유럽으로 돌아오게 되었다고 고백한다(346－347).

저자 샬롯 브론테는 로체스터라는 인물을 거의 완벽한 인격의 소유자로 묘사하지만, 서인도제도의 자메이카 출신 크레올인 버사에 대해서는 미치광이이고 가진 것은 돈과 미모밖에 없는 얄팍하기 그지없는 여인으로 그리고 있다. 그녀만의 매력이라고는 전혀 찾아볼 수 없으며 장점은 작품을 아무리 샅샅이 찾아보아도 찾을 수가 없다. 버사는 자신은 물론이고 영국인 로체스터와 자신의 오빠인 메이슨의 인생까지도 망가뜨리는 역할을 한다. 오로지 유령 같고 악마 같은 인물로 등장하여 자신의 변명은 한마디도 하지 못한 채 독자들을 소름 끼치게 만들고 그녀의 출생지인 서인도제도의 모든 것까지도 숨 막힐 정도로 혐오스러운 곳으로 독자들에게 각인시키는 악역을, 그야말로 말 한마디 없이 온몸으로 하고 있다.

따라서 『제인 에어』가 오랜 시간 동안 사랑을 받으며 읽히고 있는 동안, 영국의 식민지로서 모든 것을 착취당하기만 했던 서인도제도의 자메이카와, 그곳이 고향인 버사는 많은 사람에게 결코 좋은 인상을 주는 대상이 되지 못하고, 기피 대상 및 정복 대상이 되어 가고 있었던 것이다. 동서고금을 통하여 정복야욕에 불타는 제국주의자들의 욕심은 그 끝을 알 수가 없어서, 자원이 풍부하거나 자연이 아름다운 곳은 거의 모두가 그들의 침략을 피할 수가 없었던 것은 역사적 사실이다. 정복자들에게 짓밟혔던 서인도제도의 주민들은 불행하게도 또다시 『제인 에어』 같은 명작에 의해서 지속적으로 피해를 당하고 있는 것이다.

1847년에 샬롯 브론테에 의해서, 생각만 해도 밉살스런 조연으로 태어나서, 모든 사람들에게 미움을 톡톡히 받고 있던 버사 앙투아네트 메이슨은 다행스럽게도 1966년에 서인도제도의 도미니카(Dominica) 출신 작가 진 리스(Jean Rhys, 1890~1970)에 의해서 주연인 앙투아네트(Antoinette Cosway)로 다시 태어난다. 진 리스는 『드넓은 사가소 바다(*Wide Sargasso Sea*)』에서 버사 앙투아네트를 주인공으로 설정하여, 『제인 에어』에서 불합리하고 부당하게 차별 대우를 받으며 미친 듯이 절규하던 버사에게 변명할 기회를 부여해 줌으로써 그녀의 오래 묵은 한을 풀어 준다.

진 리스는 웨일즈 출신 의사 아버지와 크레올인 어머니에게서 태어났다. 작품으로는 『포스쳐스(*Postures*)』(1928), 『매켄지 씨를 떠난 후에 (*After leaving Mr Mackenzie*)』(1930), 『암흑 속에서의 항해(*Voyage in the Dark)*』(1934) 등이 있다. 진 리스는 『제인 에어』를 읽은 후, 줄곧 버사에 관하여 다시 쓰기를 하고 싶었다고 한다. "리스는 도미니카에서 16세까지 살아오는 동안 19세기의 크레올 상속녀들이 영국 남성과 결혼 후 많은 고통을 받았고, 그중 무시할 수 없는 숫자의 여인들이 광녀로 낙인 찍혔음을 알게 되었다."(윤정길 11). 샬롯 브론테로부터 아무런 이유 없이 구박당하고 배척당했던 버사는 진 리스 덕택에 서인도제도의 크레올 여성인 자신이 미친 여자 취급을 당하게 된 것은 유럽 백인 상류층 남성들의 물질에 대한 욕심, 서로의 문화 차이에서 오는 몰이해, 아내에 대한 무관심, 경직된 사고 그리고 여성과 남성의 근본적 차별 때문이었다는 것이 밝혀짐으로써, 맺혔던 한을 어느 정도 풀 수 있게 되었다.

1655년 영국의 식민지가 된 후, 자메이카는 거의 모든 지역이 사탕수수 재배 농장으로 변하였으며, 그 농사현장에서 수많은 원주민들이 혹사당한 후에 사망함으로써 인구수가 급감하게 되었다. 따라서 부족한 인력을 채우기 위한 흑인 노예시장이 활성화되었으며, 1830년 노예해방선언이 있기까지 무려 40만 명 이상의 흑인 노예매매가 행해졌던 나라이다. 원주민과 흑인노예와 백인정복자들이 계층을 이루며 살던 곳에서 노예해방이 되자 그곳에 있던 가난한 백인의 후예들인 크레올은 흑인들한테서도 배척당하고 백인사회에도 들어가지도 못하는 어정쩡한 상태에 놓이게 되었다.

『드넓은 사가소 바다』의 앙투아네트로 다시 태어난 『제인 에어』의 버사는 노예해방이 선언된 직후 자메이카에서 사망한 노예주의 딸로서 독립한 흑인들의 멸시와 가난 속에서 비극적인 어린 시절을 보낸다. 갑자기 궁핍하게 된 앙투아네트의 어머니 아네트(Anette)가 다행히도 아름다운 외모 덕분에 영국인 메이슨(Mason)과 재혼함으로써 가난으로부터 벗어날 수는 있었으나, 심한 환경변화, 즉 전남편의 사망, 외아들의 사망, 흑인들의 성적희롱 등으로 인하여 정신적 충격을 이기지 못하고 미쳐 버리고 결국은 고통 속에서 죽게 된다. 이러한 과정을 지켜보며 성장한 앙투아네트는 계부 메이슨의 친구인 '그', 즉 로체스터를 의미하는 그와 결혼하고 그를 따라서 춥고 경직된 사회인 영국의 손필드로 온 후, 그의 냉대를 견디지 못하고 미쳐서 그녀만의 세계 속으로 침잠하게 된다.

물론, 앙투아네트가 무척 행복하고 희망으로 가득 찬 생활을 하는 것은 아니지만, 적어도 그녀의 불행한 현실이 그녀 자신의 의지에 의해 초래된 것이 아니고 제국주의자들의 횡포에 의한 것이었다는 사실을 해명할 수는 있게 된 것이다. 이처럼 『드넓은 사가소 바다』가 시사하는 것은 아무리 형편없게 묘사된 주변인물이라 할지라도 그 내면을 살펴보면 그렇게 될 수밖에 없었던 타당한 이유가 있으며, 그들도 결코 무시할 수 없는 동등한 인격적 존재라는 것을 의심할 수가 없다는 점이다. '남성', '백인', '문명화된 사회', '유럽대륙', '지배층'을 중심으로 하는 시각으로부터 방향을 돌려서 '여성', '유색인', '자연세계', '남아메리카', '피지배계층'에 시각을 맞추어 보면, 그들의 애환, 그들의 문화, 그들의 생활방식, 그들의 사랑이 의미 있게 존재하고 있음을 알 수 있다는 것이다.

과거의 백인, 지배계층, 남성 중심주의 사회에서 미친 여인 버사는 불을 지르고 불 속에서 타들어 가며 자신의 분노를 표현할 수밖에 없었던, 그래서 비난받기에 충분한 주변인물로 취급되었지만, 다양한 사회적 가치를 중시하는 현대에 와서는 충분히 이해할 만하고 공감할 수 있는, 중요한 인격체로서의 앙투아네트로 인정받을 수 있게 된 것이다. 어둡고 음울한 곳에 갇혀 있던 한 사람의 인격체를 이처럼 중요한 인물로 재조명한 진 리스는 그런 의미에서 어두운 곳을 밝혀 준 등불의 역할을 성실하게 한 작가라고 할 수 있는 것이다.

❖ 참고문헌

Brontë, Charlotte. *Jane Eyre*. London: Penguin Books Ltd, 1996. (Text)

Rhys, Jean, *Wide Sargasso Sea*. Annotated with a Critical Introduction by Yoon, Junggil, 서울: 한신문화사, 1997. (Text)

강희원 옮김. 팸 모리스 지음.『문학과 페미니즘』. 서울: 문예출판사, 1999. (Morris, Pam. *Literature and Feminism*. Blackwell Publishers, 1993)

김의락.『탈식민주의와 현대소설: 제3세계 문학과 영미 문학의 이해』. 서울: 자작아카데미, 1998.

오정화. "제인 에어 — 샬롯 브론테의 <반란 노예>", 나영균 외. 『영미 여성소설의 이해』. 서울: 민음사, 1994, 59-84.

이근후・이동원 옮김. 카렌 호니 저.『여성심리학』. 서울: 이화여자대학교 출판부, 1996. (Horney, Karen. *Feminine Psychology*. New York: W. W. Norton & Co., Inc., 1973)

Eagleton, Terry. "Jane Eyre: A Marxist Study", Bloom, Harold. Ed. *Modern Critical Interpretations*. Vol. 3. New York: Chelsea House Publishers, 1988, 29-46.

Hardy, Barbara. "Providence Invoked: Dogmatic Form in *Jane Eyre* and *Robinson Crusoe*", Bloom, Harold. Ed. *Modern Critical Interpretations.* Vol. 3. New York: Chelsea House Publishers, 1988, 21−28.

Homans, Margaret. "Dreaming of Children: Literalization in *Jane Eyre*", Bloom, Harold. Ed. *Modern Critical Interpretations.* Vol. 3. New York: Chelsea House Publishers, 1987, 113−132.

Moglen, Helene. "The End of Jane Eyre and the Creation of a Feminist Myth", Bloom, Harold. Ed. *Modern Critical Interpretations.* Vol. 3. New York: Chelsea House Publishers, 1987, 47−62.

Plasa, Carl. Ed. *Jean Rhys: Wide Sargasso Sea.* New York: Palgrave Macmillan, 2001.

루시 — 존 쿳시의 『추락』

    2003년 노벨문학상을 수상한 남아공화국 출신의 쿳시(J. M. Coetzee 1940~)는 1983년에 출간한 『마이클 K의 삶과 세월(*Life & Times of Michael K*)』(1983)로 명성을 얻기 시작했으며, 그 외에도 『야만인을 기다리며(*Waiting for the Barbarian*)』(1980), 『적(*Foe*)』(1986), 『철의 시대(*Age of Iron*)』(1990), 『더스크랜드(*Dusklands*)』(1974), 『피터스버그의 주인(*The Master of Petersburg*)』(1994), 『추락(*Disgrace*)』(1999) 등 작품을 쓴 작가로서, 노벨문학상뿐만 아니라 부커상(Britain's Booker Prize) 등 각종 문학상을 수상할 정도로 문학적으로 뛰어난 현존 작가이다.

    『추락』은 남아프리카공화국의 현실을 배경으로 한 작품이다. 흔히 아프리카의 작품이라고 하면, 독립 국가를 이루고자 하는 약소국들의 열망이나 식민주의자들의 착취에 대한 고발 등 구구절절 현실에 저항하는 모습이 그려져 있을 것을 예상하게 된다. 그러나 이 작품은 기대와는 전혀 다른, 오히려 그 반대가 되는 내용을 보여준다. 이는 다른 나라들과는 다소 차이가 있는 남아프리카라는 국가적 현실이 이러한 독특한 내용의 작품을 생산하게 했다고도 할 수 있는 것이다.

    사실 1980년대만 해도 남아프리카는 1,100만 명의 백인이 국토의

87%를 손에 넣고 거의 모든 기술력을 장악하고 있었기 때문에 3,500만 명의 흑인은 거의 빈곤층이었다. 권력을 장악했던 소수의 백인들이 아파르트헤이트[160] 정책을 실시함으로써 종족 간의 결혼을 범죄처럼 취급하는 등 인종차별을 심하게 하였던 것은 널리 알려져 있던 사실이다. 흑인 민족지도자인 넬슨 만델라[161] 등의 영향으로 뒤늦게 사회가 변화되면서 "1990년~1994년의 4년이라는 짧은 시간 내에 권력을 이양"(배기동·유종현 404)하게 되었다.

『추락』은 진 리스의 『드넓은 사가소 바다』와 마찬가지로 남아프리카에서 차별정책 철폐 이후, 즉 탈식민 이후에 새로운 환경에서 권력을 쥐고 있던 백인의 후예가 겪고 있는 심각한 문제점을 응축시켜, 쿳시 특유의 문학적 기교를 발휘하여 묘사한 작품이다. 다만 『드넓은 사가소 바다』와 다른 점은 『드넓은 사가소 바다』는 지속적으로 백인 제국주의자들에 의해서 고통당하는 주인공에 대한 이야기인 반면, 『추락』은 평범한 중산층 백인 후예가 권력을 쟁취한 흑인에게 고통을 당하는 과정을 그린 이야기라는 점이다.

---

160) 아파르트헤이트(Apartheid): 분리 혹은 격리를 의미하는 아프리칸스(Africans)어로서, 1948년에 남아프리카 백인정권에 의하여 실시되다가, 넬슨 만델라가 대통령이 된 후 1994년에 완전히 폐지된 인종차별정책을 말한다. 백인, 흑인, 유색인, 인도인 등 인종별로 거주 지역을 분리하고 상호간의 결혼을 금지하였으며, 흑인들이 백인구역에 출입할 경우 통행증을 발급받아야 하는 등, 철저하게 백인 중심적인 정책이었다.
161) 넬슨 만델라(Nelson Rolihlahla Mandela, 1918. 7. 18.~): 남아프리카공화국의 흑인 대통령으로서 민주적인 평등 선거로 뽑힌 최초의 대통령이다. 그는 민족회의 지도자로서 아파르트헤이트에 대항하는 운동을 하는 등 인권운동을 하다가 반역죄로 종신형을 선고받아서 26년 동안이나 감옥에서 지냈다. 대통령으로 당선된 후에는 용서와 화해를 강조하는 정책을 실시하였으며 노벨 평화상을 수상하였다.

케냐의 작가인 응구기 와 시옹오(Ngugi Wa Thiong'o)[162]는 18세기에 유럽인들이 아프리카의 예술품을 찬탈해 갔듯이 20세기에 그들(유럽인들)이 노략질의 대상으로 삼는 것은 이제 정신이므로, 아프리카가 필요로 하는 것은 빼앗긴 자신들의 경제・정치・문화・언어 그리고 영웅적인 작가들의 귀환이라고 자신의 견해를 피력한다(응구기 15). 치누아 아체베(Chinua Achebe)[163]의 말처럼 지적인 저항 작가들은 "우리는 우리가 그 누구보다 더 우월하다는 주장을 하려는 게 아니다. 다만 우리도 우리 나름의 시각을 굳건히 지켜 갈 필요가 있다는 것을 언급하고 싶을 뿐이다."(Achebe 151-152)라고 주장하며 이제야 제대로 평가받기 시작하는 민족주체성을 강조하지만, 백인이며 미국 및 유럽의 영향을 많이 받은 쿳시는 오히려 역으로 평범한 백인들이 흑인들에게 당하고 있는 불편함을 묘사함으로써, 탈식민주의

---

162) 응구기 와 시옹오(Ngugi wa Thiong'o, 1938~): 케냐의 리무루 지방에서 기쿠유 부족 농민의 아들로 태어난 소설가, 수필가, 극작가이다. 기독교 인으로 성장하였고 영문학을 전공하였지만 후에 영어와 기독교를 배척하고 자국의 언어로 글을 쓸 것을 주장하며 실천에 옮긴 작가이다. 『울지 말아라 아이야(*Weep Not, Child*)』(1964), 『샛강(*The River Between*)』(1965), 『밀알(*A Grain of Wheat*)』(1967), 『결혼하고 싶을 때 결혼할래요(*Ngaahika ndeenda*)』(1980), 『십자가 위의 악마(*Caitaani muthara -Ini*)』(1981, 사상 최초의 기쿠유어 소설), 『탈식민주의와 아프리카 문학(*Decolonising the Mind: the Politics of Language in African Literature*)』(1986) 등의 작품이 있다.
163) 치누아 아체베(Chinua Achebe, 1930~): 나이지리아 동부 오기니라는 마을에서 초대교회 목사의 아들로 태어났다. 영문학과 의학을 공부하였다. 응구기 와 시옹오와는 달리 그는 영어로 작품을 쓰면서 탈식민주의적 실천전략을 소개한다. 『무너져 내리다(*Things Fall Apart*)』(1958), 『신의 화살(*Arrow of God*)』(1964), 『민중의 지도자(*A Man of People*)』(1966) 등 작품이 있다.

시대에 드리워지기 시작한 희미한 그림자에 독자들의 관심을 집중시키고 있다.

작품의 특성상 최근의 문학담론에서 많은 조명을 받고 있는 외상 이론(trauma theory)을 『추락』이라는 이 작품에 적용시켜서 내용을 분석해 보는 일도 상당히 의미 있는 작업이 될 것이라고 생각한다. "단지 단발성의 일시적으로 발생하는 충격이나 견딜 수 없는 고통스런 물리적·신체적 차원의 사건뿐만 아니라, 장기적인 사회적 억압과 핍박이 초래하는 다층적이며 복합적인 심리적 폐해"(황보경 182)를 중시하는 외상 이론은 현재의 남아프리카공화국을 비롯한 탈식민 국가의 문학작품을 연구하는 데 비중 높게 사용될 수 있을 것이다. 그러나 본 연구에서는 그러한 이론적 배경을 대입하여 심층적으로 규명하기보다는 현실에 나타난 현상들에 대해서 이러한 외상을 가진 인물들이 어떻게 반응을 보이고 있고 어떠한 대처를 해 나가는가에 초점을 두고 분석하려고 한다.

『추락』은 데이비드 루리라는 케이프타운 대학의 현대문학 교수로서 비교적 자기중심적인 생활을 하는 인물이 겪게 되는 변화된 현실에 관한 이야기이다. 항상 주변에 대해 관망하는 태도를 취하는 그의 성격 덕분에 두 번이나 이혼을 하고 독신으로 지내면서도 비교적 편안한 마음으로 자유로운 생활을 한다. 학생들은 아무것도 배우지 못하지만, 교수인 자신은 가르치면서 가장 예리한 교훈을 얻어 가며 겸손을 배우고 존재감을 느낀다고 생각하는(Coetzee 5) 그는 딸보다도 더 어린 제자와의 부적절한 관계로 인하여 대학에서 제명당한다. 무기력해진 그는 딸 루시가 정착하여 살고 있던 시골 농가를 방문하여 도시생활과는 전혀 다른 농촌생활을 직접 체험하며 농촌생활을 하는 딸을 이해하려고 노력한다. 그러나 불행하게도 그가 딸의 집에 머물고 있는 동안에 세 명의 흑인이 집 안에 침입하여 키우던 개들을 전부 죽이고, 저항하는 그에게 심한 상처를 입히고, 심지어 그의 딸을 윤간하고 달아난다. 얼마 후에 가까이서 도움을 주고 있던 이웃 페트루스가 그러한 끔찍스러운 일들과 깊이 연루되어 있음을 알게 된다. 데이비드는 루시와 함께 당한 폭력적 현실에 대해 좌절을 느낀 나머지 루시에게 농장을 떠나서 그녀의 어머니가 살고 있는 네덜란드로 가서 살 것을 권하지만 루시는 완강하게 거부한다. 계획적이라고 판단할 수밖에 없는 심한 폭행을 당하고도 루시는 현실을 받아들이며 농촌 촌부의 형식적인 아내가 되어 그곳에 머무르고 싶어한다. 그러한 딸을 보며 데이비드는 분노를 터트리지만 종국에는 현실을 불가항력적인 것으로 받아들이는 루시의 아픈 결정을 이해하려고 노력하며 그녀를 돕기 위하여 자신도 그곳에 머무른다.

『추락』의 주인공은 분명히 영국의 문호 윌리엄 워즈워드(William Wordsworth)를 숭상하고, 바이런(Byron)을 주제로 하는 오페라 작곡을 하고 있는 문학교수 데이비드 루리이다. 『추락』에는 그가 일상의 무료함을 달래기 위해서 하는 필요악적인 행동들과, 자제심의 부족으로 인한 일탈(타인의 시각으로 볼 때는 일탈이지만 데이비드 자신에게는 진정한 사랑으로 다가옴), 그로 인한 추락이 가져다준 무기력감과 절망감 가운데 한 가닥 삶의 줄기를 찾기 위해 가정이라는 끈끈한 울타리 안으로 들어가서 사회의 구성원이 되어 가는 과정, 그 안에서 일어나는 갖가지 마찰들이 간결하고 차분하게 서술되고 있다. 본고에서는 주인공 데이비드 루리(David Lurie)보다는 데이비드의 시각을 변화시키는 역할을 하는 데이비드 루리의 딸, 루시(Lucy)를 중점적으로 조명하려고 한다. 이는 남성보다는 여성이 항상 변화되어 가는 사회의 희생자가 됨과 동시에 그 환경을 변화시키려고 노력하는 주체가 되는 경우가 많기 때문이다. 따라서 루시를 중심으로 그녀의 심리 및 행동을 분석하는 것은 충분히 의미 있는 일이 될 것이다.

루시는 총 24장으로 되어 있는 작품에서 7장에 이르러서야 등장한다. 루시는 데이비드가 살고 있던 케이프타운(Capetown)에서 숙박시간을 포함하여 거의 하루 걸려 운전을 해야 도착하는 이스턴케이프(Eastern Cape)의 그레이험스타운(Grahamstown)과 켄튼(Kenton) 사이에 있는 세일럼(Salem) 근처 시골농장에서 6년째 살고 있다. 데이비드와 루시는 비록 부녀 지간이지만 사고방식과 행동양식이 사는 거리만큼이나 서로 거리가 멀다. 데이비드가 자기중심적 성향이 강하여 타인들에게 관심을 보이는 데 서투른 반면, 루시는 타인과 조화를 이루기 위하여 자신을 절제하고, 인내하고, 깊이 사고하는 인물이다. 데이비드가 백인 중심 사회에서 노력 없이 주어진 권리를 마음껏 누리며 편안하게 살아온 세대에 속하는 인물인 반면, 루시는 백인들이 더 이상 특권을 가지고 살 수 없는 세대의 인물임이 분명하게 나타난다.

홀로서기를 시작한 루시는 가정으로부터 생긴 상처나 사회적 변화에 의해 생긴 상흔에도 불구하고 자신이 처한 상황에 대처할 줄도 알고 적응할 줄도 아는 포용력을 가진 여성이다. 루시는 개인적으로는 부모의 이혼과 재혼으로 인한 외상 그리고 사회적으로는 백인지배체제가 붕괴된 후 평범한 백인의 후손들이 겪게 된 외상을 스스로 극복하고 치유하려고 노력한 결과 자신의 삶에 대한 믿음과 방향성이 분명하게 되었다. 그녀는 부모의 이혼 후 어머니와 함께 사는 삶을 선택하여 네덜란드에서 살았지만, 의붓아버지와의 불화로 인하여 남아프리카로 돌아와서 자유롭게 생활한다. 그녀는 히피족처럼 살면서 토산품을 팔아 생계유지를 하기도 했고, 가죽제품과 도기를 시장에 내다 팔면서 농장에 대마를 심는 공동체에 합세하기도 하였다. 동료들이 떠난 후에도 그녀는 혼자 남아서 농촌생활에 적응하면서 농사도 짓고 개도 돌보고 꽃과 채소를 키워서 팔면서 새로 선택한 삶에 적응하면서 낯선 이웃들과 공존하는 방법을 습득하고 있다.

루시는 지극히 현실적이다. 그녀는 막힌 삶을 살지 않아서(Coetzee 76) 비교적 현실을 빨리 받아들이는 편이다. 또한 사람에게 영혼이 있다는 것을 믿지 않을 정도로 현실만을 중요시한다(79). 그녀에게는 커다란 기쁨을 주었던 행운도, 쓰라린 상처를 입혔던 불행도 현재에 있어서는 그리 중요한 일이 되지 못한다. 그녀는 순간순간 재치 있게 응수하며 농담을 잘한다. 현명하여 사태파악이 빠르고 대처하는 능력 또한 뛰어나기 때문에 아버지가 자신에게 무엇을 요구할지도, 아버지가 어떠한 방식으로 사태에 대응할지도 잘 알고 있다. 그녀는 자신이 현재보다 더 고상한 직종에 종사해야지 그녀의 아버지가 만족해할 것이라는 것도 잘 알고 있지만 지금 자신이 선택한 삶이 중요할 뿐이다. 그렇다고 그녀가 감정적으로 메말라 있다는 것을 의미하는 것은 아니다. 루시는 기러기를 보면서 그 새들이 해마다 찾아오는 것에 감사하며 선택받은 것 같다고 느끼는 등, 정서적으로 여유가 있다. 그녀가 자연에서의 삶을 택하여 그 안에서 가장 자연적인 것과 혼연일체가 되려고 노력하는 것은 그녀가 결코 정서적으로 결핍된 상태는 아니라는 것을 증명한다.

루시는 자신이 지향하는 삶의 방식에 대해 자신감을 가지고 있기 때문에 주변의 환경에도 믿음을 가지고 대처하며 친밀감을 유지하고 있다. 소수의 백인지배체제가 붕괴된 후 정치권력과 사회인습과 경제능력과 문화적 소양 등에서 억눌려 왔던 흑인들이 점차적으로 세력을 키워 가는 등, 남아프리카는 변화를 맞이하고 있다. 따라서 전국이 무질서로 인하여 위험하지 않은 곳이 거의 없지만 루시는 그녀가 살고 있는 농장은 안전하다고 믿으려고 노력한다. 그래도 온 나라가 무법천지인 곳이어서 도둑이 침입해 들어오면 전혀 대항할 수도 없는 고립된 공간이기 때문에, 만일의 경우를 대비하여 권총 소지는 하고 있을 정도로 미래에 대한 최소한의 대비는 하고 있다. 또한 이웃임과 동시에 도우미 역할을 성실하게 해 주는 페트루스라는 흑인 남자와도 친밀감을 유지하며 근면하고 성실하게 살고 있다(60).

루시는 흑인 이웃들과 완전히 하나가 되지도 않고, 될 수도 없고, 그렇다고 그들과 적대감을 가질 필요도 없이 적당한 거리를 유지하며 생활할 줄 아는 현명함을 갖추고 있다. 여성 혼자서 농사를 짓고 개들을 키우며 아무도 모르는 곳에서 살아간다는 것이 쉬운 일이 아님을 루시 자신도 알고 있고 그녀의 주변인들도 익히 알고 있기 때문에, 최선을 다하며 적응하려고 노력하는 이러한 루시의 마음이 주변인들에게 직·간접적으로 전달되는 것은 당연한 결과이다. 시장에 꽃을 내다 팔면서도 루시는 그곳의 시끌벅적한 주변 환경에 가세하지 않고 그저 묵묵히 물건을 팔고 있지만, 주변의 여성들이 오히려 그녀를 옹호해 주는 분위기여서 항상 물건을 일찍 팔고 돌아올 수 있는 특혜도 누린다.

주변과 일정한 거리를 유지할 줄 아는 루시는 비교적 자신이나 주변인들이 경험하게 되는 현실에 대해 흥분하지 않고 차분하고 현명하게 판단을 할 줄 아는 능력을 가졌다. 제자와의 불륜관계가 폭로되고 '추락'하게 된 데이비드가 작금의 세태를 청교도의 시대의 것과 다름이 없다고 푸념하면서, 사람들은 자신이 가슴을 쥐어뜯으며 후회하고 눈물 흘리는 것을 구경하고 싶어 한다고 불만을 터뜨렸을 때, 루시는 자신의 생각대로만 고집을 피우는 사람이 영웅처럼 보이는 것은 아니라고 부드럽게 충고한다(66). 이는 일반인들의 견해를 무시하지 않고 오히려 동화되어 사는 것이 필요한 때라고 생각하는 그녀의 주관이 명확하게 드러나는 말이다. 아버지의 상대자였던 여학생에 대하여서도 "그 애는 아버지를 아주 나쁘다고 생각하지는 않을지도 몰라요. 여자들은 놀랄 만큼 용서를 잘하거든요."(69)라는 말로 아버지를 위로한다. 또한 나이가 들수록 더 재혼하기가 어려워질 수 있으니 좀 더 젊었을 때 재혼하라고 권하며 사태의 재발을 방지함과 동시에 아버지가 일상적이고 평범한 생활을 하기를 바라는 딸로서의 희망을 표현한다. 데이비드가 아무리 자신의 행위는 사랑으로부터 기인한 것이라고 생각하려고 애를 써도, 제3자의 견해로 볼 때 그것은 인정하기 쉽지 않은 일이기 때문에, 루시는 자신의 아버지가 어느 정도 현실과 타협해 줄 것을 권한다. 그녀는 또한 사면초가의 상태에서 절망에 빠져 있는 아버지를 위로하는 것도 결코 잊지 않는다.

루시의 단호하고 결연한 생활태도는 농장에 침입해 온 치한들에게 그녀가 키우던 개들이 잔인하게 살육당하고, 그녀의 아버지가 심하게 폭행당하고, 그녀 자신이 소름 끼치도록 무섭게 성폭행을 당한 후에, 이에 대처하는 모습에서 더욱 두드러지게 나타난다. 데이비드는 너무 무섭고 치욕적인 사고를 당한 후 분노로 인하여 감정조절하는 데 있어서 어려움을 겪는다. 그러나 루시는 자신이 무슨 일을 당했는지 사람들에게 말하지 말아 달라고 아버지에게 당부하며 "막대기처럼 굳어진 채로 침묵"(99)하기 시작한다. 사건을 신고하기 위해서 아버지와 경찰서에 갔을 때도 그녀는 매우 강하고 단호하게 행동한다. 그녀는 강간사건을 공적인 일로 만들어서 사회적 물의를 일으키길 원치 않고 자신의 개인적인 일로 받아들이려고 노력한다. 남아프리카의 현실에서는 그녀가 당한 일을 확대시키지 않는 것이 모두를 위해서 좋은 방법이라고 판단했기 때문이다. 단지 잃어버린 자동차에 대한 보험금 수령 때문에 경찰에 신고하며, 자신이 당했던 엄청난 일에 대해서는 함구하는 것이다. 이는 자신이 당한 현실을 사회적으로 소외되었었던 흑인들이 느끼고 있던 사회적 상흔에 대한 보복의 일환이라고 판단하고, 자신도 그 가해자의 일부로서 보복을 당했을 뿐이므로, 더 이상 이 문제가 확대, 재생산되는 것을 원하지 않는다는 그녀의 깊은 이해가 담겨 있는 처사인 것이다.

그러나 아무리 이해심이 많고, 현실에 충실하고, 지나간 일에 대해서 되돌아보며 후회하거나 마음 아파하지 않으려고 노력하는 성품을 지녔다 하더라도, 루시는 감정을 지닌 인간이다. 부모의 이혼과 계부와의 불화, 외딴 곳에서 남과 다른 외모를 지니고 겪는 일상들, 그래서 느낄 수 있는 소외감 등을 어느 정도 극복했다 하더라도, 이와 같이 끔찍한 일을 겪은 후에 그 일을 담담하게 받아들이기는 쉽지 않았음이 틀림없다. 그녀가 고통 속에서 아픈 현실에 대처할 수 있는 일은 고작 자신이 사용하던 방을 더 이상 사용하지 않고 창고로 쓰던 허름한 식료품 저장실에서 생활하며, 허공만 응시하거나 침대에서 마냥 누워서 지내기도 하고 아무런 의미 없이 책장을 넘기기도 하면서 긴 침묵의 시간을 보내는 정도이다. 단호하고 분명하며 외향적일 것

같은 그녀는 소리 내어 울부짖지 않고 침묵 속에서 아픔을 녹여내는 방법을 택하였기 때문에, 결국 불면증으로 시달리며, 오후에야 손가락을 입에 물고 소파에서 겨우 잠이 들며, 식욕을 잃고 고기를 먹지 못하는 등, 참으로 힘든 나날을 보내면서 상처를 치유하려고 노력한다.

침묵 속에서 극도로 아픈 상처를 치유하고 있는 루시와, 딸을 보호하지 못했다는 죄책감 때문에 괴로워하며 숨죽여 가며 딸을 지켜보아야만 하는 아버지, 게다가 이러한 기막힌 현실이지만 할 수 있는 일은 아무것도 없고, 앞으로 또 닥칠지도 모르는 끔찍스러운 상황이 두렵고 겁이 나는 아버지의 모습은 페트루스가 토지이양을 축하하기 위해서 여는 파티의 희생제물인 두 마리의 양과 흡사하다. 페트루스는 워낙 구두쇠여서 소 한 마리 정도는 족히 준비해서 이웃을 대접해야 할 파티를 고작 양 두 마리로 대신하려고 한다. 게다가 페트루스가 그 양을 잔치장소에 끌고 와서 묶어 두고 먹이를 주지 않았기 때문에, 굶주린 양들은 힘없는 소리로 울어 대고 있다. 양들의 울음소리를 듣지 않을 수 없는 데이비드는 페트루스의 행동에 대해 너무 화가 나서, 파티에 참석하지 않는 것으로 자신의 감정을 폭발시켜 보려고 한다. 그러나 현실인식이 뛰어난 루시는 그들이 파티에 참석하는 것과 예의를 지키는 것 모두 다 생존을 위해서 필요한 일이라고 판단하고 아버지에게도 동참해 줄 것을 요구한다. 마치 두 마리의 양이 묶인 채로 가까이에 있는 풀만을 뜯어먹으며 아무런 저항도 하지 못하고 죽음을 기다리듯이 그들 부녀는 주변의 희생제물이 되어 가는 것처럼 보인다.

루시는 그럼에도 불구하고 양들처럼 완전히 패배하지는 않기 위하여 가해자와 공존하는 삶을 택한다. 루시는 그 농장을 떠나라는 아버지의 말을 거역하는 이유는 자신이 그곳을 떠난다는 것은 패배를 의미하기 때문이라고 말한다(161). 다른 한편으로 루시는 변화된 사회적 환경에 희생당하면서도 과거에 가해자였던 조상들을 생각하며 담담하게 대처하는 것을 볼 수 있다. 그러나 종종 흑인들의 소유였던 자신의 땅에서 정착하기 위해서는 마치 세금을 내듯이 그들에게 연속적으로 폭행을 당하게 될지도 모른다는 생각을 하며 두려움에 떨기도 한다. 그러한 복합적인 그녀의 심리상태를 헤아리지 못하는 아버지는 그녀에게 현실로부터 도피할 것을 지속적으로 권하지만, 그녀는 오히려 가해자 중의 한 사람인 페트루스에게 자신의 재산에 대한 모든 권한을 넘기며 형식적인 결혼을 함으로써 두려운 이웃들과 공존함과 동시에 그들로부터 자유로워지는 방법을 선택하는 것이다.

자신의 삶에 책임을 지고, 스스로 결정할 줄 알고, 자신의 인생에 대한 확신이 있는 루시는 사태를 개인적인 일로 마무리함으로써 오히려 인종적 외상을 치유하는 데 일조를 하고 있다. 한 번도 본 적이 없는 여성을 개인적 원한에 사무친 사람 대하듯 폭행하고, 조상에게 물려받은 원한에 대한 복수를 하듯이 잔인하게 대하는 흑인들에게 루시는 소란스러운 저항이 아닌 조용한 투항을 함으로써 자칫 인종적 분규가 될 수도 있는 상황을 개인적인 불행으로 마무리하는 지혜를 발휘한다. 진심으로 믿지는 않았지만, 의지는 하고 있었던 페트루스가 개최한 파티에서 치한 중의 한 사람인 소년을 보았을 때 루시는 경찰에 신고하려고 하는 아버지를 만류하여 페트루스의 파티를 망치지 않으려고 노력한다(134). 치한들의 폭행으로 임신을 하게 되지만, 루시는 그 아이를 낳아서 키우며 인종적 화합의 작은 씨앗을 뿌려 보려고 하기도 한다.

개인적, 사회적 불화로 인한 상처가 결코 사소한 것이 아님에도 불구하고, 루시는 자립심을 키우고 그 자립심을 바탕으로 당당하고 지혜롭게 현실에 대처하고 주변 환경과 어우러져서 사는 법을 터득해 나간다. 기득권자로서의 삶만을 영유해 왔고 타자의 어려움에 전혀 귀를 기울이지 않았으므로, 곤경에 처했을 때 현실도피를 가장 우선시하는 주인공 데이비드와는 달리, 조연으로 등장한 루시는 오히려 주인공의 약점을 보완하고, 무언의 교화를 통하여 타자와 공존하는 삶을 살 수 있게 하는 중요한 역할을 하고 있다. 따라서 작품의 주인공은 데이비드이지만, 독자들이 기대하는 인생의 진정한 모습을 보여 주는 주인공은 루시라고 할 수 있다.

자신의 성폭력 피해로 인한 임신사실을 아버지에게 밝히지 않았던 이유에 대해 루시는 다음과 같이 분명하게 자신의 견해를 피력한다.

> 아버지께서 분노를 터트리실 것을 차마 대할 수가 없었어요. 저는 제가 해야 할 일을 아버지께서 좋아하시는지 아닌지에 따라 결정할 수는 없어요. 더 이상은 아니에요. 아버지께서는 제가 하는 모든 일이 아버지의 삶의 일부분인 양 행동하시거든요. 아버지는 주연이시고, 저는 중간쯤까지 가도 나타나지 않는 조연인 것처럼요. 그러나 아버지의 생각과는 반대로, 사람들은 주연과 조연으로 나뉘어 있지 않잖아요. 저는 조연이 아닙니다. 저도 저만의 삶이 있고, 아버지의 삶이 아버지에게 중요하듯이, 저의 삶도 제게 소중하기에, 제가 사는 동안 제 일을 결정할 수 있는 사람은 바로 저예요(198).

루시의 이러한 표현은, 이 세상에 조연은 없고, 누구나 자신의 인생에 대하여서는 주연이라는 엄연한 사실을 강력하게 뒷받침한다.

❖ 참고문헌

Coetzee, J. M. *Disgrace*. New York: Penguin Books Ltd, 2000. (Text)

배기동 · 유동현 역. 『아프리카』. 서울: 여강출판사, 2001. (Oliver, Roland. *The African Experience*. The Orion Publishing Group, 1999)

이석호. 『아프리카 탈식민주의 문화론과 근대성』. 서울: 도서출판 동인, 2001.

이석호 역. 『제3세계 문학과 식민주의 비평』. 고양시: 도서출판 인간사랑, 1999.

이석호 역. 응구기 와 시옹오 저. 『탈식민주의와 아프리카 문학』. 고양시: 도서출판 인간사랑, 1999. (Ngugi wa Thiong'o. *Decolonising the Mind: the Politics of Language in African Literature*, USA: Heinemann, 1986)

Moore−Gilbert, Bart. *Postcolonial Theory: Contexts, Practices, Politics*. London: Verso, 1997.

Parker, Peter. Ed. *The Reader's Companion to the Twentieth Century Novel*. London: Fourth Estate Limited and Helicon Publishing Limited, 1994.

Quadagno, Jill. *The Color of Welfare: How Racism Undermined the War on Poverty*. Oxford: Oxford University Press, 1994.

Said, Edward. *Culture and Imperialism*. New York: Vintage Books− Random House, 1993.

Said, Edward. *Orientalism*. Penguin Books, 1978.

Young, Robert J. C. *Postcolonialism*. Oxford: Blackwell, 2001.

찾아보기

박종기 •약 력•
미국 Graduate Theological Union(Ph. D.).
현재 한일장신대학교 신학부 부교수.

•주요논저•
Obedience and Prophecy in Matthew: Rhetorical Function of Mt 7:15-23 in Matthew's Narrative. Wanju-Kun: Hanil University Press, 2005.
『산상설교: 그때와 지금』, 한국장로교출판사, 2007.

•역서•
Perkins, Pheme, *First and Second Peter, James, and Jude.* 『베드로전·후서, 야고보서, 유다서』, 한국장로교출판사, 2004.

조현애 •약 력•
전북대학교 대학원 영어영문학전공 문학박사.
현재 한일장신대학교 인문사회과학부 부교수.

•주요논저•
『그레이엄 그린 소설연구』, 한들출판사, 2004.
『제3세계 지역학과 선교학』, 학예사(공저), 2006.
"그레이엄 그린의 『조용한 미국인』에 나타난 제3세계 이해", 『영어영문학연구』(2000).
"그레이엄 그린의 『타버린 환자』: 기독교적 인간애", 『영어영문학연구』(2002)

채은하 •약 력•
장로회신학대학교 대학원 구약학 전공 신학박사.
현재 한일장신대학교 신학부 조교수.

•주요논저•
『고대 중동의 히브리 문학과 종교 I』, 학예사(공저), 2007.
『전도서에 나타난 속담의 수사학적 기능연구』, 한국학술정보㈜, 2008.
"최근의 구약외경과 구약위경의 연구 동향," 『성서마당』(2006년 9, 11월호).
"장애인의 현실과 장애인 신학," 『구약논단』 27(2008).

세상에 조연은 없다

• 초판 인쇄	2008년 8월 20일
• 초판 발행	2008년 8월 20일
• 지 은 이	박종기, 조현애, 채은하
• 펴 낸 이	채종준
• 펴 낸 곳	한국학술정보㈜
	경기도 파주시 교하읍 문발리 513-5
	파주출판문화정보산업단지
	전화 031) 908-3181(대표) · 팩스 031) 908-3189
	홈페이지 http://www.kstudy.com
	e-mail(출판사업부) publish@kstudy.com
• 등 록	제일시
• 가 격	27,000원

ISBN 978-89-534-9888-4 93200 (Paper Book)
 978-89-534-9889-1 98200 (e-Book)